Mejor que nunca

Mejor que nunca

Aprende a dominar los hábitos de la vida cotidiana

Gretchen Rubin

AGUILAR

Mejor que nunca
Título original: Better than Before

Primera edición: abril de 2015

D. R. © 2015, Gretchen Rubin

D. R. © Fotografía: Elena Seibert

D. R. © 2015, derechos de edición mundiales en lengua castellana:
Penguin Random House Grupo Editorial, S. A. de C. V.
Blvd. Miguel de Cervantes Saavedra núm. 301, 1er piso,
colonia Granada, delegación Miguel Hidalgo, C. P. 11520,
México, D. F.

www.megustaleer.com.mx

Diseño de cubierta: Ben Wiseman
Traducción: Elena Preciado Gutiérrez

Comentarios sobre la edición y el contenido de este libro a:
megustaleer@penguinrandomhouse.com

ISBN 978-607-113-717-3

Impreso en México / *Printed in Mexico*

Dedicado a mi familia… otra vez.

¿Quieres tener un gran imperio?
Impera sobre ti mismo.

Índice

Nota para el lector

Mejor que nunca contesta a la pregunta: ¿Cómo cambiar? Con una sola respuesta: usando hábitos.

Los hábitos son la arquitectura invisible de la vida diaria. Casi todos los días repetimos alrededor del 40 por ciento de nuestro comportamiento. Es por ello que los hábitos dan forma a nuestra existencia y nuestro futuro. Si los cambiamos, transformaremos nuestra vida.

Entonces surge otra pregunta: ¿Cómo cambio *mis hábitos*? Eso es lo que este libro busca responder.

Pero, aunque *Mejor que nunca* te explique cómo transformar tus hábitos, no te dirá cuáles en particular. No te enseñará lo primero que debes hacer por las mañanas, ni que debes comer postre sólo dos veces a la semana o limpiar tu oficina. (Bueno, la verdad es que esa es *una* de las áreas dónde sí digo cuál hábito me parece mejor. Pero sólo uno.)

El punto es que no existe una solución que sea útil para todos. Es fácil soñar que si copiamos los hábitos de la gente productiva, creativa, talentosa… lograremos un éxito similar, pero no es así. Cada quien debe cultivar los hábitos que le funcionan. Para algunas personas es mejor empezar poco a poco, por algo pequeño; para otras, lanzarse a lo grande. Algunos necesitan hacerse responsables; otros, se resisten a la responsabilidad. Algunos progresan cuando se dan un descanso ocasional de sus buenos hábitos; otros cuando nunca rompen la cadena. Por ello la formación de hábitos es tan difícil.

Lo más importante es *conocerte a ti mismo,* y escoger la estrategia que mejor trabaje para ti.

Antes de empezar, identifica algunos hábitos que te gustaría adoptar o cambios que quisieras hacer. Luego, conforme vayas leyendo, considera qué pasos deseas probar. Tal vez quieras escribir la fecha de hoy en la guarda (la página en blanco después de la portada) de este libro, así recordarás cuándo empezaste el proceso de cambio.

Para auxiliarte en la formación de hábitos, con regularidad posteo sugerencias en mi *blog.* También he creado muchas fuentes para ayudarte a hacer tu vida mejor que antes. Pero espero que la inspiración más convincente sea el libro que tienes en tus manos.

Veo los hábitos a través del lente de mi propia experiencia, es por eso que este volumen está coloreado con mi personalidad e intereses particulares. Tal vez pienses "Bueno, si cada quien forma sus propios hábitos, ¿por qué he de leer un libro sobre lo que otro hizo?"

Bien, a través de mis estudios sobre hábitos y felicidad, he descubierto algo sorprendente: aprendo más de las experiencias de otras personas que de los estudios científicos o los tratados filosóficos. Es por esta razón que *Mejor que nunca* está lleno de ejemplos individuales sobre transformaciones de hábitos. Tal vez no te seduce la Nutella, ni viajas mucho por trabajo, ni te esfuerzas por mantener un diario de agradecimientos, pero todos podemos aprender de los demás.

Es muy simple transformar nuestros hábitos, pero no es fácil.

Espero que la lectura de *Mejor que nunca* te anime a utilizar el poder de los hábitos para transformar tu propia vida. No importa cuándo leas esto o dónde te encuentres ahora… Estás en el lugar y momento correcto para empezar.

Introducción
DECIDO NO DECIDIR

Es un profundo error que debamos cultivar el hábito de pensar
lo que estamos haciendo. El preciso opuesto es la cuestión.
La civilización avanza extendiendo el número de operaciones
importantes que podemos hacer sin pensar en ellas.
ALFRED NORTH WHITEHEAD, *Una Introducción a las matemáticas*

Desde que tengo memoria, una de mis secciones favoritas en cualquier libro, revista, juego o programa de televisión es "antes y después". Siempre que leo esas palabras quedo enganchada. El pensar en una transformación, de cualquier tipo, me emociona. No interesa si es un cambio importante, como dejar de fumar, o uno trivial, como organizar un escritorio, me encanta leer cómo y por qué alguien lo hizo.

"Antes y después" atrapó mi imaginación y provocó mi curiosidad. Algunas veces, la gente logra hacer cambios dramáticos, pero por lo general no puede. ¿Por qué sí o por qué no?

Como escritora, mi mayor interés es la naturaleza humana y, en particular, el tema de la felicidad. Hace algunos años descubrí un patrón: cuando la gente me platica de un "antes y después" que aumentó su felicidad, a menudo mencionan la formación de un *hábito* importante. Y cuando fueron infelices por un cambio que no lograron realizar, casi siempre también está relacionado con un hábito.

Un día, mientras estaba comiendo con una amiga, dijo algo que transformaría mi interés casual por los hábitos en una preocupación de tiempo completo.

Después de ver el menú dijo: "Quiero adoptar el hábito de hacer ejercicio pero no puedo, y de verdad me molesta." Entonces, agregó una pequeña observación que me absorbería por mucho tiempo: "Lo raro es que en la preparatoria estaba en el equipo de atletismo y nunca me perdía un solo entrenamiento, pero ahora no puedo ir a correr. ¿Por qué?"

"¿Por qué?" Repetí mientras repasaba en la mente mi índice de cartas de felicidad, buscando para encontrar algo relevante o una explicación útil. Nada.

Nuestra conversación cambió de tema, pero conforme los días pasaban, no podía sacar ese diálogo de mi mente. La misma persona y la misma actividad, pero un hábito diferente. ¿Por qué? ¿Por qué podía hacer ejercicio en el pasado, pero ahora ya no? ¿Cómo podría empezar otra vez? Su pregunta me zumbaba en la cabeza con esa energía especial que me dice que tropecé con algo importante.

Al final, relacioné la conversación con lo que ya había descubierto en las historias de los "antes y después", y todo se iluminó: *Para entender cómo puede cambiar la gente, primero debo entender los hábitos.* Me invadió esa sensación de alegría anticipada y alivio que siento cada vez que tengo la idea para mi siguiente libro. ¡Era obvio! *Hábitos*.

Siempre que empiezo con un tema, leo todo lo que esté relacionado. Así que empecé a saquear los estantes de ciencia cognitiva, economía conductual, gobierno monástico, filosofía, psicología, diseño de productos, adicciones, investigación del consumidor, productividad, entrenamiento animal, ciencias de la decisión, política pública, diseño de habitaciones y rutinas de un jardín de niños. Una montaña impresionante de información sobre hábitos flotaba a mi alrededor, pero tenía que separar la astronomía de la astrología.

Pasé mucho tiempo buscando en tratados, historias, biografías y, en particular, en las investigaciones científicas más actuales. Al mismo tiempo, he aprendido a hacer un gran acervo de mis propias observaciones de la vida cotidiana. Aunque los experimentos de laboratorio son una forma de estudiar la naturaleza humana, no son la única vía. Soy una especie de científico de la calle. Paso la mayoría de mi tiempo intentando entender lo obvio (no ver lo que nadie más ha visto, sino ver lo que está a plena vista). El enunciado que salta de la página o el comentario casual de alguien, como lo que dijo mi amiga sobre el equipo de atletismo, de repente me llegan con mucho significado, por razones que no entiendo muy bien. Luego, conforme aprendo más, esas piezas perdidas del rompecabezas empiezan a encajar, hasta que el cuadro completo aparece bien claro.

Entre más aprendo sobre hábitos, más me interesan, aunque también me frustran. Para mi sorpresa, las fuentes que consulté mencionan muchos de los asuntos que me parecen más importantes:

- Es fácil entender por qué es complicado formar un hábito que no disfrutamos pero, ¿por qué pasa lo mismo con uno que sí nos gusta?
- Algunas veces la gente adquiere hábitos de la noche a la mañana, otras veces se deshacen de forma abrupta de algunos que llevaban mucho tiempo repitiendo, ¿por qué?
- ¿Por qué algunas personas se resisten a los hábitos mientras otras los adoptan con impaciencia?
- ¿Por qué después de una dieta exitosa, por lo general, se recupera el peso perdido y hasta más?
- ¿Por qué muchas veces la gente es tan indiferente de las consecuencias de sus hábitos? Por ejemplo, en Estados Unidos, un tercio de la mitad de los pacientes con enfermedades crónicas no toman las medicinas que les prescribieron.
- ¿Las mismas estrategias sirven para cambiar desde simples acciones (usar el cinturón de seguridad) hasta hábitos complejos (beber menos)?
- ¿Por qué a veces no podemos cambiar un hábito negativo, aunque estemos muy ansiosos, incluso desesperados? Un amigo me dijo: "He tenido problemas de salud y me siento muy mal cuando como algunas cosas. Pero de todos modos las sigo consumiendo."
- ¿Las mismas estrategias para crear hábitos funcionan igual de bien para todo el mundo?
- Parece que algunas situaciones hacen más fácil la formación de hábitos. ¿Cuáles son y por qué?

Estaba determinada a encontrar las respuestas a estas preguntas y descubrir cada aspecto de la generación y destrucción de hábitos.

Los hábitos eran la clave para entender cómo la gente era capaz de cambiar. Pero, ¿por qué hacen posible el cambio? Encontré la respuesta, en parte, en algunas oraciones cuyas sencillas palabras escondían una observación que, para mí, fue súper interesante. En el fascinante libro *Willpower*, Roy Baumeister y John Tierney escriben: "Los investigadores quedaron sorprendidos al descubrir[1] que la gente con un fuerte autocontrol, pasa menos tiempo resistiendo deseos que los demás... Las personas usan esta característica para desarrollar hábitos efectivos y rutinas en la escuela y el trabajo, más que para rescatar a otros en las emergencias." En otras palabras, los hábitos eliminan la necesitad del autocontrol.

Éste es un aspecto crucial en nuestras vidas. La gente con mejor autocontrol[2] (o autorregulación, autodisciplina, o fuerza de voluntad) son más felices y saludables. Son más altruistas, tienen relaciones más fuertes y más éxito en sus carreras; manejan mejor el estrés y los conflictos; viven más tiempo; se conducen alejados de los malos hábitos. Esta característica nos permite mantener nuestros compromisos. Un estudio sugiere[3] que cuando intentamos usar el autocontrol para resistir tentaciones, sólo tenemos éxito la mitad de las veces. De hecho, en una encuesta internacional de gran alcance, cuando le pidieron a la gente que identificara sus errores,[4] la opción que estuvo en primer lugar fue la carencia de este aspecto.

Hay debate sobre la naturaleza de esta característica. Algunos argumentan que tenemos una cantidad limitada de ella y que conforme la ejercemos nos la vamos terminando. Otros dicen que la fuerza de voluntad es ilimitada y que siempre encontraremos reservas frescas para ayudar a nuestras acciones. En cuanto a mí, yo despierto con un almacén repleto de ella y entre más la uso, más despacio se me acaba. Recuerdo que una vez estaba sentada en una reunión, y resistí a un plato de pastel ¡durante una hora! Luego, tomé dos galletas en el camino.

Y es por esto que los hábitos importan mucho. Con los *hábitos* conservamos nuestro autocontrol. Porque al tener el hábito de poner la taza de café sucia en la lavavajillas de la oficina, no necesitamos la autodisciplina para realizar esta acción, sino que la hacemos en automático, sin pensar. Claro que se necesita autocontrol para establecer un buen hábito. Pero una vez que se haya fijado, podemos hacer las cosas que queremos sin ningún esfuerzo.

Y ésa es una de las razones por las que los hábitos ayudan a preservar el autocontrol.

En términos comunes, por lo general, se define "hábito" como un comportamiento recurrente, determinado por un contexto específico. A menudo ocurre sin una intención pensada o consciente, y se adquiere a través de la repetición constante.

Sin embargo, me he convencido que lo que define el aspecto de un hábito, no es la repetición, ni la frecuencia, ni el cumplimiento de un comportamiento en particular. Estos factores importan, pero al final, yo concluyo que la clave verdadera es *tomar la decisión* (o siendo más específica, la falta de *toma de decisión*). Un hábito no necesita una decisión mía, porque ya la tomé desde antes. ¿Voy a lavarme los dientes cuando despierte? ¿Voy a tomarme esta pastilla? Decido, luego ya no decido. Primero es consciente, luego mecánico. No debo preocuparme por tomar buenas decisiones. Sólo debo hacerlo una vez y después dejar que fluya. Esta libertad de tomar decisiones es crucial[5] porque cuando ya decreté algo (lo cual a menudo implica resistir a la tentación o posponer una gratificación) agrego mi autocontrol.

Me pregunto: "¿Por qué los hábitos hacen posible el cambio en las personas?" Ahora conozco la respuesta: *Los hábitos hacen posible que una persona cambie porque nos liberan de tomar decisiones y de usar el autocontrol.*

Un día, después de revisar la diferencia de horario para asegurarme de que no era demasiado temprano en Los Ángeles, llamé a mi hermana Elizabeth para platicarle de mis investigaciones. Es cinco años más chica que yo, pero la llamo "mi hermana la sabia" porque siempre tiene una profunda percepción de lo que sea que esté reflexionando en el momento.

Después de hablar sobre las travesuras más recientes de mi sobrino Jack, y de las últimas noticias del programa de televisión para el que escribe Elizabeth, le comenté lo preocupada que estaba con el asunto de los hábitos.

"Creo que he logrado entender por qué los hábitos son tan importantes", le dije. Mientras explicaba mis conclusiones, podía imaginarla sentada en su escritorio, vestida con sus típicos tenis, *jeans* y sudadera. "Con los hábitos, ya no tomamos decisiones, ni usamos el autocontrol, sólo hacemos lo que queremos o lo que no. ¿No suena genial?"

"Se oye muy bien", dijo Elizabeth, con tono de aceptación. Siempre me escucha hablar sobre mis obsesiones.

"Pero he aquí otra pregunta. ¿Cómo comparas a una persona con otra? Algunas personas aman los hábitos y otras los detestan. Para algunos, es fácil adoptarlos, pero otros sufren mucho. ¿Por qué?"

"Deberías empezar a descubrir eso en ti misma, adoras tener hábitos más que cualquier persona que conozca."

Cuando colgué el teléfono, me di cuenta que, como siempre, Elizabeth me había dado una clave. No había entendido esta verdad sobre mí antes de que ella la puntualizara: soy una entusiasta adoptadora de hábitos. Me encanta acogerlos, cultivarlos, y entre más aprendo de ellos, más voy descubriendo sus múltiples beneficios.

Cuando es posible, el cerebro convierte un comportamiento en un hábito, lo que ahorra esfuerzo y nos proporciona mayor capacidad para lidiar con asuntos complejos, nuevos o urgentes. Los hábitos significan que no tenemos que esforzarnos para tomar decisiones, escoger opciones, distribuir recompensas o alentarnos para empezar. La vida se vuelve más simple y muchas molestias diarias desaparecen. Como no tengo que reflexionar en el proceso de múltiples pasos que implica ponerme los lentes de contacto, puedo pensar sobre los problemas de logística que genera la fuga del calefactor en mi oficina.

Además, cuando estamos preocupados o sobresaturados, un hábito nos conforta. Las investigaciones sugieren que la gente se siente más controlada[6] y menos ansiosa cuando entran a la conducta de un hábito. Desde hace dos años, cada vez que tenía que dar un discurso, usaba un abrigo azul. Ahora está un poco viejo, pero si me siento angustiada por alguna presentación en particular, todavía me lo pongo. De forma sorpresiva, el estrés no necesariamente nos hace propensos[7] a dejarnos llevar por los malos hábitos. Cuando estamos estresados o cansados, caemos en nuestros hábitos, sean buenos o malos. En una investigación, aquellos estudiantes que tenían el hábito de desayunar de forma sana, estuvieron más predispuestos a comer de igual manera en época de exámenes. Del mismo modo, los que desayunaban mal, comían mal. Por esta razón, lo más importante es tratar de formar hábitos de manera consciente, para que cuando caigas en ellos en momentos de estrés, continúes con las actividades que hacen tu situación mejor, no peor.

Pero lo hábitos, incluso los buenos, tienen inconvenientes y beneficios. Aceleran el tiempo. Cuando cada día es el mismo, la experiencia se reduce y se hace borrosa; por el contrario, el tiempo se siente más lento cuando los hábitos se interrumpen, cuando el cerebro debe procesar información nueva. Es por eso que el primer *mes* de un trabajo nuevo, parece más largo que el quinto *año* del mismo trabajo. Y, así como un hábito acelera el tiempo, también lo mitiga.[8] Una taza de café en la mañana era deliciosa las primeras veces, hasta que de forma gradual se vuelve parte de la rutina de mi día. Ahora, la verdad es que no la saboreo, pero me pongo muy mal si no la tengo. Los hábitos hacen peligrosamente fácil volverse insensible a nuestra propia existencia.

Para bien y para mal, los hábitos son la arquitectura invisible de la vida diaria. Las investigaciones revelan que 40 por ciento[9] de nuestro comportamiento se repite casi diario y casi siempre en el mismo contexto. Apuesto a que mi porcentaje es más alto: todos los días despierto a la misma hora; le doy un beso de buenos días a mi esposo Jamie; me pongo los mismos tenis para correr, un *pants* para yoga y una playera blanca; trabajo con mi *laptop* en los mismos lugares todos los días; camino las mismas rutas por mi colonia en la ciudad de Nueva York; reviso mi correo electrónico a la misma hora; acuesto a mis dos hijas, Eliza de trece años y Eleanor de siete, con la misma secuencia. Cuando me pregunto "¿Por qué mi vida es de esta forma?" Veo que se ha forjado en gran medida, por mis hábitos. Como describió el arquitecto Christopher Alexander:

> Si considero mi vida honestamente,[10] veo que es gobernada por cierto número pequeño de patrones de eventos, de los cuales tomo parte una y otra vez.
>
> Estar en cama, bañarme, desayunar en la cocina, sentarme a escribir en el estudio, caminar en el jardín, cocinar y comer nuestro *lunch* común en la oficina con mis colegas, ir al cine, llevar a mi familia a comer a un restaurante, tomar una copa en casa de un amigo, manejar en la carretera, ir a la cama otra vez. Hay algunas actividades más.
>
> Con enorme sorpresa podemos darnos cuenta de que son muy pocos los patrones de eventos en la vida de una persona, tal vez no pasan de la docena. Mira tu propia rutina y encontrarás los mismos. Al principio es muy impresionante descubrir esto.
>
> No es que quiera más, sino que cuando veo cuán pocos son, empiezo a entender el gran efecto que tienen en mi vida diaria, en mi capacidad de vivir. Si estos pocos patrones son buenos para mí, puedo vivir bien. Si son dañinos, no.

Sólo en el área de la salud, nuestras acciones inconscientes pueden tener un profundo efecto. Una mala dieta, la inactividad, fumar[11] y beber, se encuentran a la cabeza entre las causas de muerte y enfermedades en Estados Unidos (y éstas son actividades sanas fuera de control). De muchas maneras los hábitos marcan nuestro destino.

Transformarlos nos permite alterar ese destino. Por lo general he observado que buscamos cambios que caen dentro de los "Siete básicos". La mayoría de la gente (incluyéndome) quiere fomentar los hábitos que le permitan:

1. Comer y beber de forma más sana (dejar el azúcar, ingerir más vegetales, tomar menos alcohol).
2. Hacer ejercicio con regularidad.
3. Ahorrar, gastar y ganar de forma inteligente (ahorrar más seguido, pagar las deudas, donar a una buena causa, apegarse a un presupuesto).
4. Descansar, relajarse y disfrutar (dejar de ver televisión en la cama, apagar el celular, pasar tiempo en la naturaleza, guardar silencio, dormir lo suficiente, pasar menos tiempo en el coche).
5. Lograr más, dejar de posponer las cosas (tocar un instrumento, trabajar sin interrupciones, aprender un idioma nuevo, mantener un *blog*).
6. Simplificar, aclarar, limpiar y organizar (tender la cama, arreglar los archivos con regularidad, poner las llaves en el mismo lugar, reciclar).
7. Tener una relación más profunda, ya sea con los demás, con Dios o con el mundo (llamar a los amigos, hacer voluntariado, tener más sexo, pasar más tiempo con la familia, ir a los servicios religiosos).

Un mismo hábito puede satisfacer diferentes necesidades. Por ejemplo, una caminata matutina por el parque puede ser la forma de hacer ejercicio con regularidad (#2); una forma de descansar, relajarse y disfrutar (#4); y si lo hacemos en compañía de un amigo o de nuestra pareja, la forma de tener una relación más profunda (#7). Las personas valoran los hábitos de forma diferente. Para una, organizar archivos es una herramienta crucial para la creatividad, mientras que otra encuentra inspiración en inesperadas yuxtaposiciones.

Los Siete básicos reflejan el hecho de que muchas veces nos sentimos cansados y programados. Estamos exhaustos, pero también elevados por tanta adrenalina, cafeína y azúcar. Nos sentimos ocupados de forma frenética, pero también sentimos que no pasamos el tiempo suficiente en las cosas que de verdad importan. No me voy a dormir temprano, pero no porque estuviera platicando con mis amigos hasta tarde, sino porque estaba viendo un capítulo de *The Office* que, por cierto, ya me sé de memoria. No estaba escribiendo notas de trabajo o leyendo una novela, sino que de forma inconsciente revisaba la adictiva sección "Personas que quizá conozcas", de Linkedin.

Poco a poco, conforme mi investigación avanzaba, las ideas sobre hábitos empezaron a tomar una forma más coherente. Concluí que los hábitos hacen el cambio posible porque nos liberan de la toma de decisiones y de usar nuestro autocontrol. Esta idea nos deja otro asunto clave: *si los hábitos nos permiten cambiar, entonces, exactamente* ¿cómo formamos nuestros hábitos? Esta enorme pregunta se volvió mi objeto de estudio.

Primero, puse en orden algunas preguntas y definiciones básicas. En mi investigación, tomaría una concepción generosa del término "hábito" para reflejar cómo la gente usa este término en su vida cotidiana: "Tengo el hábito de ir al gimnasio" o "Quiero mejorar mis hábitos alimenticios." Una 'rutina' es una secuencia de hábitos, y un 'ritual' es un hábito cargado de significado trascendental. No intento derribar adicciones, compulsiones, desórdenes, hábitos nerviosos o explicar la neurociencia de los hábitos. (Sólo me interesaría un poco entender por qué mi cerebro se ilumina cuando ve un *bagel* de canela con pasas.) Y aunque algunos argumenten que es inútil etiquetar los hábitos como "buenos" o "malos", decidí usar el típico término de "buen hábito" para los que quiero cultivar y "mal hábito" para los que quiero suprimir.

Mi objetivo principal serían los *métodos* para cambiar un hábito. De mi enorme montón de notas (detallando las investigaciones que había examinado, los ejemplos que había presenciado y los consejos que había leído) escogí varias "estrategias" que podemos utilizar para cambiar un hábito. Es raro, pero la mayoría de discusiones sobre el cambio de hábitos, sólo daba una aproximación, como si un acercamiento pudiera servir para todos. Experiencias difíciles muestran que esta idea es falsa. ¡Si tan sólo hubiera una respuesta simple y universal! Pero sé que personas distintas necesitan soluciones diferentes, así que me animé a identificar cada opción posible.

El autoconocimiento es indispensable para el éxito en la formación de hábitos. Así que la primera sección del libro, "Autoconocimiento", explora las dos estrategias que nos ayudan a entendernos: Las cuatro tendencias y Distinciones. Después viene "Pilares de los hábitos", esta sección examina lo conocido, las estrategias esenciales de Monitoreo, Fundamento, Agendar y Responsabilidad. La sección "El mejor momento para empezar", considera la importancia particular del tiempo de *empezar* cuando formamos un hábito, como se explora en las estrategias de Primeros pasos, Borrón y cuenta nueva y El rayo. Después, la sección "Deseo, comodidad y excusas", se adentrará en nuestros deseos para evitar esforzarnos y experimentar placer (lo que desempeña un rol en las estrategias de Abstinencia, Conveniencia, Inconveniencia, Protección, Las lagunas, Distracción, Recompensas, Gustos y Emparejar. (Las lagunas es la estrategia *más divertida*.) Al final, tenemos la sección "Única, como todos los demás", ésta investiga las estrategias que surgen desde nosotros para entender y definirnos a nosotros mismos en el contexto de seres sociales. Aquí se presentan Claridad, Identidad y Otras personas.

Una vez que identifiqué las estrategias, quise experimentar con ellas. Las dos mismas preguntas de cómo transformarnos y cómo cambiar nuestros hábitos han molestado a la raza humana a través de los años. Si estaba tratando de encontrar las respuestas, tenía que fortificar mi análisis con mi propia experiencia… como un cuyo. Sólo sometiendo mis teorías a prueba entendería lo que funciona.

Pero cuando le dije a un amigo que estaba estudiando hábitos y que planeaba poner en práctica otros nuevos, protestó: "Deberías luchar contra los hábitos, no promoverlos."

"¿*Es una broma*? *Adoro* mis hábitos", dije. "No se necesita fuerza de voluntad, ni agonía, es simple, como lavarme los dientes."

"No para mí", dijo mi amigo. "Los hábitos me hacen sentir atrapado."

Me mantuve firme en mi postura pro-hábitos, pero esta conversación me dio un aviso importante: los hábitos son buenos sirvientes pero malos amos. Aunque quiero los beneficios que ofrecen los hábitos, no quiero llegar a ser una burócrata de mi propia vida, atrapada en un papeleo que yo misma provoqué.

Conforme trabajaba en mis hábitos, sólo me dedicaba a los que me hacían más libre y más fuerte. Seguía preguntándome "¿*Qué final* persigo con este hábito?" Era esencial que mis hábitos se adaptaran a *mí,* porque sólo puedo construir una vida feliz fundada en mi propia naturaleza. Y si quiero intentar ayudar a otras personas a formar sus hábitos (una idea que debo admitir que me gusta), deben adaptarse a *ellos*.

Una noche, cuando ya estábamos listos para dormir, le estaba contando a Jamie lo más importante que me había pasado en ese día acerca de mi investigación. Había tenido un día difícil en el trabajo y se veía cansado y preocupado, pero de repente se empezó a reír.

"¿Qué?" Pregunté.

"Con tus libros sobre felicidad, siempre estás tratando de contestar la pregunta ¿cómo puedo ser más feliz? Pero con este libro de hábitos, la pregunta sería ¿*Ya en serio,* cómo puedo ser más feliz?"

"¡Exacto!" Respondí. En verdad era cierto. "Mucha gente me dice: 'Sé lo que me haría más feliz, sólo que no puedo hacer lo que se necesita.' Los hábitos son la solución."

Cuando cambiamos nuestros hábitos transformamos nuestras vidas. Podemos usar la *toma de decisiones* para escoger los hábitos que queremos formar y la *fuerza de voluntad* para empezar el hábito. Después (y ésta es la mejor parte), podemos permitirle al extraordinario poder del hábito que se haga cargo. Quitamos las manos del volante de la decisión, nuestros pies del acelerador de la fuerza de voluntad y confiamos en el regulador de velocidad de los hábitos.

Ésa es la promesa del hábito.

Para una vida feliz es importante cultivar una atmósfera de crecimiento. Es decir, sentir que estamos aprendiendo nuevas cosas, volviéndonos más fuertes y expertos, forjando nuevas relaciones, haciendo las cosas mejor y ayudando a otras personas. Los hábitos tienen un tremendo rol que desempeñar para crear esta atmósfera de crecimiento, porque nos ayudan a crear un progreso real y consistente.

La perfección puede ser un objetivo imposible, pero los hábitos nos ayudan a ser mejores. Evolucionar hacia un buen hábito, hacerlo *mejor que antes,* nos salva de enfrentar el fin de otro año con el triste deseo, otra vez, de haber hecho las cosas diferentes.

Un hábito es notorio (y con razón) por su habilidad de controlar nuestras acciones, incluso en contra de nuestros deseos. Al escogerlos de forma consciente, empleamos el poder de la mecanización como una fuerza de gran alcance para la serenidad, la energía y el crecimiento.

Lo que todos queremos es ¡ser mejor que antes!

Autoconocimiento

Para formar nuestros hábitos de forma exitosa, debemos conocernos a nosotros mismos. No podemos generalizar. Si un método para formar un hábito funciona bien para una persona, no quiere decir que funcionará igual para cualquiera, porque las personas son muy diferentes entre sí. Esta sección trabaja dos estrategias que nos permitirán identificar aspectos importantes de nuestros hábitos naturales: Las cuatro tendencias y Distinciones. Estas estrategias de observación no requieren que cambiemos lo que estamos haciendo, sólo que aprendamos a vernos de forma correcta.

Las cuatro tendencias

*Sólo cuando conoces a alguien de una cultura diferente comienzas
a darte cuenta cuáles son tus verdaderas creencias.*

GEORGE ORWELL, *El camino a Wigan Pier*

Sabía exactamente dónde empezaría mi extensa investigación sobre hábitos.

Por años he escrito una lista de mis "Secretos de adultos". Ésta contiene las lecciones que he aprendido con el tiempo y la experiencia. Algunas son serias, por ejemplo: "Sólo porque algo es divertido para alguien, no significa que lo sea para mí." Otras son bobas, como: "La comida sabe mejor cuando la tomo con las manos." Sin embargo, uno de los más importantes Secretos de adultos es: "Soy más (y menos) parecida a otras personas de lo que creo." Aunque no sea muy distinta de los demás, esas diferencias son *muy importantes*.

Por esta razón, las mismas estrategias no funcionan para todo el mundo. Si nos conocemos, seremos capaces de dirigirnos mejor, y si estamos tratando de trabajar con otros, esto ayudará a que *los* entendamos.

Así que empezaré con el autoconocimiento, identificando cómo mi naturaleza afecta mis hábitos. Aun entendiendo eso, no es fácil. Como dice el novelista John Updike: "De forma sorpresiva algunas pistas[12] nos dicen qué tipo de gente somos."

Durante mi investigación, busqué una buena estructura que explicara las diferencias entre los tipos de respuesta a los hábitos, pero para mi sorpresa, no existe. ¿Era el único ser humano que se preguntaba por qué la gente adopta rutinas más o menos rápido que los demás? O ¿Por qué algunas personas le temen a los hábitos? O ¿Por qué hay individuos capaces de mantener algunos hábitos en ciertas ocasiones, pero otros no?

No podía encontrar el patrón, hasta que una tarde ¡*eureka!* La respuesta no surgió de mi investigación bibliográfica, sino de la preocupación con aquella pregunta que mi amiga me había hecho. Otra vez había estado pensando en su simple observación: ella nunca se perdía los entrenamientos de su equipo de atletismo en la preparatoria, pero ahora no podía ir a correr. ¿Por qué?

Cuando mi idea me iluminó, sentí la misma emoción que debió haber sentido Arquímides cuando se metió en la bañera. De repente lo entendí. La primera y más importante pregunta de hábitos es: "*¿Cómo responde una persona a una expectativa?*" Cuando intentamos formar un hábito nuevo, tenemos una esperanza de nosotros mismos. Por tanto, *es crucial entender cómo respondemos a las expectativas.*

Enfrentamos dos tipos de posibilidades: *las externas* (conocer las fechas límites del trabajo, seguir las regulaciones del tráfico) y *las internas* (dejar de dormir siestas, lograr un propósito de año nuevo). Desde mi observación, todas caen dentro de alguno de los siguientes cuatro grupos:

- **Defensores.** Responden de forma fácil a las dos expectativas, las internas y las externas.
- **Interrogadores.** Cuestionan todas las expectativas, y cumplirán una sólo si creen que está justificada.
- **Complacientes.** Responden de forma fácil a las expectativas externas pero les cuesta trabajo cumplir las internas (como mi amiga del equipo de atletismo).

- **Rebeldes.** Resisten todas las expectativas, internas y externas por igual.

DEFENSOR
Cumple las expectativas externas.
Cumple las expectativas internas.

INTERROGADOR
Resiste las expectativas externas.
Cumple las expectativas internas.

COMPLACIENTE
Cumple las expectativas externas.
Resiste las expectativas internas.

REBELDE
Resiste las expectativas externas.
Resiste las expectativas internas.

Cuando estaba atareada, tratando de encontrar un nombre para este gráfico, uno de mis pasajes favoritos de Sigmund Freud llamado "El tema de los tres cofres" flotó por mi cabeza. Freud explica que los nombres de las tres diosas del destino significan "lo azaroso dentro de la legalidad del destino", "la inexorable", y "la catastrófica tendencia de regresar a la tierra". La catastrófica tendencia de regresar a la tierra.

Decidí nombrar a mi borrador "Las cuatro tendencias". ("Las cuatro catastróficas tendencias" aunque era correcto, sonaba un poco melodramático.)

Conforme desarrollaba la estructura de Las cuatro tendencias, en verdad sentía como si hubiera descubierto la Tabla periódica de los elementos, pero en este caso, del carácter. No estaba inventando un sistema, estaba desenmascarando una ley de la naturaleza. O tal vez había creado un hábito de *Sombrero adivinador*.

Nuestra tendencia colorea la forma en que vemos al mundo y por eso tiene enormes consecuencias para nuestros hábitos. Claro que éstas son tendencias, pero he descubierto, en un grado que me sorprende, que la mayoría de la gente cae de lleno en uno de los círculos. Una vez que identifico la tendencia de alguien, me apasiona escuchar que las personas hacen los mismos tipos de comentarios una y otra vez. Por ejemplo, los Interrogadores siempre remarcan lo mucho que les molesta tener que hacer fila.

DEFENSORES

Los Defensores responden de forma fácil a las expectativas, ya sean internas o externas. Despiertan y piensan: "¿Qué tengo que hacer hoy?" Quieren saber qué se espera de ellos y satisfacer esas ideas. Evitan cometer errores o lastimar a la gente, incluyéndose.

Confían en sí mismos, y los demás pueden contar con ellos. Tienen pocos problemas para cumplir compromisos, mantener resoluciones y observan las fechas límite (a menudo terminan antes). Quieren entender las reglas y casi siempre buscan más allá de las mismas, como en el caso del arte o la ética.

Un amigo con una esposa Defensora me dijo: "Si hay algo en la agenda, mi esposa lo va a hacer. Cuando fuimos a Tailandia, habíamos planeado visitar cierto templo y fuimos, aun cuando se había intoxicado con pescado la noche anterior y estuvo vomitando en el camino para llegar."

Como los Defensores sienten una verdadera obligación de cumplir con sus expectativas, tienen un fuerte instinto de autopreservación, y esto les ayuda a protegerse de su tendencia a satisfacer las expectativas de los demás. Un amigo Defensor me dijo: "Necesito tiempo para mí, para hacer ejercicio, pensar en nuevas ideas para el trabajo, escuchar música. Si la gente me pide que haga cosas que interfieren con eso, es fácil decir: ¡No!"

Sin embargo, los Defensores pueden atorarse en situaciones donde las expectativas no son claras o las reglas no están bien establecidas. Pueden sentirse forzados a satisfacer lo que se espera de ellos, incluso lo que parece sin sentido. A veces se sienten incómodos cuando saben que están rompiendo las reglas, incluso las innecesarias, a menos que trabajen en una poderosa justificación para hacerlo.

Ésa es mi tendencia. Soy una Defensora.

Mi tendencia Defensora, a veces hace que me angustie demasiado con el asunto de seguir las reglas. Hace algunos años, cuando saqué mi *laptop* para trabajar en una cafetería, el mesero me dijo: "No puede usar una *laptop* aquí." Ahora, *cada vez* que voy a una cafetería me preocupo sobre si podré usar mi computadora o no.

También son persistentes. Estoy segura de que para Jamie es agobiante (incluso a veces lo es hasta para mí) escuchar mi alarma *cada* mañana a las 6:00 a.m. Tengo una amiga Defensora que calcula que ha faltado al gimnasio sólo seis veces en todo el año.

"¿Cómo se siente tu familia al respecto?", le pregunté.

"Bueno, antes mi esposo se quejaba. Ahora ya se acostumbró."

Aunque me encanta ser una Defensora, también le veo el lado negativo: buscar siempre la estrellita dorada en la frente o seguir reglas sin sentido, entre otros.

Cuando descubrí que era una Defensora, entendí por qué me atraía el estudio de los hábitos. Para nosotros es relativamente sencillo cultivar hábitos (no es *fácil*, pero lo es más que para el resto de la gente) y los adoptamos porque los encontramos gratificantes. Pero el hecho de que hasta un adorador de ellos deba sufrir al fomentarlos, nos demuestra lo complicada y retadora que es la formación de hábitos.

INTERROGADORES

Los interrogadores cuestionan todas las expectativas, y las cumplen sólo después de concluir que tienen sentido. Están motivados por la razón, la lógica y la transparencia. Despiertan y piensan: "¿Qué tengo que hacer hoy y por qué?" Deciden por sí mismos si el curso de una acción es buena idea, y se resisten a hacer cualquier cosa que parezca falta de propósito. En esencia, convierten todas las expectativas en internas. Una vez un Interrogador escribió en mi *blog*: "Me rehúso a seguir reglas arbitrarias (cuando no hay autos, me cruzo la calle en dónde sea, también me paso la luz roja si es de madrugada y no viene coche) pero las reglas que están basadas en la razón son muy convincentes."

Una amiga me preguntó: "¿Por qué no me tomaré las vitaminas? El doctor dijo que debería, pero casi nunca lo hago."

Como es una Interrogadora le respondí: "¿Crees que las necesitas?"

"Bueno, no." Y después de una pausa agregó: "De hecho, no las necesito."

"Te apuesto a que las tomarías si pensaras que importan."

Los Interrogadores se resisten a las reglas porque sí. Un lector posteo en mi *blog*: "El director de la escuela de mi hijo dijo que los niños tenían que doblar sus playeras. Cuando expresé mi sorpresa por esta aparente regla arbitraria, el director dijo que la escuela tenía muchas reglas sólo por el bien de enseñar a los niños a seguirlas. Es una razón muy tonta para pedirle a cualquiera, incluyendo a los niños, que siga una norma. Si sabemos de tales reglas, deberíamos buscarlas y destruirlas, para hacer del mundo un mejor lugar."

Como a los Interrogadores les gusta tomar decisiones bien pensadas y llegar a sus propias conclusiones, están muy enganchados intelectualmente y a menudo dispuestos a hacer investigaciones profundas. Si deciden que hay bases suficientes para una expectativa, la cumplen, pero si no, no. Otro Interrogador dijo: "Mi esposa está enojada conmigo porque quiere que los dos registremos nuestros gastos. Pero no tenemos deudas y gastamos dentro de nuestras posibilidades, así que no creo que esa información amerite el esfuerzo. Entonces no lo haré."

Los Interrogadores se resisten a todo lo que les parezca arbitrario. Un ejemplo es que siempre dicen: "Puedo hacer un propósito si considero que es importante, pero no hago propósitos de año nuevo porque el primero de enero es una fecha sin sentido."

A veces, su apetito por información y justificación puede volverse agobiante. Un lector comentó: "Mi madre me está volviendo loca. Espera que yo necesite las toneladas de información que a ella le gusta saber. Todo el tiempo me cuestiona cosas que no pregunté, no preguntaría, y que por lo general ni siquiera me interesa saber las respuestas." A veces los Interrogadores mismos desearían aceptar las expectativas sin probarlas de forma tan implacable. Uno de ellos me dijo una vez: "Sufro con los análisis de mi parálisis. Siempre quiero tener otra pieza más de información."

Los interrogadores están motivados por razones sensatas, o al menos por las que *creen* que lo son. De hecho, a veces pueden parecer chiflados porque rechazan opiniones de expertos a favor de sus propias conclusiones. Ignoran a los que dicen: "¿Por qué crees que sabes más que tu doctor sobre cáncer?", o "Todo el mundo prepara su reporte de la misma manera, ¿por qué insistes en tu propio formato loco?"

Los Interrogadores pueden ser de dos tipos: los que tienen inclinación hacía los Defensores y los que se van más por los Rebeldes (es como ser "Virgo con ascendente Escorpión"). Mi esposo Jamie cuestiona todo, pero no es tan difícil de convencer. Como Defensora, a veces dudo si habría estado felizmente casada con alguien que no fuera igual o al menos Interrogador/ Defensor. Lo cual es un pensamiento que me hace reflexionar.

Si los Interrogadores creen que un hábito particular vale la pena, lo adoptarán, pero sólo si están convencidos de su utilidad.

COMPLACIENTES

Los Complacientes cumplen las expectativas externas, pero sufren para lograr las internas. Están motivados por la responsabilidad externa. Despiertan y se preguntan: "¿Qué debo hacer hoy?" Se distinguen por satisfacer las demandas de los demás, obedecer las fechas límite y esforzarse para cumplir con sus responsabilidades. Son maravillosos como colegas, miembros de la familia y amigos. Esto lo sé de primera mano porque mi madre y mi hermana son Complacientes.

Como se resisten a las expectativas internas, les cuesta trabajo automotivarse (trabajar en su tesis del doctorado, atender eventos de *networking,* llevar el coche al servicio, etcétera). Los Complacientes dependen de la obligación externa con consecuencias tales, como los vencimientos, pagos tardíos, o el miedo de decepcionar a alguien. Alguna vez uno escribió en mi *blog*: "No me parece que mi calendario tenga un sentido de responsabilidad, sólo veo gente ligada a una cita. Si la anotación es un recordatorio, es probable que no lo haga." Otro resumió: "Las promesas hechas a uno mismo se pueden romper, pero las que les haces a los demás, ésas son indestructibles." Los Complacientes necesitan de esta responsabilidad externa incluso para hacer las cosas que ellos quieren. Uno me dijo: "Nunca tengo tiempo para leer, así que me uní a un grupo de lectura en el que de verdad se espera que termines un libro."

El comportamiento de los Complacientes, a veces se atribuye al *autosacrificio:* "¿Por qué siempre tengo tiempo para las prioridades de los demás a expensas de las mías?" Aunque se explica mejor como *necesidad de responsabilidad.*

Ellos encuentran formas ingeniosas de crearse obligaciones externas. Uno explicó: "Quiero ir a los juegos de beisbol pero nunca lo hago. Mi hermano y yo compramos un abono para toda la temporada y ahora sí voy porque si no, se enoja." Otro dijo: "Si quiero limpiar mi clóset el fin de semana, primero llamo a la caridad para que vengan a recoger mis cosas el lunes." Uno más dijo con arrepentimiento: "Me inscribí en un grupo de fotografía porque sabía que necesitaba tareas y límites de entrega. Tomé varias clases, luego pensé: 'Me encanta, creo que ya no necesito más clases'. Adivina cuántas fotos he sacado desde entonces: una." Seguro el próximo semestre tomaré el curso.

La necesidad de ser el ejemplo a seguir, a menudo hace que los Complacientes se mantengan en buenos hábitos. Un amigo come vegetales sólo cuando sus hijos lo ven. Otro me dijo: "Nunca pude ir a clases de piano, así que esperé hasta que mis hijos pudieran tomar lecciones, y ahora vamos todos juntos, así tengo que practicar porque si no, ellos no lo hacen." A veces los Complacientes pueden hacer cosas en nombre de los demás, que no podrían hacer por ellos mismos. Muchos me han dicho, casi con las mismas palabras: "Si no fuera por mis hijos, seguiría atrapada en un matrimonio horrible. Tenía que divorciarme por los niños."

El peso de las expectativas externas puede hacerlos susceptibles al agotamiento porque tienen problemas para decir "No". Un señor explicó: "Dejo todo por revisar los reportes de mis colegas, pero soy terrible para terminar a tiempo los míos."

Los Complacientes pueden encontrar dificultades para crear un hábito, porque a menudo emprenden hábitos para el beneficio de los demás. Les parece más fácil hacer las cosas para otros que para sí mismos. Para ellos la clave es la responsabilidad externa.

REBELDES

Los Rebeldes se resisten a todas las expectativas, tanto externas como internas. Deciden cómo actuar según su sentido de elección, de libertad. Despiertan y piensan: "¿Qué quiero hacer hoy?" Se resisten al control, incluso al autocontrol, y disfrutan rompiendo reglas y expectativas.

Las personas con esta tendencia, trabajan hacia sus propias metas, a su manera, y mientras rechazan lo que se "supone" que deben hacer, pueden cumplir sus propios objetivos. Un

Rebelde me dijo: "Mi tesis de maestría tenía diez páginas menos de lo recomendado, y convencí al departamento de agregar un asesor inusual en el presídium. Así que lo hice y bien, pero en mis términos."

Le otorgan un valor muy alto a la autenticidad y la autodeterminación, y le dan un espíritu libre a lo que hacen. Uno comentó: "Hago los deberes que quiero completar en vez de los que me mandan. El problema viene cuando hay algo que espero hacer con regularidad (como correr los controles de calidad cada semana), simplemente no puedo." A veces, la resistencia a la autoridad de estas personas es muy valorada por la sociedad. Como un Interrogador señaló: "El mejor recurso de un Rebelde es su voz de desacuerdo. No deberíamos intentar educarla o formarla, está ahí para protegernos a todos."

Pero a menudo frustran a otros porque no se les puede pedir nada, ni decir qué hacer. No les importa si "la gente cuenta contigo", "dijiste que lo harías", "se van a enojar tus papás", "es contra las reglas", "ésta es la fecha límite", o "es grosero". De hecho, si le pides o le dices a un Rebelde que haga algo, casi siempre hará exactamente lo *contrario*. Uno escribió: "Al decirme o esperar que haga algo me creas una sensación de *alto* que tengo que superar de una forma activa. Si me piden que vacíe la lavavajillas, mi cerebro piensa: 'Bueno, ya lo iba a hacer, pero como me dijiste, ahora no lo hago'."

La gente alrededor de ellos debe protegerse de aumentar su espíritu de oposición, un reto especial para los padres de niños con esta tendencia. Un padre de familia me explicó: "La mejor manera de discutir con un niño Rebelde es darle la información para que tome su propia decisión, presentándole el asunto como una pregunta que él solo pueda responder, y dejarlo. Sin decirle qué hacer. Debe tomar su decisión sin audiencia. Audiencia = expectativas. Si piensa que no lo estás viendo, no necesitará rebelarse contra tus expectativas." Otro papá dijo: "Mi hijo Rebelde fue expulsado y no quería estudiar una carrera, aunque es muy inteligente. Cuando cumplió dieciocho le dimos un boleto para volar alrededor del mundo y le dijimos '¡De ti depende!' Viajó durante tres años y ahora está en la universidad y va muy bien."

Los Rebeldes, a veces se frustran incluso a ellos mismos, porque no pueden decirse *a sí mismos* qué hacer. El escritor John Gardner observó: "Mi compulsión a no hacer lo que la gente me dice… me hace cambiar lugares para vivir o cambiar mi vida en una forma o en otra, lo cual, a menudo me hace muy infeliz. Desearía sólo poder asentarme." Por otra parte, pueden ser hábiles para canalizar su energía en formas constructivas. Un Rebelde que quiere meter un presupuesto tal vez diga: "No quiero que los proveedores me manipulen tratando de venderme basura", o uno que quiere éxito en la escuela quizá exprese: "Nadie cree que puedo entrar en una buena universidad, pero les mostraré."

Muchas veces, tienden hacia el trabajo con un elemento del "salvaje Oeste", tal como mi amigo que trabaja en tecnología disruptiva (no cualquier tecnología, sino *disruptiva* como él siempre enfatiza). Resisten jerarquías y reglas, y por lo general, cuando ellos están a cargo funcionan mejor con los demás. Sin embargo, lo opuesto de una profunda verdad también es cierto, y con gran sorpresa, algunos Rebeldes son atraídos por instituciones con muchas reglas. Como dijo un comentador: "Dejar que otros tengan el control, también puede traer libertad. Tal vez encuentres más Rebeldes en el ejército de los que esperas."

Otro notó: "Tal vez necesitamos límites para doblar, estirar y romper. Dejando de lado mis inquietudes, me vuelvo inquieto e improductivo porque no hay reglas qué romper o listas de no-hagas-esto, las cuales observo al final del día, y pienso '¡Yu-huuuu! No hice nada de estas cosas'."

Siempre que hablo de tendencias, le pido a la gente que levante la mano para indicar su categoría. Una vez me sorprendí cuando un grupo de ministros cristianos presentó un porcentaje inusual de Rebeldes. Un clérigo de esta tendencia me explicó: "El clero nos consideramos elegidos y por tanto diferentes. Tienen la bendición de sus colegas, congregaciones, y Dios, el cual manda sobre muchas cosas en la vida, incluyendo las reglas."

No es una sorpresa: se resisten a los hábitos. Conocí a una mujer que era Rebelde (de inmediato me di cuenta). Le pregunté: "¿No te cansas de tomar decisiones todos los días?"

"No", contestó, "tomar decisiones me hace sentir libre."

"Yo me pongo límites para darme libertad."

Movió la cabeza. "Libertad significa que no hay límites. Para mí, una vida controlada por hábitos suena a la muerte."

Los Rebeldes se resisten a los hábitos, pero pueden aceptarlos como comportamientos al pintar sus acciones u opciones. Uno explicó: "Si tengo que hacer algo 'todos los días' te garantizo que no lo haré. Pero si lo tomo como un día *a la vez,* entonces lo lograré con más frecuencia."

La mayoría de la gente es Interrogadora o Complaciente. Muy pocos son Rebeldes y, para mi sorpresa, descubrí que la categoría de los Defensores es muy chiquita. (De hecho, como estas dos últimas categorías son pequeñas, la gente que intenta formar hábitos a gran escala como empleadores, compañías aseguradoras e instructores, lo hacen concentrándose en soluciones que ayuden a los Interrogadores, dándoles razones, y a los Complacientes, otorgándoles responsabilidad.)

Muchas veces aprendemos más sobre nosotros mismos al aprender sobre otras personas. Cuando empecé mi investigación de hábitos, asumí que era bastante común. (Yo me *sentía* bastante común.) Así que caí en *shock* al darme cuenta de que como Defensora, de hecho estoy en un tipo extremo y raro de personalidad.

Le comenté mi sorpresa a mi esposo Jamie y dijo: "Claro que tienes una personalidad extrema. Yo podría habértelo dicho."

"¿De verdad? ¿Cómo lo sabes?", pregunté.

"Porque llevo dieciocho años casado contigo."

El novelista Jean Rhys observa: "Uno nace ya sea para seguir o para ir en contra." Desde lo que he observado, nuestras tendencias están programadas de forma mental y aunque se pueden compensar de algún modo, no se pueden cambiar. Muchas veces es difícil identificar la tendencia de un niño (todavía no puedo descubrir las de mis dos hijas), pero en la adultez, la mayoría de la gente cae en alguna que forma su percepción y comportamiento de manera fundamental.

Sin importar nuestra tendencia, con mucha más experiencia y sabiduría, podemos aprender a compensar su aspecto negativo. Por ejemplo, como Defensora he aprendido a resistir mi inclinación para satisfacer una expectativa sin pensar, y preguntarme: "¿Por qué estoy cumpliendo esta expectativa de todas formas?"

Estar casada con un Interrogador me ha ayudado a cuestionarme más. (O confío en que Jamie me pregunte.) Una noche estábamos en el teatro y en el intermedio le dije: "Hasta ahora, la verdad *no* me gusta esta obra." Mi marido contestó: "A mí

tampoco, vámonos a casa." Yo pensé: "¿Qué, podemos sólo irnos?" ¡Y lo hicimos! Mi primer instinto es hacer lo que se espera de mí, pero cuando Jamie se burla y dice "Nah, no tienes
que hacer eso" es más fácil para mí decirle: "Es cierto, no tengo que hacerlo."

Por su parte, creo que Jamie se ha vuelto más Defensor
con el correr de los años, al menos en casa. Aunque casi siempre cuestiona mis peticiones ("¿Por qué tengo que hacer esto?"
"¿Cuál es el punto?" "¿Puedo hacerlo después?") ha aprendido
que siempre tengo una buena razón y que me fastidia estar explicando con lujo de detalle. Ha mejorado (algo) al aceptar mis
expectativas sin un debate prolongado.

Conocer nuestra tendencia puede ayudarnos a plantear
hábitos de forma convincente. Hago ejercicio de manera regular porque está en mi lista de lo que debo hacer; un Interrogador
recita los beneficios para la salud que produce esta actividad;
un Complaciente anda en *bici* una vez a la semana con su pareja o un amigo; y cuando mi Rebelde amiga Leslie Fandrich
escribió sobre cómo empezó a correr, enfatizó los valores de la
libertad y el deseo: "Correr me parece la manera más eficiente[13] e independiente de ponerme en forma… Puedo ir cuando
quiera sin tener que pagar la membresía de un gimnasio.
Además, me encanta salir, sentir el aire fresco y es una buena
oportunidad para escuchar música nueva."

Las cuatro tendencias pueden proveer un guía muy importante para cualquiera que intenta ayudar a otros a cambiar: un
jefe tratando de ayudar a sus empleados a ser más productivos;
un proveedor de servicios médicos tratando de incitar a la gente
para que tome sus medicamentos; un consultor, entrenador,
asesor o terapeuta intentando ayudar a la gente para que cumpla

sus metas. Si estamos tratando de persuadir a la gente para que adopte un hábito, tendremos más éxito si consideramos su tendencia. Por ejemplo, un Interrogador le puede pedir a un Complaciente con razones sólidas que lleve a cabo una acción, pero estos argumentos lógicos no le importan tanto como la responsabilidad externa. Un Defensor puede sermonear sobre una obligación a un Interrogador, y entonces menos cumplirá la expectativa (es probable) porque ellos preguntan todas las obligaciones. Una amiga me dijo su estrategia cuando el doctor de su padre Rebelde le prescribe el medicamento: "El doctor hizo énfasis en cuán importante es tomarse la medicina. Sé que no es bueno decirle a mi padre lo que debe hacer, así que después, cuando me pregunta '¿Tú qué crees? ¿Debo tomármela?' Le contesto 'Oh, yo no me preocuparía por eso.' Él dice '¿Qué? ¿Quieres que me muera?' Y se la toma."

A la mayoría de Defensores, Interrogadores y Rebeldes les gusta su categoría, aunque siempre se están quejando de sus lados negativos. Me encanta ser Defensora, pero reconozco sus desventajas. Mi tendencia me permitió seguir los pasos que me promovieron a tener un rol administrativo con Sandra Day O'Connor en la Suprema Corte de Justicia, y cuando decidí ser escritora, me permitió hacer un enorme cambio de carrera. (Claro que también significa que pasé mucho tiempo preocupándome por minucias, como poner una coma en itálicas o no, en la nota al pie de un periódico legal. De verdad.) Los Interrogadores, a veces se sienten exhaustos por sus preguntas, pero creen que todo el mundo debería ser como ellos porque su acercamiento es más racional. Los Rebeldes, a veces dicen que les gustaría seguir las reglas, pero no quieren dejar de ser como son.

Pero a los que no les gusta su tendencia, es a los Complacientes. De verdad les molesta el hecho de que pueden cumplir las expectativas de otros, pero no las suyas. Con las otras tres tendencias, mucha de la frustración recae en los demás. Otras personas se pueden aburrir por el rigor de los Defensores, las preguntas de los Interrogadores o las inconformidades de los Rebeldes, pero "ceder ante la gente" de los Complacientes hace que ellos mismos se lleven la peor parte de su lado negativo.

De hecho, los Complacientes pueden buscar un punto de rebeldía. Examinan un patrón llamativo que les permita, de forma abrupta, rechazar el cumplimiento de alguna expectativa. Como uno me explicó: "A veces 'me quiebro' porque estoy cansado de que las personas asuman que siempre haré lo que esperan. Es una manera de rebelarme para mantenerme firme." Otro agregó: "Trabajo muy duro para mantener mis compromisos con los demás, pero no puedo hacerlo conmigo… Aunque de vez en cuando me rehúso por completo a complacer." Tal vez pueden rebelarse en formas simbólicas, con su cabello, ropa, carro y cosas por el estilo.

Esta cualidad inconforme entre los Complacientes explica otro patrón que he notado: casi siempre, si un Rebelde está en una relación de mucho tiempo, éste está emparejado con un Complaciente. A diferencia de los Defensores y los Interrogadores, quienes se angustian por el comportamiento de rechazo a las expectativas de los Rebeldes, los Complacientes disfrutan viendo cómo rehúsan a ceder ante las expectativas externas. Una Rebelde me explicó la dinámica de esta combinación: "Pareciera que funciono bien en el mundo normal adulto. Una gran parte de la razón por la que soy capaz de hacerlo… es mi esposo. Él envía el cheque de la renta, lo cual es muy lindo porque a mí siempre me molesta que se tenga que hacer el mismo día de cada mes. Lidia con la basura diaria, mueve el coche para la barredora de nieve, y se asegura de que las incómodas y regulares cuentas se paguen a tiempo. (De verdad odio la puntualidad.) Por otra parte, cuando hablamos de grandes decisiones, por lo general yo tengo la última palabra."

Pero no importa cuál sea nuestra tendencia, todos compartimos un deseo de autonomía. Si nuestra sensación de ser controlados por los demás se vuelve demasiado fuerte, puede desencadenar el fenómeno de "reacción", una resistencia a algo que se siente como una amenaza para nuestra libertad o habilidad de elegir. Si nos piden que hagamos algo, tal vez nos resistiremos, incluso si es algo que de otra manera tal vez queremos hacer. He visto que esto pasa con mi hija Eliza. Si le pregunto: "¿Por qué no terminas tu tarea?" Me contesta: "Necesito un *break*, voy a parar un rato." Y si le digo: "Has estado trabajando mucho, ¿por qué no te tomas un descanso?" Responde: "Quiero terminar de una vez." Es fácil descubrir por qué este impulso crea problemas (para los profesionales de la salud, padres de familia, maestros, gerentes, directores). Entre más presionamos a una persona, más se resiste.

Después de dar una plática sobre Las cuatro tendencias, un hombre me preguntó: "¿Cuál hace a la gente más feliz?", estaba sorprendida porque esa pregunta tan obvia jamás se me había ocurrido. "Y también", continuó, "¿cuál es la más exitosa?"

No tenía una buena respuesta porque había estado tan concentrada en entender las tendencias, que nunca las consideré en forma comparativa. Sin embargo, después de mucho reflexionar, me he dado cuenta que la respuesta (como siempre, lo cual a veces me parece aburrido) es *"depende."* Depende de cómo la persona lidie con los lados positivos y negativos de su tendencia. Las personas más felices y exitosas son aquellas que han encontrado maneras de explotar su tendencia para su beneficio, e igual de importante, han encontrado maneras de contrarrestar sus limitaciones.

En una entrevista para el *Paris Review*, el novelista Rebelde John Gardner hizo una observación que nunca olvidaré: "Cada vez que rompes una la ley, tienes que pagar y cada vez que la obedeces, también." Cada acción, cada hábito, tiene sus consecuencias. Defensores, Interrogadores, Complacientes y Rebeldes, todos deben lidiar con las consecuencias de encajar en su tendencia. Todos los días me levanto a las 6:00 de la mañana y pago por eso: termino más trabajos, pero también me tengo que dormir temprano.

Todos debemos pagar, pero podemos *elegir* por qué.

DIFERENTES SOLUCIONES PARA PERSONAS DISTINTAS
Distinciones

Por supuesto, como todas las clasificaciones de este tipo, la dicotomía llega a ser, si se presiona, artificial, escolástica y básicamente absurda. Pero… como todas las distinciones que personifican cualquier grado de verdad, ofrecen un punto de vista del cual mirar y comparar, un punto de inicio para una investigación genuina.

ISAIAH BERLIN. *El erizo y la zorra*

El esquema de Las cuatro tendencias me había dado un conocimiento crucial de la naturaleza humana, sin embargo, había mucho que no sabía. Todavía no podía irme a lo más concreto: las estrategias orientadas a la acción (que estaba ansiosa de investigar). Pero no podía empezar con ellas porque aún no agotaba las posibilidades del autoconocimiento.

Como uno de los ejercicios para el "Objetivo: felicidad" que empecé hace años, identifique mis doce "Mandamientos personales", que eran los principios más importantes con los cuales quería vivir mi vida. Mi primer mandamiento es "Ser Gretchen." Todavía es muy difícil conocerme a mí misma. Estaba tan distraída por la manera en que deseaba ser, o por la forma que me asumía, que perdí el conocimiento de quién era en verdad.

Me tardé en entender algunas de las cosas más básicas sobre mí. No adoro la música. No soy gran *fan* de viajar. No me gustan los juegos, ni ir de compras. No me interesan mucho los animales. Me gusta la comida sencilla. ¿Por qué no había reconocido estos aspectos de mi naturaleza? En parte porque nunca había pensado mucho sobre ello (digo, todo el mundo adora la música, ¿no?) y en otra porque esperaba, sin argumentos, que un día sobrepasara mis limitaciones. Seguro aprendería a querer viajar o apreciar la comida exótica.

También asumí que era bastante parecida a todos los demás y lo mismo a la inversa. Esto es cierto, pero nuestras diferencias son *muy importantes*. Y ejercen gran influencia en la formación de hábitos. Por ejemplo, leí el consejo de que, como nuestras mentes son más claras en la mañana, deberíamos hacer nuestro trabajo intelectual más demandante a esas horas. Pensé "debería" seguir ese hábito, hasta que finalmente me di cuenta de que mi propio hábito (empezar mi día con una hora de *email*) encajaba mejor conmigo. Necesito limpiar mi escritorio antes de poder sentarme a trabajar en serio, y sospecho que si intentara cambiar ese hábito, no podría.

Debo hacer mis hábitos a la medida, tomando en cuenta los aspectos fundamentales de mi naturaleza que no van a cambiar. No acostumbro decir "Si hago equipo con otro escritor, trabajaré más cada día y veremos quién puede terminar su libro más rápido" porque *no me gustan las competencias*.

Para evitar desperdiciar mi preciosa energía formadora de hábitos en casos perdidos, necesito crear unos que me queden bien. Por esta razón desarrollé una lista de preguntas para resaltar los aspectos de mi naturaleza que son relevantes para la formación de hábitos.

Dicen que el mundo está hecho por dos tipos de personas: los que dividen al mundo en dos grupos de gente y los que no. Obvio, yo soy de la primera categoría.

¿Soy alondra o búho?

Las investigaciones muestran que la gente matutina[14] o "Alondras" en verdad son diferentes de las personas nocturnas o "Búhos". La mayoría de los seres humanos encajamos en algún lado entre los dos, pero los extremos (los dos cronotipos medidos por su punto medio de dormir) también existen. Dichos extremos son más productivos y energéticos a diferentes horas del día.

Soy una Alondra: me duermo y levanto temprano. Los Búhos hacen justo lo contrario. Yo creía que éstos podían convertirse en aves matutinas si hacían un esfuerzo para irse a dormir temprano, pero las investigaciones sugieren que este atributo es innato. Los genes desempeñan un rol muy importante al igual que la edad: los niños pequeños tienden a ser Alondras; los adolescentes, Búhos (con un pico a los 19.5 años para mujeres y 21 para hombres); los adultos mayores son más como los primeros.

De manera interesante, las investigaciones sugieren que las Alondras tienen más probabilidades de ser más felices,[15] más saludables y más satisfechos con la vida que los Búhos, en parte porque el mundo las favorece. Los Búhos se duermen más tarde, pero como el trabajo, la escuela y los niños pequeños empiezan temprano, su vida se hace más difícil.

Alondras, Búhos y todo el mundo intermedio deben considerar este aspecto de su naturaleza cuando intenten formar un hábito. Un Búho no debería molestarse en intentar despertar temprano para estudiar y una Alondra no debería tratar de fijarse dos horas para escribir después de cenar.

A veces no reconocemos nuestro propio tipo. Un amigo me dijo: "Fui a un retiro de meditación donde nos levantábamos a las cuatro de la mañana. Fue como un cambio de 360° para mí y la vida empezó a ser mucho mejor. Ahora me voy a dormir alrededor de las 9:00 o 9:30 y despierto a las 4:00. ¡Me encanta!"

¿Soy un maratonista, velocista o desidioso?

En especial para los hábitos en nuestros lugares de trabajo, es clave distinguir el ritmo en que la gente prefiere trabajar. Soy como un corredor de maratón. Me gusta trabajar de forma lenta y constante y me chocan las fechas límite, de hecho, casi siempre termino antes. En la escuela de leyes, tuve que entregar dos trabajos masivos de escritura para poder completar mi graduación, y escribí ambos al final del primer año. (Nota: tal vez mi entusiasmo para escribir mucho era una señal de que quería ser escritora y no abogada, pero esa es otra historia.) Trabajar en proyectos de forma regular, durante largos periodos, enciende mi creatividad.

Por el contrario, los Velocistas prefieren trabajar en rápidas ráfagas de esfuerzo intenso, y a propósito esperan la presión de la fecha límite para afilar su pensamiento. Un Velocista me dijo: "Nunca preparo mi discurso hasta que la gente está sentada frente a mí y voy rumbo al pódium. Esto vuelve locos a los de mi *staff*, pero es como me llegan las ideas." Otro observó: "Prefiero estar inmerso por completo en un proyecto, por un periodo corto. El trabajo fluye mejor y puedo mantener la concentración. Las cosas se separan y las horas totales se disparan."

Velocistas y Maratonistas por lo general se sienten bien con su estilo de trabajo, pero los Desidiosos no. Se parecen un poco a los Velocistas porque dejan todo para el final, cuando ya están en el vencimiento del plazo, pero son diferentes. Los Velocistas *eligen* trabajar en el último minuto porque la presión de la fecha límite clarifica sus pensamientos, los Desidiosos odian la presión del último minuto y desearían haber trabajado desde antes. A diferencia de los Velocistas, los Desidiosos a menudo agonizan sobre el trabajo que no han hecho, lo cual les hace difícil crear algo divertido o lleno de significado con su tiempo. Pueden correr alrededor haciendo tareas improductivas como una forma de evitar hacer lo que saben que tienen que hacer. (Un Secreto de adultos es: el trabajo es una de las formas más peligrosas de Desidia.)

Los Velocistas les dicen "macheteros" a los Maratonistas, y éstos, "irresponsables" a los otros, pero no hay un camino correcto. Sin embargo, los Desidiosos son más felices cuando cambian sus hábitos de trabajo para hacerlo de forma más constante.

¿Soy un hipocomprador o un hipercomprador?

Los hipocompradores odian las tiendas, centros comerciales y andar de compras, los hipercompradores, los adoran. Me confirmo de los primeros. Intento comprar o ir al súper lo menos posible. Peleo por adquirir cosas, como un abrigo o un traje de baño después de que lo necesitaba. Soy muy cautelosa en traer cosas con un uso específico, como portatrajes, crema para manos, acondicionador de cabello, botas para lluvia, Kleenex. Casi siempre, después de considerar comprar algo pienso: "Lo haré en otra ocasión" o "Tal vez no lo necesito tanto." Ya que los Hipocompradores detestamos comprar, a menudo nos resistimos a adquirir equipo o servicios que nos ayudarían con nuestros buenos hábitos.

Los Hipercompradores, por el contrario, encuentran excusas para comprar. Acumulan grandes cantidades de suplementos de oficina, artículos de cocina o accesorios de viaje con el pensamiento: "Un día lo voy a necesitar." Cuando intentan formar un hábito, tienden a cargar con equipos o servicios que imaginan que les ayudará a mantener sus propósitos.

Los Hipocompradores piensan: "No necesito comprar *tenis para correr*. Estos todavía sirven." Los Hipercompradores piensan: "Necesito tenis para correr, y un par de repuesto, y un chaleco reflejante, y un podómetro, y un libro sobre cómo prevenir lesiones." Conocer nuestras inclinaciones, ya sean hipo o hiper, puede ayudarnos a identificar las oportunidades para comprar o no y para fomentar nuestros hábitos saludables. Hipocompradores deben recordar que gastar dinero para soportar un buen hábito es algo que vale la pena; Hipercompradores deben recordar que una simple adquisición es suficiente para establecer un buen hábito.

¿Soy amante de la simplicidad o de la abundancia?

Como una ferviente *fan* de la literatura infantil, he empezado tres grupos de lectura para niños. Sí, tres. (Cuando empecé el primero, en verdad creía que era la única persona en toda la ciudad de Nueva York que amaba la literatura y la de niños.) En una de nuestras reuniones, un amigo remarcó: "Siempre me quiero sentir vacío", y otro respondió: "Siempre me quiero sentir lleno." Éste es uno de los intercambios breves más interesantes que he escuchado. No entendí exacto lo que ambos querían decir, pero me dejó pensando en aquellos que aman la simplicidad y los que adoran la abundancia.

A los amantes de lo simple les atrae la idea de "menos", de vacío, superficies y cajones limpios, pocas cosas, un clóset con mucho espacio. Me encuentro en este campo; obtengo más placer de intercambiar cosas que de comprarlas. Con facilidad me siento abrumada cuando hay mucho ruido, muchos objetos, o muchas cosas pasando al mismo tiempo.

A los amantes de lo abundante les atrae la idea de "más", de exceso, de suma, de amplitud, de despensa llena. Siempre quieren tener más de lo necesario. Les gusta el ajetreo, disfrutan coleccionando cosas y teniendo una amplia variedad de opciones.

Ambos tipos de personas se desarrollan muy bien en diferentes ambientes. Por ejemplo, es probable que un amante de la simplicidad trabaje mejor en una oficina tranquila, con mínima decoración, mientras que su opuesto, en una que esté llena de vida, con muchos detalles visuales. Visité una compañía tecnológica que había hecho un concurso llamado "Decora tu cubículo", y las cosas estaban *por todas partes,* ¡incluso colgadas del techo! Estoy segura de que es divertido, pero pensé "jamás podría trabajar aquí".

Cuando cambiamos hábitos, a los que les gusta la simplicidad tal vez los atraiga la eliminación y simplificación (ahorrar dinero quitando la televisión por cable o dejando de comprar en línea). A los amantes de la abundancia les encanta la variedad y el sumar (hacer dinero empezando un trabajo de *freelance* o aprendiendo cómo invertir).

¿Soy un iniciador o un terminador?

Algunas personas adoran cerrar y otras abrir, ambas literal y figuradamente. Los Terminadores aman el sentimiento de completar un proyecto, y están determinados a usar hasta la última gota de la botella de champú. Los Iniciadores tiemblan de emoción al lanzar un nuevo proyecto, y encuentran placer en abrir un tubo nuevo de pasta de dientes.

Soy una Terminadora, y Jamie un Iniciador. El otro día, estaba en la cocina y vi cuatro bolsas de granola en la alacena, todas abiertas. Cuando se lo señalé y le pedí que ya no abriera otra bolsa hasta que se acabara ésas, sólo se rió y durante algunas semanas se divertía pretendiendo que abría más bolsas frente a mí. Como Terminadora, me llega un sentido de cumplimiento cuando uso el último huevo del cartón, y siento una rara satisfacción cuando algo se rompe o se desgasta. Me pregunto por qué me gusta ver el relleno del sofá asomarse, o el hoyo en un par de calcetines, hasta que me doy cuenta que es mi naturaleza Terminadora, deleitándose con el final.

Por el contrario, un profesor de leyes Iniciador me dijo: "Constantemente estoy empezando artículos nuevos o escribiendo propuestas para nuevos cursos. Tengo un montón de borradores que nunca me he molestado en terminar. Además, siempre tengo varios frascos de mostaza abiertos en el refrigerador."

Si sabemos qué tipo de persona somos, podemos formar nuestros hábitos, de manera que se ajusten a nuestra preferencia. Por ejemplo, cuando estaba tratando de hacerme el hábito de escribir en mi *blog* con regularidad, hice una página donde posteaba seis veces a la semana: cuando había escrito el del día, terminaba. Un conocido Iniciador ha comprado más de trescientos URLs, mantiene doce sitios y siempre está considerando lanzar uno nuevo. Esto ajusta perfecto con su deseo de abrir. Me gusta mi entrenamiento de fuerza en el gimnasio; levanto pesas veinte minutos, luego termino, no hay más que pueda hacer. Los Iniciadores seguro prefieren un gimnasio que les permita rotar a través de muchos tipos de ejercicios.

Como los Terminadores se concentran en su habilidad de completar, deben ser muy prudentes al intentar nuevos hábitos; los Iniciadores tienen que ser súper optimistas por su habilidad de agregar nuevos hábitos en su vida.

¿Soy amante de la familiaridad o de la novedad?

Algunas personas aman la familiaridad; otras la novedad. Definitivamente estoy en el campo de la familiaridad. Me encanta releer mis libros favoritos y ver una película una y otra vez. Como la misma comida, más o menos todos los días. Me gusta regresar a lugares que ya he visitado antes. Por el contrario, otras personas se desarrollan muy bien en cosas nuevas.

Para los que adoran lo conocido, un hábito se vuelve más fácil conforme se torna más familiar. Cuando comencé en la escuela de leyes, me sentí intimidada por la biblioteca. Todos los días caminaba por ella, hasta que me sentí cómoda lo suficiente como para trabajar ahí. Cuando empecé a escribir en mi *blog*, mi falta de familiaridad con los mecanismos de postear me hizo temerle. Pero me forcé a hacerlo cada día, para que lo extraño se volviera familiar, y las dificultades se volvieran automáticas.

Los amantes de lo novedoso tal vez adopten un hábito de forma más fácil si éste se ve como… menos parecido a un hábito. Un chico me dijo: "Me siento obsoleto cuando voy a trabajar todos los días y veo las mismas caras, así que una vez a la semana trabajo en una oficina satélite diferente, para cambiar de aires."

De hecho, a los que les gusta lo diferente trabajan mejor si tienen series de actividades en el corto plazo, por ejemplo, retos de treinta días, en vez de tratar de crear hábitos duraderos y automáticos. Un lector me comentó: "Me encanta planear rutinas y hábitos, como si fueran a funcionar, pero seguirlos hasta el final pasa muy rara vez, es como si tuviera una repulsión hacia hacer las mismas cosas de la misma forma. Aunque por otra parte, la emoción de intentar algo nuevo es maravillosa."

¿Tengo un enfoque de prevención o de promoción?

En su libro *Focus*, los investigadores Tory Higgins y Heidi Grant Halvorson argumentan que la gente tiende a estar enfocada en la "promoción"[16] o en la "prevención" de sus objetivos.

Los que se concentran en la primera, tratan de lograr cosas, de avanzar, de tener ganancias, de conseguir más amor, premios, placer... Persiguen sus metas con impaciencia y optimismo. Por el contrario, la gente enfocada en la prevención, se concentra en cumplir sus deberes, evitar pérdidas, minimizar el daño, el dolor o la censura. Siempre está vigilando que no haya posibles contratiempos o problemas.

El hábito bueno y malo es la imagen en el espejo de cada uno; tal vez una persona quiere "dejar de comer chatarra" o "comer mejor", "dormir más" o "dejar de acostarse tarde".

Un ser humano enfocado en la promoción, recicla para ayudar a mantener un planeta más limpio; en cambio uno enfocado en la prevención lo hace para evitar pagar una multa. Argumentos diferentes resuenan con diferentes personas, y es útil enmarcar un hábito de manera que encaje con cada individuo.

¿Me gusta dar pasos grandes o pequeños?

Mucha gente tiene más éxito al adoptar un nuevo hábito cuando empiezan de forma lenta, con modestos pasos.[17] Una serie de responsabilidades menores pero reales, le da a las personas la confianza para continuar. En lo que el investigador de comportamiento influenciable B. J. Fogg llama "pequeños hábitos",[18] una persona puede empezar un hábito haciendo sólo un abdo-

minal o leyendo una página, y por tomar este inicio de pequeños pasos empezar un camino para mantener el hábito. La
lenta acumulación de pequeños triunfos es alentadora y sostenible. Hacer cambios modestos puede facilitar el adherirse a
un nuevo hábito y evitar la derrota, que puede golpearnos cuando intentamos hacer una gran transformación de una sola vez.

También, al dar pequeños pasos, nos vamos acostumbrando
de forma gradual a incluir el hábito nuevo en nuestra rutina diaria. El hábito de los hábitos es más valioso que el hábito por sí
solo; por ejemplo, llevar la cuenta de los gastos cada día es más
valioso que cualquier cálculo particular. Mantener una rutina,
aun en la forma más pequeña, te protege y fortalece. Escribo diario, aunque sea un renglón para mantener sólido mi hábito de la
escritura. En la preparatoria, cuando estaba intentando adoptar
hacer ejercicio, corría por la banqueta hasta que pasaba tres casas y me regresaba, luego pasaba cuatro, cinco, y así hasta cubrir
pocos kilómetros. Trabajando despacio, con pasos cortos y ma-
leables, logré formarme el hábito de correr lo suficiente.

Sin embargo, también es cierto que algunas personas hacen mejor las cosas cuando son muy ambiciosas.[19] A veces, es
más fácil hacer un cambio grande que uno pequeño. Si el hábito va transformando algo de forma gradual, es posible que
perdamos el interés, cayendo en estrés o desestimando el cambio por insignificante.

Una gran transformación genera una energía y un entusiasmo que ayuda a fomentar hábitos. Como dijo Steve Jobs:
"Tengo un gran respeto[20] por la mejora progresiva, y la he aplicado en mi vida, pero siempre me siento atraído por los cambios más revolucionarios. No sé por qué." En la misma idea, el
lema de mi *roomate* de la universidad era "Haz todo de una vez."

Un lector citó una frase del libro *Built to Last,* de James Collins y Jerry Porras: "MECA: Metas Enormes, Complicadas y Audaces toda la vida. Durante años me resistí a esto, pensando que disparar tan alto sólo significaría el fracaso. Lo que no me daba cuenta era que proyectar tan arriba me motivaba mucho más."

A veces, una sola pregunta inesperada ilumina un aspecto escondido de mi vida. Una como "En general, ¿tiendes a culpar a los demás o a ti misma?" puede darme una perspectiva fresca de mí. Así es que, para ayudar a identificar las grandes Distinciones de personalidad, a continuación pongo una lista de preguntas cortas y directas. Éstas sirven como auxiliares para conocerme, así podré ajustar mucho mejor los hábitos a mi propia naturaleza.

Cómo me gusta pasar el tiempo
¿En qué momento del día tengo más energía? ¿Y menos?

¿Me gusta ir rápidamente de una actividad a otra o prefiero transiciones lentas?

¿Qué actividades absorben mi tiempo pero no son útiles o estimulantes en particular?

¿Quisiera pasar más tiempo con mi familia, amigos o conmigo misma?

¿Me gusta anticipar muchas cosas en el calendario?

¿Qué puedo hacer durante horas sin aburrirme?

¿Qué actividad diaria o semanal hacía por diversión cuando tenía diez años?

Lo que valoro
¿Qué es más satisfactorio para mí: ahorrar tiempo, dinero o esfuerzo?

¿Me molesta o me gusta ser diferente de los demás?

¿Paso mucho tiempo en algo que es importante para alguien más pero no para mí?

Si tuviera 6 500 dólares sólo para diversión, ¿cómo los gastaría?

¿Me gusta escuchar a los expertos o prefiero descubrir las cosas por mí mismo?

Si gasto dinero en una actividad, ¿me siento más o menos comprometido?

¿Sería feliz si viera que mis hijos tienen la vida que yo he tenido?

Mis hábitos comunes
¿Cómo es más probable que caiga en un mal hábito: en grupo o sola?

Si por arte de magia y sin esfuerzo pudiera cambiar un hábito en mi vida, ¿cuál sería?

Si la gente que me rodea pudiera cambiar uno de mis hábitos, ¿cuál escogerían?

De los hábitos que tengo ahora, ¿cuál me gustaría que mis hijos adoptaran? ¿Cuál no?

Hasta que me pregunté: "¿Me gusta anticipar muchas cosas en el calendario?", me di cuenta de que mis grupos de lectura desempeñan un rol muy importante en ayudarme a mantener hábitos divertidos. En uno, leemos ficción para adultos, y en los otros, libros para niños o jóvenes. Mi pertenencia a estos grupos me ayuda a cumplir varios hábitos valiosos. Incrementa mi lectura (#4 de los Siete básicos: Descansar, relajarse y disfrutar); me ayuda a leer libros nuevos en vez de releer mis viejos favoritos, cosa que me encanta (#5 de los Siete básicos: Lograr más) y significa conocer gente nueva y hacer planes regulares con amigos (#7 de los Siete básicos: Tener una relación más profunda).

La gente pregunta mucho: "¿Cuáles son los *mejores* hábitos?", como si hubiera un camino que todos tuviéramos que seguir. Lo último en el debate trata sobre qué hábitos son más propensos a fomentar la creatividad y la productividad. El libro *Rituales cotidianos. Cómo trabajan los artistas* (una profunda investigación de Mason Currey sobre los hábitos de trabajo de 161 escritores, compositores, artistas, científicos y filósofos) deja una cosa clara: mientras estas brillantes personas varían de forma tremenda los hábitos específicos que siguieron, todos sabían muy bien que servían para ellos,[21] e hicieron un gran esfuerzo para mantenerlos.

Algunos se levantaban temprano (como Haruki Murakami) o trabajaban hasta altas horas de la noche (como Tom Stoppard). Unos vivían una vida de paz y tranquilidad (como Charles Darwin) o una vida de alocadas fiestas (como Toulouse-Lautrec). Otros tenían el hábito de posponer de forma indefinida (como William James) o de trabajar horas regulares (como Anthony Trollope). Algunos trabajaban en silencio (como Gustav Mahler) o entre el bullicio de la actividad (como Jane Austen). Unos bebían mucho alcohol (como Friedrich Schiller) o mucho café (como Kierkegaard). Otros laboraban muchas horas diarias (como H.L. Mencken) o sólo treinta minutos (como Gertrude Stein).

No hay una fórmula mágica para nosotros ni para quienes nos rodean. No nos hacemos más creativos o más productivos por copiar los hábitos de los demás, incluso si son de alguien súper talentoso o genio; debemos conocer nuestra propia naturaleza y saber cuáles hábitos nos sirven mejor.

Pilares de los hábitos

Muchas estrategias nos ayudan a cambiar nuestras rutinas. Hay cuatro que están por encima de las demás: Monitoreo, Fundamento, Agendar y Responsabilidad. Están en todas partes y son muy conocidas, por eso es fácil darlas por hecho, pero son invaluables. Para sacar lo mejor de los Pilares de los hábitos, debemos tomar en cuenta lo que aprendimos de nosotros mismos en los ejercicios de Autoconocimiento. Por ejemplo, Agendar funciona para la mayoría de la gente, pero no para los Rebeldes. Responsabilidad sirve para casi todas las personas y es esencial para los Complacientes. Las estrategias se construyen dependiendo de cada quien.

DIRIGIMOS LO QUE SUPERVISAMOS
Monitoreo

*Toda nuestra vida, en cuanto tiene una forma definida, es solamente
un cúmulo de costumbres prácticas, emocionales e intelectuales
—organizadas sistemáticamente para nuestro provecho
o para nuestro daño—, las cuales nos impulsan
irresistiblemente hacia lo que constituye nuestro destino.*

WILLIAM JAMES, *Breve curso de psicología*

La estrategia de Monitoreo tiene un poder extraño, pero asombroso. No necesita un cambio, pero muchas veces conduce a él. Parafraseando la típica expresión de la escuela de negocios: "Dirigimos lo que controlamos." Registrar las señales de nuestras acciones significa que tendremos un mejor desempeño en categorías como comer, beber, ejercitar, trabajar, usar Internet, ver televisión, gastar, y todo lo demás. Automedirse genera autoconocimiento y éste fortalece nuestro autocontrol. Algo tan simple como los radares que indican la velocidad en las autopistas,[22] ayuda a que los conductores quiten el pie del acelerador.

Un paso clave para la estrategia del Monitoreo es identificar con precisión qué acción será monitoreada. Los hábitos específicos como "leer las noticias todas las mañanas" o "llamar a un cliente cada día" son fáciles de supervisar, mientras que resoluciones vagas, como "estar más informado" o "cultivar mejores relaciones con los clientes" son complicadas de controlar. Estaba recordando una observación de Lord Kelvin, un poco exagerada, pero aun así nos deja pensando: "Cuando no puedes expresarlo en número, tu conocimiento es del tipo escaso y poco satisfactorio." Si queremos algo para contar en nuestras vidas, debemos descubrir una manera para contabilizarlo.

La medida actual es crucial porque cuando adivinamos qué estamos haciendo, a menudo nos equivocamos mucho. De forma nada sorprendente, tendemos a desestimar cuánto comemos y sobreestimar cuánto ejercicio hacemos. En un estudio, la gente calculó que en el curso[23] de sus actividades diarias (sin incluir los regímenes de ejercicio) caminaban alrededor de seis kilómetros y medio; de hecho la mayoría caminaba menos de dos.

El Monitoreo preciso ayuda a determinar si un hábito vale el tiempo, dinero, o energía que consume. Un amigo registró cuánta televisión veía para saber si esta actividad estaba consumiendo mucho de su día (sí lo hacía). Leí sobre una mujer que dejó de beber porque descubrió que en seis años ella y su esposo habían gastado cerca de 400 000 dólares en alcohol (dinero que hubieran preferido gastar en otra cosa). Aaron Beck, fundador de la terapia de conducta cognitiva, sostiene que para la gente es fácil notar lo que sus parejas hacen mal, pero no lo que hacen bien, así que sugiere mantener "diarios de matrimonio" para anotar el comportamiento considerado de las parejas; un estudio mostró que 70 por ciento de las parejas que lo hizo reportó una mejoría en su relación.

La gente que adora automonitorearse puede unirse al movimiento Quantified Self,* una comunidad de aquellos que usan la tecnología para monitorear cada aspecto de su vida diaria y desempeño. Pero la mayoría de nosotros no estamos listos para hacer un compromiso así. Monitorear es valioso, pero

---

* La página para México es http://www.meetup.com/The-Mexico-City-Quantified-Self-meetup/ (Nota de la traductora).

también es un consumidor de tiempo y un poco tedioso, por eso sólo registro los aspectos de mi vida que en realidad importan.

Decidí que necesitaba tener una buena charla con mi hermana Elizabeth sobre esta estrategia. Por desgracia, vive muy lejos. Hay un largo vuelo entre Los Ángeles y Nueva York, lo que significa que no nos vemos muy seguido y hay una gran diferencia de horario, lo que dificulta que hablemos por teléfono. Un día estaba decidida a buscarla porque sabía que tenía interesantes conocimientos sobre el Monitoreo.

Elizabeth tiene diabetes tipo I. Significa que su páncreas no produce suficiente insulina. (En la diabetes del tipo II, que es la más común, el cuerpo sí la produce, pero no reacciona de manera correcta a ella.) Sin insulina, el azúcar de la sangre puede volverse peligrosa, incluso en niveles que constituyen una amenaza para la vida. Es por esto que mi hermana debe autoinyectarse varias veces al día, y hacerlo de manera correcta. Tiene que saber sus niveles de glucosa en sangre. Por años examinó estos niveles pinchándose un dedo, pero en la actualidad trae un aparato insertado bajo la piel que registra su azúcar de forma continua. Quiero saber si ese monitor le parece efectivo.

"Supervisar es *clave*", dijo. "Por años odié la idea de tener un aparato pegado a mi estómago, pero con la diabetes el registro riguroso es tan importante, que finalmente cedí. Ahora no puedo imaginarme sin él."

Cuando me dijo que se iba a poner el aparato, imaginé que esa cosa le administraría insulina directamente o le diría lo que necesitaba. No. El monitor sólo le da un registro continuo de sus niveles de azúcar, pero esta información hace una gran diferencia.

"Sin el monitor, tendría que checar mi sangre diez veces al día. El aparato lo hace solo y de forma constante", me explicó. Así sé cómo anda mi azúcar y cuándo me está subiendo. También conozco las consecuencias de lo que hago, no puedo engañarme. Por ejemplo, estaba comiendo un helado de yogurt que anunciaba ser bajo en carbohidratos, pero al ver los registros, supe que no era cierto."

"Pero aunque el monitor en sí no te *haga* nada, ¿ver los números provoca un comportamiento diferente?"

"Por supuesto. Cuando no tenía el monitor, si comía algo cuestionable, me esperaba unas horas antes de picarme el dedo, así tenía mejores resultados, pero eso no se puede hacer con el aparato. No puedo engañarme."

Es por eso que la estrategia de supervisión funciona tan bien: no más mentiras a nosotros mismos. Decidí aprovecharlo para mis hábitos. Si tenía un mejor manejo de lo que estaba haciendo, podía enfocar mi formación de rutinas en el lugar correcto. Sospechaba que en ciertas áreas me había dado más crédito por mis buenos hábitos del que merecía.

En primer lugar, comer y hacer ejercicio

Cuido mucho estos dos aspectos, en parte por salud y en parte por vanidad. Es curioso, he notado que mucha gente se concentra más en el aspecto de la apariencia: una calvicie localizada, arrugas, panza, cabello dañado, y no se preocupan tanto por todo lo demás. También es cierto para mí. Siempre me he concentrado en el peso.

Por supuesto no estoy sola en lo que concierne al peso. "Comer y beber de forma más sana" es uno de los Siete básicos, y mientras hay muchas buenas razones para hacerlo, perder peso es una de las más importantes. Tan sólo en el 2010, 70 por ciento de los estadounidenses[24] tenían sobrepeso u obesidad, lo que incrementa el riesgo de enfermedades coronarias, hipertensión, apoplejía, diabetes mellitus tipo II, cáncer y apnea del sueño, entre otras. Y no es sólo por la salud física. Me sentí triste cuando escuché a una mujer decir en una conferencia: "Me pidieron dar una conferencia de TED (Tecnología, Entretenimiento y Diseño), pero pensé 'No puedo, justo ahora no estoy en forma'."

Todavía cuando salí de la universidad, me consideraba gorda, no tanto como para que dañara mi salud, pero lo suficiente como para que afectara mi autoestima. En verdad estaba molesta con el peso. Al final me supervisé para alcanzar un número con el que estuviera en paz, y ha sido un gran alivio sentirme cómoda con mi talla. Aunque esta medida de reducción todavía me parece nueva, mi deseo de no ganar peso forma muchos de mis hábitos. Trato con ahínco de seleccionar comida saludable y hacer ejercicio con regularidad (aunque no muy vigoroso). Sé que todavía puedo hacerlo mejor, y como la mayoría de la gente, me encanta la idea de bajar otros kilitos sin mucho esfuerzo. Me pregunto si la supervisión ayudará.

Para las personas que quieren comer y beber de manera más sana, mantener un diario de comida[25] puede ser súper efectivo. Por ejemplo, un estudio mostró que los que están a dieta y registran sus alimentos seis o siete días a la semana, pierden el doble de peso que aquellos quienes sólo lo hacen una vez a la semana o ninguna. Aunque hacer un diario de comida suena bastante molesto, me preparé para el reto cuando decidí intentarlo. No necesito mencionar lo difícil que es mantenerlo, ya lo intenté y fallé tres veces.

Siguiendo la misma línea, antes había intentado usar un podómetro para contar mis pasos. Según un estudio del 2003, los estadounidenses caminan 5 117 pasos en promedio cada día,[26] la mitad de lo recomendado. Las investigaciones muestran que usar un podómetro e intentar conseguir una meta,[27] hace a la gente más activa de forma física, y cuando lo usé, definitivamente caminaba más. Soy del tipo que en verdad disfruta obteniendo "crédito" por cada paso que da. Al final, dejé de usar el dispositivo porque a cada rato se me caía (una vez en el baño) y se veía feo.

Cuando estaba considerando varios métodos para registrar mi alimentación y ejercicio, leí un artículo del *New York Times* sobre la pulsera Jawbone UP[28] y decidí probarla. La usé para registrar mis pasos y mi sueño, y sincronicé la pulsera a mi celular, con un cable. Usaría mi teléfono para leer mis resultados y registrar la comida que ingería.

Pero cuando llegó el paquete, mi entusiasmo se desvaneció. Saqué del empaque la pequeña y plateada pulsera, y me di cuenta de que también había adquirido otros dispositivos para aprender a usarla, actualizarla y cargarla. Y más cables. "Mejor hay que cuidar esta tapita", pensé justo en el momento en que la pequeña pieza de plástico se me caía.

Aunque imaginé que sería pesado el asunto de sincronizarla con mi teléfono dos veces al día, al día siguiente ya la estaba probando afuera, porque me encanta ver cómo se elevan los números de mi actividad. Caminar un kilómetro y medio requiere alrededor de 2 000 pasos. Me puse la meta de caminar 10 000 pasos diarios. Aunque las investigaciones sugieren que hacer 10 000 pasos reduce la obesidad y las enfermedades del corazón, no hay evidencia en particular que indique una diferencia entre 10 000, 8 000 o 12 000. Pero 10 000 es un número satisfactorio, así que me quedé ahí.

La pulsera UP también me ayudó a registrar mucho mejor la comida que con mi pequeña libreta. En un periodo sorprendentemente corto, me empecé a sentir preocupada hasta que grababa la comida en mi bitácora. Pensaba "Ahora es mucho lío ir por mi teléfono. Agregaré este yogurt después." Pero pronto, cada vez que comía algo, buscaba mi celular.

Conforme registraba, descubrí muchos aspectos del comer que dificultan el monitoreo. En primer lugar, es muy común que surja una sorprendente dificultad al momento de medir las "porciones". Somos pobres jueces de cuánto comemos,[29] y los estudios sugieren que podemos comer raciones que son 20 por ciento más grandes o pequeñas que un "tamaño de porción" sin darnos cuenta. También en lo que llamamos "unit bias"[30] tendemos a terminarnos una porción natural de "uno", no importando cuál sea el tamaño. En un estudio donde las personas podían tomar grandes *pretzels*, agarraban uno. En cambio, cuando les ofrecían grandes *pretzels* cortados a la mitad, tomaban una mitad. También comer directamente de la caja hace imposible controlar cuánto estamos comiendo. No importa si el producto es champú, dulces o comida para gato, el paquete más grande[31] es el que la gente más usa. (En lo que parece un aspecto del mismo principio, he notado que termino los libros más rápido cuando tengo un montón grande de la biblioteca.)

Andar picando la comida mientras cocinamos, comer sin plato, compartir alimentos o comer múltiples porciones de tamaño pequeño (*dim sum*, tapas, bocadillos, pastelitos miniatura, *sushi*, botanas, aperitivos ordenados para toda la mesa) también hacen difícil controlar el consumo de manera correcta (lo cual tal vez sea parte de su atractivo). Una forma de monitorear esto es dejar la evidencia, la pila de huesitos, las cáscaras de cacahuate, las envolturas de los dulces, los vasos de café del día, las latas de refresco o las botellas de cerveza.

El contexto también importa. Un estudio de diseño de paquetes mostró que la gente evita los tamaños más grandes[32] o más pequeños de bebidas, por eso, si el tamaño más pequeño baja o el tamaño más grande sube (como el Trenta de Starbucks), la gente ajusta sus decisiones hacia arriba.

Conforme pasaron las semanas, seguí llevando mi diario de comida, pero agregué un nuevo hábito: *no repetir*. Cuando la gente se sirve[33] y come justo una porción, ingiere alrededor del 14 por ciento menos que cuando toman pequeñas porciones y regresan a servirse más. Muchas veces he aplicado esta trampa: me sirvo una porción pequeña, luego regreso por más. La necesidad de monitorear de manera exacta lo que había comido para registrarlo, me obligó a dejar este jueguito.

Como parte de la estrategia de supervisión, decidí comprar una báscula digital para pesarme. Aunque algunos expertos advierten que sólo hay que pesarse una vez a la semana para evitar desanimarse por las fluctuaciones naturales, las investigaciones actuales sugieren que pesarse cada día,[34] lo cual a algunos les parezca excesivo, está asociado con perder peso y mantenerse. Hasta ahora, sólo me he pesado cuando voy al gimnasio, pero quiero empezar a tomar en serio lo del monitoreo. (Nota: pesamos más el domingo[35] y menos el viernes en la mañana.)

Quería comprar la báscula desde hacía más de un año, pero no lo decidía por mi hija Eliza. Ella es muy despreocupada, y aunque pasa mucho tiempo escogiendo su ropa, cambiando el color de sus uñas y tratando de hacer crecer su (ya de por sí) largo cabello, no está angustiada por su peso o alguna parte de su cuerpo en particular. Sin embargo, poner una báscula en el baño, compartida con Jamie y conmigo, parece justo el mensaje equivocado que hay que enviarle a una niña de trece años.

Uno de mis Mandamientos personales es "Identificar el problema". ¿Y cuál era? "Quiero una báscula digital, pero no quiero que Eliza la vea." Solución: la compré y la puse en una parte del clóset donde es probable que nunca la descubra.

La gente encuentra otras formas para monitorear sus cuerpos. Una amiga tiene un par de *jeans* que nunca usa salvo para ver si está más ancha o menos. Respecto a mí, soy mucho más feliz confiando en una báscula que en cómo me queda la ropa. Además, casi todos los días uso *pants* y sudadera, que por cierto siempre ajusta delicioso y nunca aprieta.

Cuando empecé a usar la pulsera *up*, ignoré sus funciones de monitoreo del humor y del sueño. Tal vez suene sorprendente para alguien preocupado por la felicidad, pero no tenía interés en registrar mi estado de ánimo. En cuanto al sueño, duermo como un lirón, así que no creo que necesite supervisarlo. Dormir es crucial para una buena salud mental y física y un momento crítico para la reparación y regulación del cuerpo. ¡Siempre le estoy recordando esto a cualquiera que me escuche! La falta de sueño afecta de manera negativa al estado de ánimo, la memoria, las funciones inmunes y la sensibilidad al dolor. Hace que la gente esté más propensa a pelear con sus parejas y contribuye a ganar peso.

Además, genera indecisión. El experto en postergación, Piers Steel, reporta que la razón más común que da la gente para aplazar algo es estar "demasiado cansado".[36] Un estudio estimó que por cada hora de sueño interrumpido[37] durante la noche anterior, la gente desperdició 8.4 minutos en línea (revisando *emails*, navegando en Internet y demás). Y mientras muchos individuos presumen: "Me he acostumbrado a dormir cinco horas" y dicen que no se sienten cansados, las investigaciones muestran que la carencia de sueño crónica es igual de negativa. Aún así, muchos adultos duermen menos de siete horas.

En un vuelo a San Francisco, vi la evidencia de la privación de sueño de la gente. Era mediodía y muchos pasajeros se durmieron súper rápido. No dormitaban, ¡estaban perdidos por completo!

Le conté esto a un amigo y me presumió: "¡Oh, yo también duermo en los aviones! De hecho puedo dormir dónde sea, a la hora que sea."

"Tal vez duermes poco de forma crónica", le sugerí. Me costó mucho trabajo no darle un sermón sobre la importancia del sueño.

"No. He aprendido a dormir poco."

"Si te sientas durante diez minutos en una sala tranquila, ¿te duermes?" Le pregunté.

"Sí."

"¿Despiertas con el sonido de una alarma cada mañana?"

"¿Hay alguna otra forma de despertar?"

"¿Necesitas cafeína y azúcar para tener energía?"

"Seguro."

"¿Te sientes tan cansado por las noches que sólo puedes ver televisión o navegar en Internet?"

"¿Qué más podría hacer?"

"¿El fin de semana duermes demasiado? ¿Te levantas muy tarde o tomas muchas siestas?"

"Sí, por supuesto que sí."

Ahhhhh.

No le importaba ser una persona con privación de sueño, pero yo necesito mis siete horas, y peleo para protegerlas contra lo que sea. O eso pensaba, hasta que decidí usar la función de monitoreo del sueño de la pulsera UP. Bueno, traté de usarla, porque algunas noches se me olvidaba presionar el botón de inicio. Al final, en vez de intentar "recordarlo", agregué este nuevo hábito al que ya tenía de programar mi alarma.

Para mi consternación, la pulsera reveló que incluso una fanática declarada del sueño como yo, a menudo se duerme tarde. Caí en la clásica trampa del registro fallido, porque era engreída sobre mis buenos hábitos de sueño. Recordaba las noches cuando me iba a la cama a las 9:45, pero pasaba por alto aquellas en las que me acostaba a las 11:30 o más tarde.

Una vez que el monitor me mostró que no estaba durmiendo lo suficiente, decidí darme un horario para descansar. Cada noche, si estaba en casa, tenía que acostarme a las 10:30.

Ahora, siempre a las 10:30 me digo: "Es hora de ir a la cama", y si todavía ando despierta a las 11:00 digo: "Ya se pasaron 30 minutos de mi hora de dormir." Usar una regla clara, en vez de decir: "Tengo sueño", ayuda porque suelo engancharme con el estado conectado-pero-cansado. Este estado inquieto me engaña con el pensamiento de que no estoy lista para dormir, cuando en realidad estoy exhausta.

Además de supervisar estos hábitos de salud, quería implementar la estrategia de Monitoreo en otra área importante del *tiempo*. Sé que si no mido ciertos valores, los ingnoro. Decidí revisar cuánto tiempo paso leyendo; leer es ambos, mi cubículo y mi patio, y es lo que más me gusta hacer. Si soy honesta, es el único pasatiempo que de verdad disfruto. No soy una persona muy compleja.

Sin embargo, en los últimos años pareciera como si nunca hubiera leído. De forma objetiva esto no puede ser cierto. Saqué libros de la biblioteca y los regresé cuando los terminé. Compré otros y los puse en el librero, ya leídos. Tomaba notas. Todavía no tengo idea de cuándo encontraba tiempo para leer. ¿Cuándo leía?

Mi amiga Laura Vanderkam,[38] una experta en manejo del tiempo, enfatiza el poder de registrar su uso, así que decidí intentarlo. Hice un *log* de tiempo diario, es una simple tabla con los días de la semana y las horas del día pero marcadas cada treinta minutos, como un horario escolar. Se puede usar para supervisar cualquier actividad. Pensé monitorear mi tiempo de lectura.

O tal vez no, después de algunos días, admito que perdí. A mucha gente la tabla le parece una herramienta invaluable, pero simplemente *no podía* usarla. El papel nunca estaba en el lugar correcto o sólo se me olvidaba escribir.

Me choca la idea de volverme más dependiente de mi celular, después de todo, todavía confiaba en mi antigua agenda Filofax, pero ya estaba usando mi teléfono para monitorear, así que decidí usarlo también para el asunto de la lectura. Después de una búsqueda en las aplicaciones de registro de tiempo (un Secreto de adultos es: Muchas decisiones no requieren una búsqueda extensa), descargué *TimeJot*. No pude acomodarme a usarla. Siguiente: *Hours/Tracker*. Sin suerte. Simplemente no podía hacerme el hábito de registrar mi tiempo de lectura, y entre más trataba, más me enojaba. Este intento de hábito no me estaba haciendo ningún bien, así que a la basura.

Sin embargo, incluso este intento fallido de monitorear me hizo más consciente de mi deseo de leer. Así que, aunque no pueda puntualizar en una bitácora de tiempo la prueba de que leo más, estoy segura de que lo hago.

También consideré monitorear mis gastos. La gente no es muy buena para registrar sus pagos. En un estudio, cuando se les pidió a treinta personas que calcularan[39] el importe de las cuentas de sus tarjetas de crédito, cada persona subestimó la cifra alrededor de 30 por ciento. Para mucha gente, las tarjetas de crédito son en sí mismas un obstáculo para lograr monitorear los gastos. Agarrar un fajo de dinero hace que el gastar sea una cosa real, en cambio, los cargos a un plástico facilitan la separación del dinero. El mismo principio de gastos disfrazados explica por qué los casinos requieren que los apostadores jueguen con fichas, no con billetes, y por qué es fácil gastar de más en otro país, donde el dinero parece como si viniera de un juego de mesa.

Sin embargo, para algunas personas, el plástico funciona mejor que el efectivo. Un lector escribió: "Cuando traigo efectivo, siempre desaparece súper rápido, y ni siquiera tengo idea en qué me lo gasté. Casi todo lo compro con tarjeta. Con regularidad reviso mis estados de cuenta en Internet, así puedo ver lo que he comprado y cuánto he gastado."

Al final decidí no monitorear mis gastos. Supervisar es una herramienta muy poderosa, y seguro me iba a dar valiosos conocimientos sobre en qué gastamos Jamie y yo. Pero mi economía está bajo control. De hecho, como Hipocompradora, a menudo necesito animarme a *comprar*. Por ejemplo, mi familia siempre anda corta de mitones y guantes. Como el registrar absorbe mucho tiempo y energía, decidí que hacerlo sólo consumiría la energía que necesito para revisar los aspectos de mi vida que de verdad quiero monitorear.

Cuando le digo a la gente cómo llevar sus registros, surge el peligroso concepto de con *moderación*. Clasificar un nivel de actividad o consumo como moderado puede ser engañoso. Aunque la palabra implica control, restricción y razonabilidad, es un término relativo. ¿Moderado comparado con qué? Hace doscientos años, los estadounidenses comían menos de la quinta parte[40] de azúcar que comemos en la actualidad. Así que una "moderada" cantidad de azúcar en nuestros estándares actuales se podría considerar excesiva por los patrones históricos. Al supervisar, hay que hacer un ajuste actual, el cual rechace las cómodas manías de la moderación.

Como esperaba, el Monitoreo estaba teniendo un buen efecto en mis hábitos. Incluso antes de aplicar estrategias más activas, me descubrí haciendo pequeños cambios, por ejemplo, las fechas establecidas para registrar me ayudan a hacerlo mejor que antes.

Además, lo disfruto. Como Defensora, me gusta observar mi progreso y tener crédito por mis logros, y en algunas situaciones, no me importa el gran trabajo que puede implicar. El Monitoreo también le gusta a los Interrogadores porque éstos aman obtener información y usarla para formar sus hábitos. Sin embargo, los Complacientes pueden tener algunos problemas al registrar, a menos de que alguien los supervise. Si usan la pulsera UP, tal vez no suplan la responsabilidad externa suficiente, pero si le activan función *"team"*, permitirán que otras personas revisen su estatus, eso podría ayudar. ¿Y los Rebeldes? Depende si *quieren* ser monitoreados.

Mi reto más grande en este tema era la necesidad de monitorearme de forma selectiva, porque es muy tentador registrar sólo los momentos virtuosos. Por otra parte, cuando me siento como si hubiera hecho muchos progresos, supervisar es un recordatorio de lo que *he* logrado. La meta es el progreso, no la perfección. Soy una adicta a las estrellitas doradas, y me encanta desplazarme en los reportes de mi UP para ver que sobrepasé mi meta de los 10 000 pasos. También sé que 5 000 son mejores que 1 000. Un secreto de adultos (tomado de Voltaire) es: "No dejes que lo perfecto sea enemigo de lo bueno." El Monitoreo hace posible recordar cada cosa que he logrado.

A veces, registrar me distrae de mi propia experiencia, y me aleja de descubrir cosas que tal vez habría percibido si no estuviera monitoreada. Si me preocupo por pequeñeces, como la función de dormir de mi pulsera UP, tal vez no me dé cuenta de lo bien que siente estirarse en la cama. Aun así, la estrategia del Monitoreo es invaluable porque asegura que *me vaya a la cama*. ¿Cómo puedo tener una buena noche de sueño si me quedo pegada a la computadora hasta la madrugada? Al registrar las actividades que quiero fomentar, obtengo la pintura completa de lo que estoy haciendo, lo que me ayuda a ver qué quiero cambiar.

Mi hermana decidió que conocer sus niveles de glucosa en sangre era tan importante que tuvo que monitorearlos tan cerca como le fue posible. Claro que yo no estaba supervisando algo tan vital, pero apliqué el mismo principio: debía registrar lo que fuera esencial para mí. De esa manera aseguraría que mi vida reflejara mis valores.

PRIMERO LO PRIMERO
Fundamento

De forma gradual, los hábitos cambian el rostro de la vida de unos, como el tiempo cambia el rostro físico de otros.
VIRGINIA WOOLF, diario del 13 de abril de 1929

Como ya vimos, las estrategias de Las cuatro tendencias, Distinciones y Monitoreo toman su poder del autoconocimiento. Me gusta lo concreto, así que estaba impaciente por empezar a practicar lo que había aprendido. Empezaría por trabajar en la estrategia de Fundamento, porque ya llevo un buen tiempo fomentando buenos hábitos y sé que es mi fuerte.

Algunos expertos aconsejan concentrarse[41] sólo en un proyecto de hábito a la vez para evitar drenar la fuerza de voluntad. Otros han notado que a la gente que trabaja en un hábito positivo,[42] muchas veces se le hace más fácil mejorar en otras áreas. Por ejemplo, los que siguen un programa de ejercicios, también muestran mejores comportamientos relacionados con la salud y el trabajo. Quizá ésta sea la razón por la que las religiones más importantes tienen periodos de ritual abnegación, como la Cuaresma y Yom Kippur. El dominio sobre uno mismo genera más autodominio y el cambio fomenta la transformación. Lo contrario también es cierto, los hábitos indeseables, muchas veces se juntan y se refuerzan entre sí.

Si queremos mejorar nuestros hábitos, ¿por dónde empezamos? Siempre me recuerdo: "Primero lo primero". Esto es, empezar por el problema más grande y obvio.

Con sorpresa puedo decir que casi siempre, cuando la gente quiere mejorar sus hábitos, empiezan con uno que no les paga lo justo por la energía requerida para formarlo. Conocí a un chico que no dormía bien de forma crónica, no hacía ejercicio, nunca encontraba sus llaves o su cartera, siempre llegaba tarde al trabajo, nunca tenía tiempo para jugar tenis (su deporte favorito) y mascaba chicle constantemente. Me dijo: "He *decidido* hacer algunos cambios en mi vida: voy a dejar el chicle."

No le dije, pero su decisión me recordó un chiste. Una noche, ya muy tarde, un policía vio a un hombre dando vueltas alrededor de un semáforo.

"Señor, ¿qué está haciendo?", le preguntó.

"Estoy buscando las llaves de mi coche", contesto el hombre, por cierto, bastante borracho.

"¿Allí las perdió?"

"No, las perdí por allá", repuso el hombre, y señaló por encima de su hombro una zona oscura en la banquea, "pero la luz es mejor aquí".

He notado que cuando mucha gente decide mejorar sus hábitos, no empiezan por buscar dónde están sus llaves, sólo inician con lo más fácil. Pero siguen sin encontrar las llaves.

Entonces, ¿dónde *deberíamos* empezar? Es útil comenzar con los hábitos que fortalecen nuestro control de forma más directa; ya que sirven como base para formar otros buenos hábitos. Nos protegen de quedar tan rendidos mental y físicamente que no podamos manejarnos a nosotros mismos.

Desde mi punto de vista, hay cuatro áreas dentro de las cuales los hábitos aumentan la sensación de autocontrol, de esta manera fortalecen los Fundamentos de todos nuestros demás hábitos. Así que sería bueno empezar a trabajar los hábitos que nos ayudan a:

1. Dormir
2. Movernos
3. Comer y beber mejor
4. Tener orden

Los hábitos bien fundados tienden a reforzar otros, por ejemplo, hacer ejercicio ayuda a la gente a dormir, y dormir ayuda a hacer todo mejor. Así que son un buen lugar para empezar cualquier tipo de cambio de hábito. Además, tienen algo misterioso: a veces logran hacer cambios muy profundos. Una vez, me dijo un amigo: "Limpié el refrigerador y me siento como si pudiera cambiar de carrera." Sé exactamente qué quería decir.

Por esta razón, el Fundamento de los hábitos merece una atención especial. Me di cuenta de que no fue una coincidencia que para mi experimento de monitoreo, escogiera registrar hábitos que cayeran en tres de las cuatro áreas mencionadas arriba. Incluso antes de haber puntualizado la idea de "Fundamento", intuía su significado.

Aunque mis hábitos son muy buenos, la estrategia del Monitoreo me mostró que podía hacer mucho para mejorar mi propio Fundamento.

Primero: Dormir. Mi hora de dormir es 10:30, pero siento un impulso persistente para quedarme más tiempo. Al final me di cuenta que aunque siempre esté asumiendo que sentirme cansada me empuja a descansar, muchas veces sentirme exhausta me hace quedar despierta más tarde. Ir a la cama demanda un gasto real de energía física y mental. Cuando estoy demasiado cansada para cambiar la velocidad y ni siquiera puedo lavarme la cara, pospongo la hora de irme a dormir.

Empecé a prepararme para dormir más temprano. Ahora me lavo la cara, me cepillo los dientes, me quito los lentes de contacto y me pongo la pijama antes de las 10:30. Tener listas estas pequeñas tareas, hace más fácil irse a la cama a tiempo.

Descubrí un bono inesperado por lograr dormirme temprano. Los últimos treinta minutos antes de poner la cabeza en la almohada es una zona peligrosa; mi autocontrol esta exhausto, así que sufro con mis buenos hábitos. A menudo me asomo a la cocina por un último *snack*. Las personas más susceptibles al hambre y las tentaciones son las apacibles pero carentes de sueño.[43] Tal vez ésta es una razón que explicaría por qué la obesidad es más común entre aquellos que duermen menos de seis horas. Al estar de mal humor por cansancio, a veces peleo con Jamie por cosas como cambiar un foco o contestar un *email*. Ir a dormir a tiempo significa que paso menos tiempo despierta en estado exhausto.

Sin embargo, conforme he platicado con otras personas sobre sus hábitos de sueño, hay algo que me rompe la cabeza. Muchas veces, la gente me dice que están dolorosa y crónicamente exhaustos, aun así cuando les hago la pregunta poco original de ¿y por qué no te vas a dormir más temprano? Se resienten y molestan. ¿Por qué?

Ya entendí. La típica agenda nos deja muy poco tiempo libre. Nos trae ocupados sin descanso, y sólo tenemos estos momentos en la noche. Algunos usan ese tiempo para los pendientes del trabajo (sacar algunos correos electrónicos o leer un reporte). Otros lo usan para divertirse. Los niños están dormidos, la basura afuera, los *emails* de la oficina se han detenido, así que al fin pueden pasar tiempo con su pareja, jugando un *solitario* o haciéndose tontos.

En la escuela de leyes un amigo me dijo, con una vehemente sorpresa: "Trabajo en esa maldita firma de abogados, de la mañana hasta la noche. Sin el tiempo al final de día para leer, para relajarme, no tendría nada para mí mismo."

"Tal vez te sientas mejor si duermes más", le dije.

"Si lo hago, significaría que la firma se quedaría con todo mi tiempo." Negó con la cabeza y dijo: "De ninguna manera."

La gente no quiere perder sus preciosos espacios de tiempo, incluso para dormir. Es como una privación, y la gente *odia* sentirse privado. Este fenómeno de este-es-el-único-momento-para-mí, es uno de los retos más grandes. "Descansar, relajarse y disfrutar" es el #4 de los Siete básicos. Muchas personas se quejan de cansancio constante pero se aferran hasta el último momento de tiempo. Sin embargo, necesitamos dormir.

Segundo: Moverse. Las actividades físicas son el elixir mágico para casi todo. El ejercicio libera la ansiedad, aumenta la energía y el buen humor, mejora la memoria, agudiza las funciones ejecutivas y contribuye a mantener el peso. Nos energiza y nos calma. Entre sus beneficios más saludables[44] está el ayudarnos a seguir con nuestros otros buenos hábitos por el fortalecimiento o autodominio. Además, es cierto que hace la vida más fácil. En una "noche de padres" de la escuela de mi hija, vi a muchos papás esperar en una larga fila para tomar el elevador, en vez de subir tres pisos por las escaleras.

Algunas personas asumen que "ejercitarse" requiere una larga visita al gimnasio, completando con un baño. Pero sólo el hecho de moverse otorga grandes beneficios. Aquellos que obtienen las mejoras[45] más considerables en la salud, son los que cambiaron de una vida por completo sedentaria a otra un poco menos. El descenso principal en la tasas de mortalidad proviene de la gente que hace sus primeros veinte minutos de ejercicio. (Alrededor del 40 por ciento de los estadounidenses reportaron que *no hacen* ejercicio.)

Sin embargo, de la gente que empieza un programa de ejercicio, más o menos la mitad lo abandona[46] a los seis meses. Creo que la razón es porque la gente escoge a menudo una forma de ejercitarse basada en factores engañosos, por ejemplo: cómo quieren cambiar su apariencia, qué está de moda (así como la ropa y los cortes de cabello, hay formas de ejercicio que están en boga y luego ya no); o lo que alguien más sugiere. Estas consideraciones pueden ser útiles, pero al final, estamos más lejos de apegarnos a una rutina de ejercicio que se ajuste a nuestro temperamento y agenda. Por ejemplo, una persona nocturna no debería esperar levantarse temprano para hacer ejercicio. Eso no va a pasar.

Muchos factores contribuyen para saber si un régimen de ejercicio es probable que se ajuste a alguien en particular. Es importante considerar:

- ¿Eres una persona matutina o nocturna? ¿Una Alondra o un Búho?
- ¿Disfrutas pasar tiempo al aire libre o prefieres no lidiar con el clima?
- ¿Te motiva la competencia?
- ¿Te gusta ejercitarte con música fuerte y un *beat* impulsor, o prefieres un entorno tranquilo?

- ¿Respondes bien a las formas externas de responsabilidad (un entrenador, un grupo para correr) o con la interna es suficiente?
- ¿Quieres retarte con ejercicio (aprender una habilidad nueva, presionarte de forma física) o prefieres actividades conocidas?
- ¿Te gustan los juegos y deportes?
- ¿Tienes algún inconveniente con bañarte al terminar?

Como yo consideré mis propias respuestas (Alondra, ambos, no, tranquilo, interna, conocidas, no, a veces) descubrí por qué mi rutina trabaja bien para mí. No me gusta presionarme mucho o intentar nuevas cosas, y no las hago. Cada semana, tomo una relajante clase de yoga en un salón cerrado. Voy una o dos veces al gimnasio por mi cuenta y hago cuarenta minutos tranquilos, repartidos entre la escaladora y la bicicleta fija. Una vez a la semana me presiono en mi sesión de entrenamiento de fuerza, llamado *work-to-failure,* es retador en extremo, pero sólo dura treinta minutos, así que puedo soportarlo.

Seguro que otras personas tendrán un conjunto de preferencias diferente por completo. Alguien me dijo: "Por fin me di cuenta que me motiva la competencia. Desde que lo descubrí, he tenido 'eventos' semanales con mis amigos. Por mucho tiempo había querido hacer ejercicio de forma emocionante."

Al abordar esta área de mis Fundamentos, quise moverme más, pero no quería agregar periodos extra de "ejercicio" a mi semana. Como escritora, me siento muchas horas a trabajar, y paso la mayoría de mi tiempo libre también sentada, así que busqué hábitos nuevos que me ayudaran a ponerme de pie.

Uno de mis doce Mandamientos personales es: "Actuar en la forma que te quieres sentir". Es fácil asumir que *actuamos* por la manera en que *sentimos*, pero en un grado muy elevado, *sentimos* por la forma en la que *actuamos*. Si actúo con más energía me siento más energética.

Decidí adoptar el hábito de caminar cada fin de semana. Siempre me quería rendir, me costaba mucho trabajo salir de la puerta, pero una vez que lo hacía, regresaba a casa con más energía.

Aunque la actividad física es un aspecto clave del Fundamento y tiene muchos beneficios emocionales y físicos, muchas veces la gente cree que su aportación más importante es algo, que de forma irónica, no provee: *el ejercicio no promueve la pérdida de peso*.[47] Parece que ayuda a las personas a mantener su peso. Los individuos activos son mucho menos propensos a ganar o recuperar kilos que los inactivos, pero *no* está asociado con la pérdida de peso. Hay muchas razones cautivadoras y convincentes para hacer ejercicio, pero estudio tras estudio muestran que adelgazar no es una de ellas. La forma de hacerlo es cambiando los hábitos alimenticios.

Tercera: Comer y beber bien. Pocos aspectos de la vida cotidiana son más fundamentales que comer, pero mucha gente se siente fuera de control con la comida. Hay una paradoja: como el cerebro necesita comida para dirigir los impulsos, una de las mejores formas para evitar el impulso de comer de más es… comer.

Para la estrategia de Fundamento, decidí hacerme el hábito de comer sólo cuando tuviera hambre, y detenerme tan pronto como estuviera llena. Sin embargo, esto es más difícil de lo que suena, porque muchas señales oprimen la sensación de hambre física. A menudo no comemos por hambre sino por la rutina, las influencias sociales, el ver u oler comida y otros detonadores externos. Por desgracia, estar a dieta parece hacer a la gente más sensible a las señales exteriores. También, aunque una comida promedio se ingiere en más o menos doce minutos, el cuerpo necesita veinte minutos[48] para registrar el sentimiento de satisfacción. En la práctica descubrí que "comer sólo cuando tengo hambre" y "no repetir" está entre los hábitos que rompía más seguido. La logística de la vida y las tentaciones de la comida, los hicieron difíciles de seguir.

Pero aunque a veces comía cuando no tenía hambre, *siempre* lo hacía cuando sí tenía hambre. Odio estar hambrienta. Una vez un amigo me sorprendió mucho cuando me dijo: "Mi cosa favorita es despertar hambriento en medio de la noche." Cuando tengo hambre me enojo, cambio rápido de humor y no puedo trabajar ni pensar.

Por eso siempre desayuno.

Hay algunas controversias respecto a esta práctica. Mucha gente señala que los estudios[49] muestran que quienes ingieren desayuno tienden a ser más delgados, pero ésta es una observación sobre correlación, no causa; un estudio de investigación actual[50] concluye que el hábito de saltarse el desayuno muestra poco o nada de efectos en el peso. Pero, bueno, aunque no estoy convencida de que haya alguna magia especial en desayunar, siempre lo hago. Parte de mi Fundamento es no mal pasarme.

Las investigaciones sugieren que saltarse alimentos es mala idea, tal vez porque estar hambriento hace difícil controlar los impulsos de comer de más. En un estudio de mujeres a dieta,[51] las que no se saltaron comidas perdieron casi cuatro kilos más que aquellas que a veces sí lo hicieron. También, para mucha gente, saltarse el desayuno lleva a todo un día de negociaciones y malas decisiones. Cuando una amiga y yo esperábamos para recoger a nuestras hijas de una fiesta de cumpleaños, tomó un *cupcake* y explicó: "No desayuné en la mañana, así que está bien."

Emparejada con la comida está: la bebida. El alcohol puede interferir con el Fundamento en muchas formas: baja nuestra inhibición (por eso es divertido), así que somos más propensos a comer de más y seguir bebiendo, tener problemas de sueño, hacernos menos ligados al ejercicio y truncar los esfuerzos de autocontrol.

En mi caso, el alcohol no fue un problema para el Fundamento. Lo dejé desde hace años porque me hacía un poco peleonera, indiscreta y dormilona. Dejar de tomar no fue difícil para mí porque nunca disfruté mucho de él. Además, Jamie tiene hepatitis C, lo cual significa que no puede beber para nada, así que me siento menos inclinada a hacerlo fuera del espíritu de equipo.

Sin embargo, el alcohol no es el único asunto de bebidas que llama la atención. Algunas personas se preocupan por tomar suficiente agua. Esperando en la fila de la farmacia, escuché a una mujer decirle a su amiga: "Estoy haciendo un gran esfuerzo para tomar más agua. Diario compro una botella grande, y bebo de forma constante."

Me hubiera gustado decirle, sin que se enojara, que al hecho de beber agua le han acreditado beneficios más grandiosos de los que en realidad provee. Contrario a las creencias populares, no es probable confundir sed con hambre, y no tenemos que intentar beber agua, porque si estuviéramos deshidratados, nos sentiríamos incómodamente sedientos. Y no tenemos que tomar ocho vasos de agua[52] al día; una persona que no se siente sedienta y produce una buena cantidad de orina un poco amarilla es probable que esté tomando suficiente agua.

Por supuesto, para la gente que ama tomar agua, o cree que les hace bien, perfecto. Y es mejor tomar agua que té endulzado. Pero lamento el desperdicio de preciosos esfuerzos para formar hábitos cuando veo gente cansada, forzándose a dar tragos de sus botellas, o cuando veo "Tomar más agua" hasta arriba de una lista de propósitos.

Fomentar los buenos hábitos toma energía, y ésta es un recurso limitado. Es mejor explotar esa energía para crear hábitos que generan un bien mayor. Primero lo primero.

Cuarto: Ordenar. De forma constante me sorprendo al ver a qué grado el orden exterior contribuye a la calma interior, para la mayoría de la gente. En realidad, el orden contribuye al Fundamento más de lo que debería. Un montón de abrigos en el clóset o un buzón desbordado parece una cosa trivial (y es trivial). Sin embargo, un ambiente ordenado me hace sentir más en control conmigo misma. Si esto es una ilusión, es una útil ilusión.

El desorden externo puede actuar como una *ventana rota*. La teoría de prevención del crimen "ventanas rotas" fue introducida en 1980 por un científico social. Observó que cuando una comunidad tolera desorden y crímenes pequeños, como romper ventanas, grafiti, saltarse torniquetes o beber en público, la gente está más propensa a cometer crímenes más serios. Como una teoría del orden público es controversial; pero si es verdad o no a nivel de comunidad, lo es a nivel personal.

Para mucha gente (como yo) un ambiente limpio, ordenado, con buen mantenimiento ayuda a fomentar un sentido de autodominio que, en su momento, hace más fácil apegarse a los buenos hábitos.

En la escuela de leyes, una vez fui a visitar las casas de dos amigas en un día, y recuerdo el *shock* por la diferencia en sus cocinas. En la primera parada, la cocina estaba ordenada. Mi amiga jaló un paquete galletas fuera de la caja y un poco de queso del refrigerador. Ambos paquetes fueron cerrados y devueltos a su lugar. Cuando visité a la segunda amiga, me dijo: "Toma lo que necesites." Muchas bolsas abiertas estaban regadas en la barra: *pretzels,* papas, galletas con chispas de chocolate. Cuando nos sentamos a platicar, en la mesa de la cocina, otras personas andaban por ahí y cada quien tomaba un puñado. "Si viviera aquí, podría comerme una caja completa de galletas en un día", pensé, "y ni se darían cuenta". Todos éramos jóvenes y solteros, y nadie quería comer comida basura, pero los hábitos de esa casa hacían muy difícil resistirse.

La gente mantiene un buen orden cuando ponen las cosas en su lugar, terminan irritantes tareas, limpian superficies y se deshacen de cosas que ya no sirven o ya no usan. Este arrebato de energía hace más fácil pedir más de nosotros, usar nuestro autodominio y adherirse a un hábito retador. También completar pequeñas tareas aumenta nuestro sentido de "auto-eficacia". Entre más confiemos en nosotros para seguir a través de nuestros propios compromisos, será más probable que confiemos en que podemos mantener un hábito importante.

Obvio, también es cierto que algunas personas se desarrollan bien en una atmósfera de caos, para ellos un ambiente ordenado no ayuda (a veces incluso suprime) a su creatividad, productividad y paz mental.

Pero para mí, un desbarajuste a mi alrededor es como una ventada rota que me hace sentir menos productiva y creativa. Cuando mi oficina está llena de libros abiertos, borradores, tazas de café a medias y plumas sin tapón, me siento agobiada. Ordenar mi espacio ordena mi mente.

Cada persona tiene diferentes ventanas rotas. Por ejemplo, una cama destendida. Por eso "Tender mi cama todos los días" es uno de los propósitos más populares del Objetivo: Felicidad. De hecho, como Charles Duhigg puntualizó en su fascinante libro *El Poder de los h*ábitos: "Tender la cama es un hábito[53] relacionado con el sentido de mayor bienestar y alta productividad." Otras ventanas rotas comunes son: tener un desastre en el coche, acumular pilas de ropa o trastes sucios, ser incapaz de encontrar cosas importantes, como el pasaporte o el cargador del celular, guardar periódicos, revistas y catálogos en el librero, usar pijama todo el día, no rasurarse o no bañarse.

Para Jamie, dejar los trastes sucios toda la noche es una ventana rota; para mí, si están en el fregadero, la vida está bajo control. ¿Una de mis ventanas rotas? Quedarse dormido frente a la televisión.

Cuando empecé mis indagaciones en la formación de hábitos, mi hermana Elizabeth estuvo de acuerdo en ser mi "recluta" para permitirme probar algunas de mis teorías en ella. En uno de mis primeros intentos para arreglar sus hábitos, quise persuadirla de cambiar su hábito de dormir, pero el problema era que no lo quería cambiar.

"A veces, cuando estoy viendo la televisión al final del día, tomo una siesta en el sofá", me dijo. "Es cuando tengo mi mejor y más profundo sueño."

"Eso no es una *siesta*", protesté, "¡te estás quedando dormida frente al televisor! Para mí es una ventana rota y me parece muy deprimente."

"Pues para mi es peor irse a dormir antes de medianoche, eso sí que es triste. Es como si perdiera una de las partes buenas de mi día."

Comprendí que Elizabeth es una de esas personas que se sienten mal si no tienen ese tiempo al final del día para ellas mismas, incluso a expensas de no tener suficiente sueño de calidad. Así que me deshice de ese tema.

Decidí reparar algunas de mis propias ventanas rotas. Empecé por mi mal hábito de dejar montones de ropa alrededor de la habitación… por días. En especial cuando estoy estresada me digo: "Una pila de ropa no hace ninguna diferencia." Pero mantener el orden me hace sentir más calmada y más en control; en cambio si dejo que mi entorno se convierta en un desastre me siento peor. Una vez que empecé el hábito, también descubrí que guardar la ropa en su sitio cada noche significaba minimizar la tarea. Un Secreto de adultos es: Mantener es más fácil que alcanzar.

Siguiente, me fui a la molesta tarea de la contestadora. Me choca el sonido que me indica que tengo un recado, y nuestro teléfono siempre está sonando porque odio revisarlo. En vez de eso, declaré un hábito nuevo. Cada vez que escuche el *beep*, *debo* revisar el mensaje.

Pero pronto perdí, lo admito. Simplemente no podía hacerlo. Así que cambié a un nuevo hábito: llevarle pluma, papel y el teléfono a Jamie cuando llegue del trabajo, y hacer que él revise los mensajes. No se ve que le importe mucho.

También consideré mis hábitos de oficina. Cada mañana me siento frente a mi escritorio con una taza de café a un lado y un refresco de dieta al otro. Me conecto con el mundo a través del correo electrónico y de las redes sociales. Como empecé dando *click* alrededor, me siento tranquila al mando, como un piloto de avión corriendo el sistema, revisado en la cabina, o un cirujano alcanzando un instrumento.

Quiero que el final de mi día sea tan satisfactorio como el inicio. Mi rutina de siempre era sólo alejarme del desordenado escritorio, pero ahora, en los últimos diez minutos de trabajo alineo papeles, desaparezco algunos *emails*, lleno formularios, pongo mis plumas en su lugar, reviso el día siguiente en el calendario, y recojo las cosas que van en otro lugar del departamento.

Pronto descubrí que este hábito también me hace mucho más fácil caminar a mi oficina a la mañana siguiente. No me había dado cuenta cuán desalentador era escudriñar entre los papeles y las tazas de café para empezar de nuevo.

Los cuatro Fundamentos hacen una gran diferencia para mis propios hábitos, pero, ¿será igual para todos? Para experimentar con mi teoría sobre su importancia le pregunté a mi amigo Marshall si quería ser mi conejillo de indias para ayudarlo a ordenar su desastre.

Lo conocí por uno de los grupos de lectura de mis hijos. Es columnista de un periódico y tiene una creatividad enorme, pero como me dijo una vez: "No tengo ningún problema en terminar lo que me asignan, pero no puedo hacer lo mismo con mis cosas."

"¿Qué cosas?", pregunté.

"Trabajo en las especificaciones de mi guión, en una idea para una novela, y en unas colaboraciones que debo hacer con mi hermano." Como podemos ver, es un Complaciente.

Como ya había estado en su casa, sabía que estaba bastante desordenada. Me emocionaba probar mi teoría de que arreglar el desastre, y en este caso fortalecer sus cimientos, le ayudaría con sus hábitos de escritura. Le expliqué: "Mi teoría es que los hábitos Fundamentales hacen más fácil formar otros buenos hábitos. Entonces tener más orden tal vez te ayude con la escritura. Más y más gente me dice que controlar sus *cosas,* le hace sentir más control en su *vida.* Además, hay un estudio de Princeton que sustenta que el desorden visual reduce tu habilidad para concentrarte y procesar información." Me encanta mencionar las investigaciones (es más convincente para la gente si citas un estudio).

"Está bien", respondió con precavido entusiasmo.

Llegué a su hogar, un clásico departamento de una recámara en Greenwich Village, Nueva York. Iba preparada con botana y mi libreta, estaba lista para tomar notas si es que se revelaban algunos secretos o verdades sobre su formación de hábitos. No podía esperar para empezar, pero Marshall se veía como si se estuviera arrepintiendo o pensándolo dos veces.

Como él había conocido a mi hermana cuando ambos vivían en Los Ángeles, la mencioné. "¿Recuerdas que ayudé a Elizabeth a ordenar su desastre? La gente a menudo se siente mal por su desorden, pero *nadie* es más desordenado que mi hermana. Aunque debo reconocerlo, ha mejorado mucho." Y agregué para ser imparcial: "Nada me conmocionará, ¿*ok*?"

"Está bien."

Conforme trabajamos, mencioné algunos de los hábitos favoritos para limpiar el desorden, en caso de que alguno le llamara la atención a Marshall. "Seguir la regla de un minuto: si puedes hacer una tarea en menos de un minuto, hazla." "Nunca te quedes con los periódicos por la noche." "Usa la mesa o la barra para hacer actividades, no para guardar cosas." También le conté pequeñas historias con mensaje implícito: "Conocí a un señor que tenía el *set* completo de la revista *Believer,* y de alguna manera el hecho de que tenga toda la colección le hace pensar que son valiosas." Moví la cabeza. "Es fácil caer en el hábito de coleccionar cosas que en realidad no son significativas o útiles, entonces tienes que organizarlas y guardarlas. Como las bolsas de las tiendas. Quiero guardarlas pero, ¿quién puede usar cincuenta bolsas de diferentes lugares?"

Respondió guiándome a una pila de periódicos amarillentos. "¿Agregarías esto al montón dentro del armario?"

Miré y dije: "¿Por qué estás guardando todo esto?"

"Son secciones de periódicos que tienen mi columna." Observó la pila y añadió: "Tal vez debería contratar a alguien para que recorte las piezas. Y ponerlas en un libro. O escanearlas. Luego las subiría a la red."

"¿Tienes un sitio?"

"No, pero tal vez debería."

Los comentarios de Marshall me dieron la clave: ¿Estará "alzando la barra"? La gente hace esto cuando consideran empezar un hábito nuevo, y entonces por un impulso que puede ser entusiasmo o autosabotaje inconsciente, le hacen ajustes que lo convierten en un reto súper difícil. Por ejemplo, una persona decide hacer ejercicio, y en vez de caminar veinte minutos al día, decide empezar una rutina que rota entre cardio, pesas y balance, una hora, cuatro veces a la semana. La barra está tan alta, que es imposible de alcanzar.

Tal vez Marshall lo hizo. Ha cambiado de guardar antiguos periódicos en un armario, a querer contratar a alguien para que los recorte, a escanearlos y subirlos a su todavía-no-creado *website*. Por otra parte, el periodismo era su vida.

Bueno, al menos por ahora los periódicos estaban apilados con cuidado donde no se veían.

Marshall estaba revisando una caja gigante de papeles viejos, y en un tiempo sorprendentemente corto, había vaciado todo.

"¡*Wow*, eso fue rápido!", exclamé. "Sólo tardaste cuarenta minutos."

"No", movió la cabeza. "Me tomó *siete años* limpiar esta caja. Era el correo del 2006." Los dos guardamos un momento de silencio para reflexionar.

Después de algunas horas, tenía la apariencia asombrada que casi siempre veo cuando le ayudo a la gente a arreglar su desorden. Por otra parte, me sentía cada vez más entusiasmada conforme avanzábamos. En este punto, su departamento era un montón de bolsas y cajas. "Sé que esto parece agobiante", admití. "Un Secreto de adultos es que las cosas parecen más desordenadas justo antes de verse arregladas. Éste es el estado de caos."

"Está bien", dijo.

Empecé a reír.

"¿Qué?" Me preguntó.

"Me doy cuenta de que aunque estarás contento con hacer esto, es una gran pena para ti. A mí me apasiona y lo disfruto mucho, y gracias por ser tan animoso. Sé que puedo ser incansable."

"No, estuvo bien sacar toda esa basura."

Recordé una conversación que había tenido con Elizabeth hace algunos años. Se estaba mudando y fui a Los Ángeles para ayudarla a empacar sus pertenencias. Limpiamos y empacamos sin descanso por dos días. Un momento típico: justo cuando pensábamos que habíamos terminado la cocina, mi hermana abrió el horno y descubrió que estaba atiborrado de cosas olvidadas hacía mucho tiempo. Me encanta este tipo de retos, y trabajé hasta el minuto que tenía antes de irme al aeropuerto. Elizabeth había colapsado en el sillón con un par de tijeras en una mano y un rollo de cinta para empaquetar en la otra. "¿Tendrías inconveniente si nos vamos en taxi?", me preguntó. "Creo que estoy demasiado cansada para manejar."

"No hay problema", y le lancé una mirada dura. "Admítelo, estás feliz de verme ir."

¡Ni siquiera pudo negarlo! "Pero después estaré *muy feliz* de que hayas venido." Agregó con seriedad.

Sabía que Marshall se sentía de la misma forma. Parecía feliz de haberse deshecho del desorden, y su departamento lucía mucho mejor que antes, pero sospechaba que yo había obtenido más de esta mejora que él. Me ofrecí a ayudarle a trabajar en el aspecto del Fundamento del "orden", porque asumí que este cambio haría una diferencia en su escritura, pero el caos en su departamento no le molestaba en la forma en que me molestaría a mí. Y como en realidad no le importaba, tal vez este desastre no interfería mucho con su productividad. Incluso entre los cuatro Fundamentos, siempre debemos tomar decisiones que reflejen nuestros valores.

Entre más profunda era mi investigación de hábitos, más apreciaba la importancia de entender los valores y temperamento de cada persona. Era tan fácil asumir que los pasos que a mí me servían, le servirían a los demás… Pero los hábitos no trabajan así. Las diferencias individuales importan incluso más de lo que creía cuando empecé.

Primero lo primero, pero cada quien debe decidir qué viene primero, para sí mismo.

SI ESTÁ EN EL CALENDARIO, PASA
Agendar

Soy una creyente de los hábitos de escritura… Tal vez seas capaz de hacerlo sin ellos si tienes el genio, pero la mayoría de nosotros sólo tenemos talento y esto es algo que debe ser asistido todo el tiempo por hábitos físicos y mentales o se secará y será arrastrado por el viento… Por supuesto, es necesario que tus hábitos sean adecuados a lo que puedas hacer. Escribo solamente cerca de dos horas todos los días, porque eso es toda la energía que tengo, pero no dejo que nada interfiera en esas dos horas, siempre el mismo tiempo y en el mismo lugar.
FLANNERY O'CONNOR. Carta del 22 de septiembre de 1957

La estrategia de Agendar o establecer un tiempo regular y específico para una actividad recurrente es una de las estrategias de formación de hábitos más comunes y poderosas. Y es una de mis favoritas. Agendar hace más probable que convirtamos una actividad en un hábito (bueno, excepto para los Rebeldes). Por eso escribo incluso los hábitos un poco ridículos, como "Besar a Jamie cada mañana y noche."

Los hábitos crecen más fuertes y rápido cuando son repetidos de formas predecibles y, para la mayoría de nosotros, poner una actividad en la agenda tiende a obligarnos a hacerla. En la universidad nunca me pregunté: "¿Debo ir a clases?", o "¿Necesito hacer esta lectura hoy?" Si la clase estaba en el horario, iba. Si la lectura estaba en el programa, la leía.

Una amiga tiene la siguiente rutina diaria: se levanta a las 4:30 de la mañana, medita veinte minutos, toma su linterna y camina 40 minutos, desayuna con sus dos hijos, se baña, se viste y está en la estación del tren a las 7:30. Obvio, es una Alondra. Para alguien más, cualquiera de estas actividades podría representar un reto, pero no para ella; ya ha decidido qué hacer.

Agendar también nos fuerza a confrontar los límites naturales del día. Es tentador pretender que puedo hacer todo si sólo hago el "balance" correcto, pero al agendar se requieren decisiones. Agendar una actividad hace que no haya tiempo para otra cosa. Lo que es *bueno*, en especial para la gente que tiene problemas para decir "no". Cada semana, los miércoles, Eliza y yo tenemos una "tarde de aventura", aunque no somos muy aventureras, así que casi siempre terminamos en un museo. En especial ahora que Eliza está en la complicada adolescencia, quiero asegurarme que tengamos algún tiempo placentero juntas cada semana. Así que puse nuestra aventura en la agenda y si me piden hacer algo que pueda interferir, de forma automática digo: "No estoy disponible a esa hora." Agendar hace las actividades rutinarias, y también construye hábitos.

A mucha gente le gusta escribir en una agenda, cuaderno, celular, lista, horario, etcétera. En especial, les encanta a los Defensores por lo predecible y por la satisfacción de ponerle palomita o taches a las actividades de la lista. Los Interrogadores ven las razones sensatas detrás de agregar un ítem al calendario, y para algunos Complacientes, sólo con ver la nota escrita en la agenda les crea un útil sentido de responsabilidad. Sin embargo, como los Rebeldes quieren *decidir* hacer una actividad, poner una en su agenda disminuye de forma dramática las posibilidades de realizarla.

Decidí usar Agendar para empezar un nuevo hábito bastante ambicioso: meditar. La meditación es la práctica de concentrar la atención en el momento presente (en nuestra respiración, en una imagen o en nada) de una forma sin analizar y sin juzgar. Aunque está asociada de forma particular con el budismo, existe en varias formas y en muchas tradiciones. Debido a sus evidentes beneficios mentales y físicos, se ha incrementado el número de personas que practican una meditación consciente de forma no religiosa. Según una encuesta del 2007, casi uno de cada diez norteamericanos había meditado[54] en el año anterior.

Me había resistido a la meditación por años, nunca me pareció atractiva. Mi Mandamiento personal más importante es "Ser Gretchen", y le agregaba "y saltar la meditación." Me empezó a intrigar cuando, en menos de un mes, tres personas me dijeron cuánto les había beneficiado. Sus experiencias de primera mano, tuvieron más peso que todo lo que había leído en los libros.

Tal vez *debería* intentar, pensé. Después de todo, ¿voy a dejar que mi sentido de identidad, de Gretchen, genere maneras que me alejen de probar cosas nuevas? El experto en felicidad Daniel Gilbert[55] sugiere que una forma útil de predecir si una experiencia nos hará feliz es preguntarle a otras personas que en la actualidad la realizan cómo *se sienten*. Argumenta que tendemos a sobreestimar el grado en el que somos diferentes de otros y, por lo general, una actividad que alguien encuentra satisfactoria es probable que le guste a los demás. Estoy medio de acuerdo con el profesor Gilbert. Como dice mi casi-siempre-mencionado Secreto de adultos: "Soy más (y menos) parecida a otras personas de lo que creo". Lo que al final me hizo decidir probar con la meditación fue alguien diciéndome: "Conozco gente que intenta meditar sin tener un arraigo a ella. Pero no conozco a nadie que piense que es una pérdida de tiempo."

Para aprender a meditar, hice lo que siempre hago, me fui a la biblioteca. Después de leer libros como *El milagro de Mindfulness*.[56] de Thich Nhat Hanh, y *La felicidad auténtica*,[57] de Sharon Salzberg, empecé con mi plan. Aunque Salzberg sugiere empezar con veinte minutos[58] de meditación tres veces a la semana, eso me sonaba como *mucho* tiempo, así que decidí hacerme el hábito de meditar cinco minutos diarios.

Cuando agendo un nuevo hábito, me ayuda añadirlo a uno ya existente, por ejemplo "Después de desayunar", o como una nota extra: "Cuando suene mi alarma". Lo hago así porque sin tales detonantes es fácil olvidar llevar a cabo la nueva acción. Un hábito o señal existente funciona mejor que usar un tiempo particular para empezar, porque es muy fácil perder el registro de la hora. Por eso, en vez de escribir en mi agenda: "Meditación a las 6:15 a.m." puse "Meditar" justo después de despertar y vestirme.

Cuando desperté esa primera mañana, me sentí cansada de forma inusual, y eso que mi monitor de sueño reportó que había dormido seis horas y cincuenta y dos minutos. "Tal vez debería esperarme y empezar con la meditación un día que amanezca con más energía", sugirió la parte malvada de mi cerebro. "Hoy será difícil, tengo sueño." ¡Ah! Sabía que no debía creer en *eso*. El deseo de empezar algo en un "buen" momento, por lo general es una justificación para posponer. En casi todos los casos, el mejor momento para empezar es *ahora*.

Así que justo después de vestirme, ya me había puesto unos *pants* como para yoga, porque es lo que uso todos los días, le registré cinco minutos al temporizador (la alarma que suena con unos "grillos" me pareció adecuada), jalé una almohada del sofá y la puse en el piso.

Me acomodé en la posición de loto, con las palmas hacia arriba, mano derecha ahuecada dentro de la izquierda. Las puntas de mis dedos pulgares debían formar un triángulo (muy específico, pero es lo que el libro decía). Revisé mi postura, luego recordé que mis rodillas debían estar más abajo que la cadera, así que agarré otra almohada.

Después de unos minutos de moverme para encontrar mi balance, me reacomodé en la almohada, me puse derecha, bajé los hombros, relajé mi barbilla, tranquilicé mi mente de forma deliberada y empecé a concentrarme en el ritmo de mi respiración, en el fluir hacia adentro y hacia afuera, de forma suave y profunda.

Después de más o menos diez segundos, mi mente se distrajo. Traté de notar este cambio sin juicios y regresé a concentrarme en la respiración. Pensar sobre la respiración me recordó una escena de la película *Maridos y esposas*, de Woody Allen, donde el personaje de Sally está tendida en la cama junto a un hombre, y mientras la besa, ella piensa en el hecho de que él es un "erizo", y empieza a clasificar a sus amigos en erizos o zorros. Esto me llevó a pensar en el fragmento de Arquíloco que dice: "Muchas cosas sabe la zorra, pero el erizo sabe una y grande", y eso me llevó a pensar en el ensayo de Isaiah Berlin,[59] *El erizo y la zorra*, y eso me llevó a pensar en la mezcla de sentimientos que tengo respecto a Tolstoi… *ahora regresa a la respiración*. Me concentré en mi respiración durante unos segundos, luego pensé en el hecho de que tenía que recordar escribir sobre haber estado distrayéndome de mi respiración por culpa de una película de Woddy Allen.

Me observé pensando. Me observé pensando en el hecho de estar pensando. Me observé pensando en el hecho de estar pensando en el hecho de estar pensando. Toda esta metacognición me estaba mareando.

Respira.

Me pregunto cuánto tiempo habrá pasado.

Respira.

No quiero hacer esto durante veinte minutos. Estoy segura. Quizá unos diez.

Respira.

Trataba de ver estas distracciones sin frustración o juicio. Sólo estaban rondando por ahí. ¡Al fin! El sonido de los grillos.

Durante los siguientes días fui descubriendo algunas cosas. Primero, tan pronto como empezaba a concentrarme en respirar, mi respiración se sentía limitada y artificial. *Pensé que había dominado mi respiración por ahora.*

También dejé de balancearme en mis almohadas. Thoreau advierte: "Ten cuidado de todas las empresas[60] que requieren ropa nueva", y yo quería poner atención a las prácticas de meditación que necesitan nuevas cosas. Pero, por otra parte, si iba a meditar todos los días, una almohada mejor para sentarme parecía un gasto que valía la pena (incluso para una Hipocompradora como yo). Busqué en Internet y quedé asombrada por la diversidad de cosas para meditación que encontré. Jamás había escuchado de un "set zabuton y zafu", pero cuando vi la imagen, era justo lo que necesitaba. Así que le di *click* en "Comprar."

Para aplicar la estrategia de Agendar, debemos decidir cuándo y qué tan seguido debe ocurrir el hábito. Por lo general, los consejos en la formación de hábitos se concentran en hábitos fijos, que son los que siempre pasan en la misma forma, sin un pensamiento consciente. Cada día me levanto y cepillo los dientes antes de darme cuenta; me pongo el cinturón de seguridad, medito después de vestirme.

He notado que tengo ambos: *hábitos fijos y temporales*. Uno temporal requiere más toma de decisión y ajustes. Por ejemplo, voy al gimnasio todos los lunes, y escribo diario. Cada lunes debo decidir cuando voy al gimnasio y debo decidir cuándo y dónde haré mi escritura diaria. Trato de hacer mis buenos hábitos tan fijos como sea posible porque entre más consistente sea al realizar una acción, más automática se vuelve y requiere menos decisiones; pero dadas las complejidades de la vida, muchos hábitos no pueden ser del todo automáticos.

He abandonado la idea de que puedo crear un hábito sólo con ponerlo en la agenda cierto número de veces. Aunque mucha gente cree que los hábitos se forman en veintiún días, cuando las investigaciones de la Universidad de Londres[61] examinaron cuánto tarda una persona en adoptar un hábito diario, como beber agua o hacer abdominales, encontraron que, en promedio, un hábito toma sesenta y seis días en formarse. Sin embargo, un número promedio no es muy útil porque, como todos sabemos por experiencia, algunas personas adoptan hábitos de forma más fácil que otras. Por ejemplo, los Defensores se enganchan bien a los hábitos, en cambio los Rebeldes se resisten. Además, algunos hábitos se forman más rápido que otros. Los malos pueden ser fáciles de crear, aunque hacen la vida más complicada, mientras que los buenos pueden ser difíciles de conseguir, pero te ayudan en tu día a día.

Tal vez no seamos capaces de formar un hábito en veintiún días, pero en muchas situaciones, nos beneficiamos de registrarlo *cada día*. Las cosas que hacemos diario toman cierta belleza y son divertidas lo suficiente. Dos genios muy poco convencionales escribieron sobre el poder de la repetición. Andy Warhol dijo: "Cualquiera *sólo una vez, o todos los días*.[62] Si haces algo una vez, es emocionante, y si lo hacer todos los días es emocionante. Pero si lo haces, digamos, dos veces al día o casi diario, ya no es bueno." Gertrude Stein hizo un comentario relacionado: "Cualquier cosa que se hace diario[63] es importante y grandiosa."

Uno de mis Secretos de adultos más útiles es: "Lo que hago *todos los días* importa más que lo que hago *de vez en cuando*". Tal vez, para mi sorpresa, he encontrado que es más fácil hacer algo *cada* día que *algunos* días. Para mí, entre más regular y frecuente sea el trabajo, más creativa y productiva soy (y más lo disfruto). Así que escribo todos los días, incluyendo fines de semana, días festivos y vacaciones. De forma similar, me es más fácil postear en mi *blog* seis días a la semana que cuatro, porque pasaría mucho tiempo discutiendo conmigo misma sobre si hoy es el día para postear. ¿La semana empieza en domingo o lunes? ¿Me merezco un *break*? ¿Ayer "cuenta"? Cuando escribo en mi *blog* seis veces a la semana, no tengo que tomar ninguna decisión.

Junto con la meditación, identifiqué dos hábitos nuevos para seguir diario. Primero, quería escribirle más a mi hermana. No paso ni de chiste el tiempo suficiente con ella, y es difícil incluso encontrar tiempo para hablar por teléfono. Podría al menos agendar un correo electrónico diario, aunque sea para escribirle unas palabras en el renglón del título.

También decidí tomar una foto diaria de algo hermoso o interesante. Esperaba que este ejercicio agudizara mi sensibilidad porque requiere que observe, a través del día, algo digno de ser fotografiado.

Hacer un hábito *todos los días* es útil, pero ¿*el momento del día* importa?

Para la mayoría de la gente, cuando es posible, los hábitos importantes deben ser agendados por la mañana. Las mañanas tienden a desarrollarse de forma predecible, y conforme el día avanza, más complicaciones van apareciendo, ya sean reales o inventadas, lo cual explica por qué puse mi meditación a estas horas. También el autocontrol es más fuerte en esos momentos. Escuché sobre un comedor corporativo que apoya los hábitos alimenticios saludables al solicitar a la gente que haga sus pedidos a las 9:30 a.m. No se permiten cambios. Por el contrario, el autocontrol baja conforme el día avanza, lo que ayuda a explicar el porqué de los deslices sexuales,[64] el juego en exceso, el abuso del alcohol y los crímenes impulsivos ocurren por lo general en las noches.

Para ordenar el tiempo para agendar un hábito matutino nuevo, mucha gente trata de levantarse un poco antes, pero esto puede ser duro. ¿Un truco? Usa el fin del horario de verano como una forma sin dolor de agregar una hora en la mañana. Mucha gente disfruta la hora extra de sueño cuando el tiempo "se retrasa". (Pocos accidentes de carro ocurren en el lunes después del cambio de horario, porque la gente está mejor descansada.) Como sea, el cambio de horario ofrece una oportunidad fácil para transformar los hábitos diarios. Podemos empezar a despertar una hora más temprano, y podemos hacer mucho con esa hora.

Por supuesto que la estrategia de las primeras horas del día no funciona para los Búhos. Por lo general, los niños y el trabajo ya los obliga a levantarse temprano. Harán las cosas mejor si agendan sus hábitos para la tarde o noche. Sin embargo, incluso las Alondras subestiman a veces las posibilidades de la mañana. Le envié un *mail* a un amigo:

De: Gretchen

Me quedé pensando en algo que dijiste. Comentaste que eras una verdadera persona matutina. De niño quisiste ser monaguillo de la misa de la mañana porque te gustaba levantarte temprano.

Ahora despiertas a las 8:30.

Bien, te propongo que intentes levantarte más temprano para aprovechar la mañana: ir al gimnasio, leer, escribir tus libros, caminar con tus perros por el parque, lo que sea. Como una persona matutina, creo que te encantará.

¡Reconozco que es una intromisión no solicitada!

Respondió:

De: Michael

Tengo nueve días con el hábito de levantarme temprano. Cosechar algo agradable es transformador. He estado leyendo por placer, a veces también camino, me preparo el desayuno y uso mi aparato de luminoterapia. No me había dado cuenta antes de cómo mis esfuerzos anteriores para despertarme temprano eran todos básicamente variaciones del tema "meterle mano al trabajo".

Todo es cuestión de motivación para levantarse. Descubrí que muchas veces me levantaba temprano, pero me volvía a acostar porque no sentía ganas de trabajar. Ahora, a veces, sólo me levanto y ya.

Había estado meditando fielmente, cuando una mañana, durante un viaje de negocios, desperté en una habitación de hotel, tranquila y oscura, a las 4:20 porque era el cambio de horario, y pensé: "Estoy de viaje, tal vez debería saltarme la meditación."

Me di cuenta de lo ridícula que era mi excusa. Estaba sola y sólo necesitaba cinco minutos, aun así, mi mente se había aprovechado de que "estaba de viaje" para crear una excusa y no cumplir con mi hábito. "Siempre medito al levantarme, sin excusas", me dije. "Estoy ligada a mi práctica." Todo suena más magnánimo cuando lo describo como una "práctica:" la práctica de meditación, la práctica de escritura, la práctica de jardinería.

Con regularidad, repetición, *no decisión*: ésta era la forma de desarrollar la tranquilidad de un verdadero hábito. De hecho, sabía que el hábito del hábito es más importante que el hábito en sí mismo. En cualquiera de mis mañanas, era más significativo tratar de meditar que hacerlo.

Al mismo tiempo, descubrí que para algunos hábitos *casi* es suficiente. Disfruto mi actividad nueva de tomar una foto diaria, y adoro estar más en contacto con mi hermana. Sin embargo, después de un considerable tiempo de prueba, decidí que ya no necesitaba animarme para mantener estos hábitos cada día. *Casi* era bueno lo suficiente como para mantenerlos fuertes y lograr el objetivo del hábito.

Mientras agendar ayuda a animarme para hacer las cosas que me chocan, también me ayuda a hacer cosas que quiero hacer. De manera absurda, a menudo encuentro que me es más difícil hacer algo que disfruto, que algo que no disfruto. Y no estoy sola, un lector posteó: "Lo que me gusta es escribir canciones para piano. Pero muchos días hago todo lo demás antes de sentarme a componer." Una amiga me dijo: "Tal vez suene raro agendar el sexo, pero es lo que nos funciona a mi esposo y a mí." Para algunos de nosotros, si tienes disciplina, tienes placer.

Un día Eleanor me enseñó una copia de su horario de la escuela. Es una niña imaginativa y ordenada, con un escritorio cargado de periódicos, fundas de lentes oscuros y suplementos de oficina que van desde una pluma fuente hasta un celular obsoleto. Ama su horario. El de segundo año incluía muchos elementos que quiero para mi propio día: *snack*, educación física, DTL ("Dejar Todo y Leer"), y mi entrada favorita: Hora libre. Ves estas dos palabras fue un recordatorio de que para la gente como yo, este momento se debe registrar en el horario o en la agenda como una actividad; no es algo que sólo se hace cuando no tienes nada más que hacer... Porque *siempre* tenemos algo más que hacer.

Divertirse es importante porque es más fácil exigirnos más cuando estamos dando más. Según el experto en aplazamientos Neil Fiore, la gente que agenda tiempo para jugar es más propensa a deshacerse de proyectos poco atractivos, que la gente que nunca se deja disfrutar de la diversión sin culpa, hasta después de haber terminado el trabajo.

Agendar puede resolver este problema. Por ejemplo, en *El camino del artista*, un influyente libro sobre cultivar creatividad, Julia Cameron sugiere agendar una "cita con el artista",[65] que significa, tomar algunas horas de cada semana para "alimentar tu creatividad de forma consciente". Esto se puede hacer con actividades como visitar una galería de arte, entrar a una tienda de antigüedades, explorar una colonia nueva o sólo ir a caminar y observar.

Inspirada en la Hora libre, donde reservaba un tiempo para hacer lo que yo quisiera, decidí que cada día observaría una "Hora de cerrar". Ahora, a partir de ese momento, ya no reviso mi *email*, leo, ni publico nada en las redes sociales, tampoco escribo. Es agradable alejarme de mi computadora o colgar el teléfono y pensar: "Es Hora de cerrar. Tiempo para tontear." Como cada día es diferente, no tengo establecida una hora de cerrar estándar; es un hábito no fijo que varía de acuerdo con el día. Decido a partir de un "cuando", no de un "si". Por ejemplo, digo será Hora de cerrar "cuando llegue Jamie", en vez de "si escribo veinte páginas".

Quisiera que algunos hábitos, como la meditación, pasaran diario, pero otros, con una vez a la semana es suficiente. Para divertirnos, le propuse a mi familia una "Hora de juego". Cada fin de semana en la tarde, todos jugamos y tomamos chocolate. Pero después de unas semanas con esta actividad, recordé algo importante sobre mi misma: *No me gustan los juegos.*

"¿Qué les parece alternar la Hora de juego con una Hora de lectura?" Les pregunté.

"¿Nos seguirías dando chocolate?" Preguntó Eleanor, quien por cierto adora esta bebida.

"¡Claro!"

"Está bien", contestó y todos estuvieron de acuerdo.

Siempre me recuerdo: "Sólo porque algo es divertido para *otro* no significa que sea divertido para mí". Y es mucho más fácil adherirme a un hábito que en verdad disfruto.

También quiero usar el Agendar de forma semanal para eliminar la larga lista de tareas, pequeñas, y poco placenteras que he ido acumulando. Estas tareas no eran urgentes (lo cual es la razón por las que no las he hecho), pero como me agobian y andan en mi mente, consumen mi energía. Decidí que una vez a la semana, por una hora, trabajaré en esos quehaceres. Mientras que muchas veces sobreestimamos lo que podemos lograr en el corto plazo (en una tarde, en una semana), a menudo subestimamos lo que podemos lograr a largo plazo si trabajamos de forma constante. Un amigo tardó siete años, pero escribió una novela bastante apreciada, adoptando el hábito de escribir sólo cuatro horas a la semana. Cada sábado él y su esposa se daban medio día libre. Como novelista Anthony Trollope observó: "Una tarea diaria pequeña,[66] si de verdad se hace diario, derrotaría los trabajos del poderoso Hércules."

Disfruto inventando etiquetas y vocabulario nuevo y consideré llamar a esto: "Hora de hacer listas". Luego recordé que debido a la "influencia heurística", una idea parece más valiosa si es más fácil de decir o pensar. Una idea expresada con ritmo parece más convincente que la misma idea parafraseada sin ritmo, lo cual es la razón de "la prisa genera basura" es más convincente que "la prisa fomenta los errores". Decidí nombrar a mi hábito nuevo "Hora de poder".

Primero, hice una lista de las tareas que quería completar. Esto era casi divertido; obtenía una rara satisfacción de agregar cosas a mi lista de hacer cosas. A ninguna tarea le agregué una fecha límite (como a planear mi discurso para una conferencia o comprar boletos de avión), porque sabía que estas tareas se harían de todas maneras. No me permití usar mi Hora de poder para tareas recurrentes, como pagar cuentas o contestar correos. Sólo era para aquellas tareas que había estado posponiendo. Algo que puede ser hecho a *cualquier hora* a menudo se hace a *ninguna hora*. Escribí:

- Remplazar la silla rota de mi oficina
- Hacer un álbum de fotos de nuestras vacaciones
- Gastar todo el monedero electrónico de las tiendas
- Donar libros a Housing Works
- Juntar y reciclar baterías y aparatos

En mi primer Hora de poder, enfrenté a nuestra trituradora de papel, abandonada desde hace mucho tiempo. Nunca habíamos tenido, al final compré una que se rompió, así que compré un remplazo que estuvo en una esquina por meses. No era capaz de ponerme a leer las instrucciones o descifrar cómo conectarlo a una inaccesible toma de corriente de pared. Mientras tanto fui acumulando una pila gigante de correo para triturar. La trituradora sin usar me chocaba, el montón de papeles, en espera de convertirse en tiritas, me molestaba y el trivial asunto de triturar estaba ocupando demasiado espacio en mi cabeza.

"¡Hora de poder!" Pensé de forma seria, aquel primer sábado en la tarde. Me senté con la trituradora, descubrí cómo conectarla y ¡*voilà*! Estaba funcionando. Nada mal.

"Oye Eliza, ¿quieres triturar algo?" Grité.

"¡Sí!" Y llegó corriendo. "¡Me encanta triturar!"

Agendar también puede ser usada para restringir el tiempo gastado en alguna actividad. Un amigo con una agenda llena usa el ángulo de restricción del agendar para dirigir su trabajo de la semana. "Le digo a mi asistente que trate de limitar las llamadas, reuniones y comidas, sólo a martes, miércoles y jueves.

Necesito los lunes para prepararme para la semana, y los viernes para procesarla." Una amiga de la universidad se permitía fantasear sobre su último encuentro durante sólo quince minutos en la noche. Conozco a alguien que come comida rápida dos veces a la semana, lo cual significa que no la come los cinco días restantes.

Una vez vi en el periódico una foto de la lista-de-cosas-por-hacer, de Johnny Cash[67]. Descubrí que también usaba la estrategia Agendar. En una hoja impresa con las palabras "Cosas por hacer hoy:" escribió:

- No fumar
- Besar a June
- No besar a nadie más
- Toser
- Orinar
- Comer
- No comer mucho
- Preocuparme
- Ver a mamá
- Practicar piano

Johnny Cash usaba el Agendar para "preocuparse". Aunque escribir tiempo para preocuparse suena raro, es una estrategia probada para reducir la ansiedad. En vez de inquietarse todo el tiempo, una persona guarda la preocupación hasta el momento designado y, entonces sí, se preocupa hasta que se le acaba el tiempo. Cuando quise intentar escribir un artículo sobre la publicación de *Happier at home* (Más feliz en casa) para una revista, estaba muy preocupada desde antes de que fuera tiempo de escribirlo. Decidí: "No te preocupes sobre escribirlo hasta el último día del mes." Y ya no lo hice.

La estrategia de Agendar es un arma poderosa contra la desidia, porque la *lógica del mañana* tiende a hacernos sentir confiados en que seremos productivos y virtuosos *mañana*. La palabra procrastinar, tiene en su construcción la palabra latina *cras,* que significa "mañana". En un estudio, cuando las personas hicieron una lista de compras[68] para lo que iban a comer en la semana, escogieron más cosas saludables que dañinas; cuando les preguntaron qué vas a escoger ahora, más gente escogió los *snacks* dañinos. Como dice la famosa oración de San Agustín: "Señor, dame castidad y dominio de mí mismo,[69] pero todavía no." *Mañana.*

Por esa época, Elizabeth y yo nos organizamos para llevar a nuestras familias a Kansas City y visitar a nuestros padres. Había estado pensando cómo es que Agendar puede ayudar a los desidiosos y descubrí a otro sujeto de estudio potencial para mis experimentos. Cuando empecé mi investigación, convencí a mi hermana para que fuera uno de mis reclutas; ahora estaba poniendo los ojos en su esposo, Adam. Al igual que Elizabeth, Adam es un brillante escritor de televisión, y como muchos escritores, a veces batalla con la procrastinación. Los desidiosos no pueden ponerse a trabajar porque casi siempre, de forma irónica, están tan ansiosos sobre su trabajo, que tienen que distraerse de él. Sin embargo, tampoco pueden disfrutar su tiempo libre porque saben que *deberían* estar trabajando. Una agenda regular de trabajo puede ayudar a los desidiosos, porque el progreso y el compromiso liberan la ansiedad.

"Adam, ¿me dejarías que te sugiriera algunos hábitos?" Le pregunté, "como hice con Elizabeth, puedes seguirlos o no".

"Seguro", dijo Adam, sonando animoso. Me preocupaba que me estuviera aprovechando de su manera de tratar fácil y relajada. Elizabeth sabía en lo que se estaba metiendo, pero Adam tal vez no. Creció fuera de Los Ángeles y tiene esa apariencia relajada, asociada con California, combinado con un sentido del humor muy irónico. Recuerdo una noche cuando él y Elizabeth vinieron a visitarnos a Kansas City, justo después de formalizar su compromiso y todos íbamos a ir a una cena con algunos amigos de la familia. Jamie le preguntó a mi madre "¿qué deberíamos usar Adam y yo esta noche?"

"Es muy casual", contestó ella, "unos pantalones de vestir y unos mocasines estarían bien".

"Soy de California", me remarcó Adam. "Al ponerme esa ropa me voy a sentir como si usara una corbata de nudo francés."

Yo, por otra parte, tiendo a ser un *poquito hiriente*. Juré no volver loco a Adam, y mostré un gran control (al menos en mi mente) al no lanzar de inmediato un extenso tratado sobre hábitos. Aunque le di una pequeña charla motivacional sobre la estrategia de Agendar.

"Llevar un horario o registrar en una agenda reduce la presión", le dije. "Si escribes todos los días, ningún trabajo es importante en particular. Así, cuando estás trabajando, estás trabajando, y cuando no, no. Sin un control es fácil pasarse todo el día preocupado sobre el trabajo. Cuando pasa esto, ni trabajas ni te relajas."

"Conozco esa sensación", me dijo.

Le sugerí que escribiera todos los días de 11:00 a 13:00. Durante ese tiempo tenía que escribir o *no hacer nada*. No Internet, no llamadas, no *email*, no investigación, no pasar el rato con Jack (mi adorable sobrino de tres años que está obsesionado con los trenes), no leer, no arreglar su escritorio, nada. Sólo escribir o mirar por la ventana.

"Recuerda", añadí, "trabajar es una de las formas más peligrosas de desidia. Quieres usar tu tiempo de escribir sólo para escribir. *Nada más.* No incluyas ningún otro tipo de trabajo."

Entendí este principio por accidente. En la oficina de mi casa, trabajo en cosas como responder comentarios de mi *blog*, postear en Twitter o LinkedIn, revisar mi Facebook o contestar *emails*. Pero cuando quiero escribir (mi trabajo intelectual más demandante) voy a la biblioteca o a una cafetería donde no haya conexión a Internet. Este hábito me protege del *email*, la web y las tareas de la casa, y me obliga a no hacer nada más que escribir. Decido: "Estaré en la biblioteca por dos horas", y entonces me quedo. Termino de escribir justo cuando el tiempo acaba.

Una vez, un profesor y amigo me dijo: "El que me contrató en la facultad me dijo que si aceptaba la oferta, tenía que revelar el secreto de cómo ser un académico productivo. Apartaba un poco del día para investigar y escribir. Se disciplinó a no contestar ninguna llamada ni revisar su *email* hasta las 4:00 p.m. Después se pasaba una o dos horas haciendo sólo eso. También, una vez que empezaba, sus colegas aprendieron a no molestarlo antes de las 4:00."

Pasado algún tiempo, le envié un correo a Adam para preguntarle si la estrategia de Agendar le estaba funcionando. Me contestó:

De: Adam
Agendar es la respuesta para mí. Esta semana tuve muchas reuniones, pero cuando falto a mi tiempo programado para

escribir, lo hago ese mismo día, más tarde. Antes me pasaba el día preparándome para trabajar, y no siempre lo lograba. Ahora es como tener una cita. En general, me gusta trabajar durante este periodo. Todavía no estoy seguro si esto es la formación de un hábito, mi compromiso a seguir la agenda, o la combinación de los dos.

Cuando comí con dos amigas escritoras, una de ellas justo había renunciado a su empleo para trabajar de tiempo completo en su propio libro durante un año. No pude resistir y le di un pequeño sermón sobre los beneficios de Agendar.

Ella habló sobre lo que su agenda debería ser, y nuestra otra amiga agregó: "Cuando esté haciendo su horario, ¿no debería decidir para qué cosas no tiene mucho tiempo?"

"¿Cómo qué?" Pregunté.

"Por ejemplo no salir mucho o no hacer tantos planes con los amigos."

"Bueno, ¿necesita hacer eso?" No quería contradecirla, pero estaba en desacuerdo. "Si hace una agenda, puede reservar tiempo para todas sus prioridades."

"Soy bastante social", agregó la primera amiga. "Estoy preocupada por pasar mucho tiempo sola, escribiendo."

"Entonces asegúrate de incluir tiempo suficiente para socializar."

La meta es desarrollar hábitos que nos permitan tener tiempo para todo lo que valoramos: trabajo, diversión, ejercicio, amigos, recados, estudiar, de forma que sea sostenible *para siempre*.

Colocar el trabajo sobre todo lo demás, lo convierte en algo menos placentero, disminuye la calidad de vida y crea un sentimiento constante de "emergencia". Además, ¿qué pasa si una persona sacrifica su vida social para escribir un libro, lo publican, y es un fracaso? El precio sería demasiado alto. Incluso si el libro fuera un éxito, el precio seguiría siendo muy alto.

Agendar es una herramienta invaluable para la formación de hábitos: ayuda a eliminar la toma de decisiones, hace que aprovechemos lo mejor de nuestro limitado autodominio, nos impulsa a luchar contra el aplazamiento. Pero lo mejor es que nos ayuda a dejar tiempo para las cosas que son más importantes para nosotros. Cómo agendemos nuestros días es como pasamos nuestras vidas.

ALGUIEN NOS OBSERVA
Responsabilidad

Dime con quién andas y te diré quién eres, si sé cómo gastas tu tiempo, sabré en qué te vas a convertir.

GOETHE, *Máximas y reflexiones*

Para ser efectiva, la estrategia de Agendar a menudo se debe combinar con la estrategia esencial de Responsabilidad. No es suficiente registrar un hábito, debemos seguirlo. Responsabilidad significa que enfrentemos las consecuencias de lo que estamos haciendo, incluso si una de ellas es sólo el hecho de que alguien más nos vigile.

Esta estrategia es un factor poderoso en la formación de hábitos, y una característica universal en nuestras vidas. Si creemos que alguien nos está viendo actuamos diferente. Las fechas límite nos ayudan a mantener el hábito de trabajar. Los cargos moratorios nos hacen pagar a tiempo nuestras deudas. Las calificaciones nos obligan a estudiar. Los reconocimientos por asistencia generan que dejemos a los niños en la escuela a tiempo. Cuando creemos que nos harán responsables por nuestras acciones, incluso sólo por nosotros mismos, mostramos más autodominio.

Esta tendencia es muy marcada. En un estudio hecho en la cocina de una oficina, se le pidió a la gente que pagara de forma voluntaria[70] las bebidas que tomaban. La mayoría pagó de forma más honesta cuando la lista de precios tenía la imagen de unos ojos que cuando tenía una flor. En Boston, cuando colocaron un póster de policía tamaño natural[71] en la jaula para bicicletas de la estación de trenes, el robo descendió 67 por ciento. La simple presencia de un espejo[72] (lo cual permite verse de forma literal) hizo a la gente más propensa a evitar el acoso, argumentar su propia opinión, trabajar más duro en las tareas y resistir la tentación.

De forma contraria, cuando no sentimos responsabilidad, nos portamos peor. El anonimato de los hoteles y los viajes facilitan el romper los hábitos saludables o los códigos morales; usar un pseudónimo hace a la gente más propensa a actuar mal; incluso el ligero disfraz de unos lentes oscuros provoca una sensación más libre para romper estándares normales de conducta.

Por esta razón, a menudo vale la pena invertir en sistemas de monitoreo. El beneficio principal de los entrenadores deportivos, proyectistas financieros, asesores de vida, consejeros ejecutivos, organizadores de personal y nutriólogos, además de su experiencia, es que son figuras de autoridad. Sobre todo para los Complacientes, este tipo de responsabilidad externa es súper esencial.

Otra forma de crear responsabilidad es hacer las cosas públicas. En *The Writing of One Novel*, el novelista Irving Wallace explicó: "Cuando eres un escritor libre e independiente,[73] sin empleo, sin fechas límite, tienes que hacer pequeños juegos para forzarte a trabajar en tu obra actual. Para mí, uno es anunciar… que al fin he decidido mi siguiente libro, que estoy listo para escribirlo… para poner mi orgullo de por medio."

Alguien escribió en mi *blog*: "Anuncié de forma pública que iba a hacer algo, porque sabía que la negatividad de la gente echándome basura por no lograrlo me motivaría, incluso más que una motivación intrínseca que pueda darle a la tarea por sí misma." Otro lector agregó: "Cuando le digo a las personas mis metas, me siento súper comprometido con ellas. Soy muy cuidadoso con cualquier promesa hecha en voz alta, porque siento que al reconocerla ya no hay forma de salir de ella."

Mi hermana Elizabeth usa la responsabilidad pública para disuadirse de comer comida basura, lo cual es malo para la salud de cualquiera, pero en especial para ella por su diabetes. Cuando empezó su nuevo trabajo, hizo la promesa de decirle a sus compañeros que estaba comprometida a comer de forma sana. Comer bien era un reto particular, porque la costumbre de los escritores de televisión es que la cocina de la oficina esté atascada de golosinas: incontables tipos de *muffins*, galletas, dulces, cereal, papas y cualquier otra comida que agreguen a la lista de la tienda. Todo es gratis, lo cual hace la variedad más tentadora. En general, pareciera que se están incrementando las tentaciones alimenticias en los lugares de trabajo. Ahora muchas más empresas ofrecen comida gratis, sin mencionar los pasteles de cumpleaños, fiestas de despedida y *office showers,* las galletas de los niños exploradores, los recalentados de los días festivos, máquinas expendedoras, y demás.

Le pregunté si decirles a sus colegas había ayudado a mantener mejor sus hábitos alimenticios. Me contestó: "Sí, porque para mí, las afirmaciones son importantes. Tuve que decir en voz alta 'no como *cupcakes*' para llevarlo a cabo."

"¿Porque así estarás avergonzada de que otra persona te vea comiendo porquerías? ¿O porque al declarar el hábito, de alguna manera se hace más real?"

"En parte no quiero decepcionarme de mi misma por no lograr lo que me propongo. Además, en este punto, si como un *cupcake* en el trabajo, sería una gran historia en la oficina. Soy *tan* famosa por no querer comer esas cosas."

"¿Y eso lo hace más fácil?"

"Sí, además ya nadie me las ofrece."

"¿No resientes eso? ¿Qué ya nadie te pregunte si quieres?"

"¡No! Es lo que trato de *fomentar.* Tenemos la comida más increíble en el trabajo, como cuando nos enviaron estos *cupcakes* súper *gourmet* de la mejor panadería de Los Ángeles. La primera vez que no comí uno, casi me pongo a llorar. Pero ahora no parece ser tan importante."

Elizabeth lo soluciona de forma pública, pero para algunas personas estas declaraciones de hecho *debilitan* su habilidad para adherirse a un hábito nuevo. Un solucionador privado escribió: "Debo mantener mis metas en secreto o se me salan y pierden su magia." Otro agregó: "Entre más le cuento a la gente sobre lo que pienso hacer, ¡parece que menos lo hago! Y al contrario, cuanto más guardo el secreto, mejor me sale."

La clave, como siempre, es usar el autoconocimiento y considerar nuestra propia naturaleza. Saber si somos solucionadores públicos o privados. Para una Defensora como yo, el anunciar un hábito no hace mucha diferencia. Es más útil tener sistemas de automonitoreo. Por ejemplo, tengo mi "Gráfica de resoluciones", ahí es donde registro si he cumplido o roto los propósitos que he hecho como parte de lograr mi Objetivo: Felicidad. (Me llevó años entender que mi deseo de seguir estos *propósitos* también se podía comprender como un deseo de formar mis buenos *hábitos*.) De la misma manera, mi pulsera UP mantiene el registro de mis acciones, y aunque nadie más lo vea, la información me permite mantenerme responsable.

Otra forma de usar la responsabilidad, y un acercamiento que los Complacientes encontrarán invaluable, es hacer equipo con alguien. Puede aparecer de muchas maneras: un tutor de lenguaje que cobre por ausencia, un amigo que se enoje si tiene que trabajar solo, un instructor que insista en la asistencia perfecta o un entrenador que te vigile con *emails* diarios. Tales compañeros pueden ayudarte a proteger un buen hábito. En un experimento, la gente que se inscribió en un programa para bajar de peso con un compañero de responsabilidad, logró hacerlo con más éxito que los que lo hicieron solos.

Una amiga psiquiatra me señaló un punto interesante sobre la diferencia entre compañeros de responsabilidad y psicoterapeutas. "En el tipo de terapia que doy, no te mantengo responsable", me explicó. "Te ayudo a que aprendas a hacerlo por ti misma. En cambio, un *coach* sí te mantiene responsable."

"Entonces, tal vez algunas personas necesitan más de un *couch* que de un terapeuta", dije, pensando en los Complacientes. "Algunas personas lo que buscan en realidad es la Responsabilidad."

Por ejemplo, mi amigo Adam Gilbert creó un programa llamado My Body Tutor (*El tutor de mi cuerpo*, en español). Este sistema otorga este tipo de responsabilidad. Las interacciones diarias con un "tutor" ayudan a la gente a monitorear y cambiar sus hábitos alimenticios y de ejercicio. Explica: "La gente quiere hacerlo sola, pero ¿por qué? Yo les digo: 'Tienes ayuda en otras áreas de tu vida, ¿por qué no en ésta también?'"

Un compañero de responsabilidad no tiene que ser humano. Por años me sentí responsable de nuestra perra Paddywhack, una schnauzer. En la preparatoria, cuando estaba intentando adoptar el hábito de salir a correr, siempre me la llevaba. Saltaba con energía cada vez que me ponía los tenis, y su entusiasmo hacía que fuera muy difícil faltar un día a esa rutina. Además, fortalecía mi hábito del ejercicio. De hecho, un estudio (debo admitirlo: hecho por una compañía al cuidado de la salud de las mascotas) mostró que los dueños de perros hacen más ejercicio[74] y lo disfrutan mejor, que la gente que va al gimnasio. La gente mayor camina con más regularidad[75] con un perro que con otra persona.

Incluso la responsabilidad imaginaria puede ser útil. Soy *fan* del gimnasio InForm Fitness y adoro su método de entrenamiento de fuerza "Super Slow". He convencido a tantos amigos y familiares para que vayan ¡que soy la referenciadora número uno! Un día, el entrenador me dijo: "Muchos de tus amigos creen que llevas un registro de ellos."

"¿De verdad?" De alguna forma me halagaba escuchar eso. "¿Por qué? Ni siquiera sé lo que hacen."

"Creen que sabes si vienen o no."

Reflexioné en esto mientras sufría con el aparato para hacer pierna. "¿Crees que eso les ayuda a seguir viniendo con regularidad?"

"Yo creo que sí."

Me convertí en una compañera de responsabilidad sin siquiera saberlo.

Pero serlo puede ser complicado. Yo no quiero que las personas ya no quieran verme porque las hago sentir culpables de romper un hábito. Además, ser un verdadero compañero de responsabilidad es mucho trabajo. A menudo trabajan mejor cuando no son cercanos o amigos, cuando la responsabilidad es mutua o cuando una persona está pagando. Adam Gilbert llama a esto el asunto de "profesional o amigo", y él es muy pro-profesional. "La gente no toma muy en serio a los amigos", me dijo. "Trabajan mejor con un profesional."

"¿Por qué pagan?" Le pregunté.

"Tal vez la gente valora más si paga por ello. Pero la verdad no creo que sea asunto de dinero. Un amigo no te va a decir las verdades más duras. Necesitas un profesional."

A veces esperamos que alguien actúe como un compañero de responsabilidad, pero esa persona no acepta. Tengo una amiga Complaciente que es escritora y le pidió a su editor que le diera soporte.

"Cuando firmé el contrato para escribir esta biografía", me contó, "le dije a mi editor: 'Sólo puedo escribir cuando tengo que hacer entregas y no quiero esperar al último minuto para trabajar en este libro. Así que, por favor, ¿podría darme algunas fechas de entrega falsas durante el proceso?' Pero me contestó: 'No te preocupes el libro estará genial, lo harás muy bien, y bla, bla, bla.' Sólo estaba siendo generoso y comprensivo."

"Y, ¿qué pasó?"

"Escribí todo tres semanas antes de la fecha. Obvio, habría estado mucho mejor si hubiera empezado desde antes."

Fuera de consideraciones equivocadas, el editor se había rehusado a proveer responsabilidad. Si él hubiera entendido que mi amiga es una Complaciente, tal vez habría tomado otra postura.

Aunque los individuos pueden ser compañeros de responsabilidad, también puede ser útil unirse a un grupo. Como demuestran los Alcohólicos Anónimos, los Weight Watchers, y el grupo de Objetivo: Felicidad, damos y recibimos responsabilidad, así como energía e ideas, cuando nos conocemos con personas con ideas afines a nosotros. Por muchos años, algunos amigos estuvieron en un grupo para escribir su tesis. Se reunían con regularidad en un bar para reportar su progreso y darse apoyo entre todos. "La responsabilidad al grupo en verdad me ayudó a hacer un mejor trabajo", me dijo un amigo. "Y era súper divertido."

Un grupo de *Mejor que antes* sería una forma maravillosa de que la gente se diera responsabilidad y soporte para cualquier hábito que estén tratando de formar. El grupo se puede hacer de amigos, miembros de la familia, compañeros de trabajo o extraños atraídos por el deseo común de trabajar en sus hábitos. Miembros del grupo no necesitan compartir los mismos objetivos; es suficiente con que estén determinados a cambiar sus hábitos.

Nada puede remplazar a la interacción frente a frente, pero cuando no es práctica, tanto los grupos como las personas pueden usar la tecnología para conectarse. La responsabilidad virtual es menos intensa, pero más conveniente.

Otra forma de emplear la estrategia de Responsabilidad es usar un "recurso de compromiso"; es decir, algún mecanismo que reafirme nuestros hábitos al asegurarnos en una decisión.

No podemos cambiar de opinión, y si lo hacemos, nos penalizaremos. La alcancía de cochinito es un recurso de compromiso para los niños. Los adultos pueden abrir una cuenta navideña o una inversión a plazo, de ésas que cobran cargos a los titulares que retiren dinero antes de Navidad o del plazo fijado. Cuenta la leyenda que el excéntrico recurso de Víctor Hugo, famoso novelista francés, era ordenar a su empleada doméstica que se llevara toda la ropa que iba a usar ese día. Al quedar desnudo en su estudio, sólo con papel y pluma, no había de otra más que escribir.

Mucha gente pagará extra por un recurso de compromiso. La mitad de los compradores leales a los *snacks*[76] dicen que pagarían 15 por ciento más si la botana viniera en un paquete que ayudara a controlar su consumo. Un ejemplo de esta actitud fue cuando vi una tienda de alimentos *gourmet* explotar de forma evidente el deseo de la gente de comer menos dulces en Halloween. El supermercado vendía bolsas grandes de chocolatitos a $39, y la tienda *gourmet* (cruzando la calle) ofreció sus propias bolsas pequeñas y hechas en casa con los mismos dulces a $65. Los clientes pagaron más para obtener menos golosinas.

Los costos también pueden ser un recurso de compromiso efectivo de otras maneras. Una amiga que va al mismo gimnasio que yo, pidió un permiso especial para pagar un paquete de cincuenta sesiones, en vez de las veinticuatro máximas. De esta forma profundizó su compromiso con el ejercicio. Sabía que nunca se permitiría desperdiciar tal cantidad de dinero.

Un tipo llamativo de recurso de compromiso es la "opción nuclear". Un amigo que disfruta experimentando con estrategias de productividad personal usa esta técnica para dejar de beber sesenta días. Le da a su asistente un sobre con estampilla y dirección, y le dice que lo envíe si toma antes de la fecha establecida. El sobre contiene un cheque dirigido a una "asociación de caridad", una organización a cuyas políticas se opone de manera rotunda.

"¿Y sí funciona?" Le pregunté.

"De forma absoluta. He mejorado las inversiones, además he ligado el beber a mis valores básicos. No hay forma de que envíe un cheque a ese odioso grupo. Funcionó muy bien", y agregó: "Es lo que mi madre hacía también. Si tomaba un trago antes del tiempo establecido, tenía que darles dinero a sus nietos para comprar video juegos. Consideraba eso un terrible desperdicio de dinero."

"¿Y se detenía para hacerlo?"

"Sí, y era muy divertido escuchar a mis sobrinos rogarle: '¡Anda abuela! Toma una copita de vino, ¡te la mereces!'"

Este tipo de recurso de compromiso, tal vez sea más útil para lograr una meta limitada (como no tomar en dos meses o terminar un reporte grande) que para un cambio de hábito que dure de manera indefinida. Sin embargo, usado de forma sabia, puede ayudar a darle un empuje al inicio de un hábito de larga duración.

Todas las cuatro tendencias (hasta los Rebeldes, bajo ciertas circunstancias) encuentran la Responsabilidad útil para desarrollar hábitos. Sin embargo, los Complacientes requieren estructuras de responsabilidad externa para cumplir las expectativas. Por tanto, cuando intentan formar un hábito, se benefician mucho de la supervisión, las fechas límite, las consecuencias y del involucramiento de compañeros de responsabilidad, como asesores, consejeros, entrenadores deportivos, pilotos personales de salud, proyectistas financieros, organizadores de personal, amigos y a menudo nuestros propios hijos. Muchos Complacientes sienten un poderoso sentido de obligación al personificar bien el rol de ser el ejemplo.

Desde el sitio con vista privilegiada de nuestra Tendencia, puede ser difícil recordar lo diferente que luce el mundo para las personas de otras categorías, y qué tan importante puede ser la estrategia de Responsabilidad. Mientras esperaba para hablar en una conferencia, me puse a platicar con un profesor de informática. Una conversación de treinta y dos segundos me indicó que era, sin lugar a dudas, un Defensor.

"He estado pensando en cómo ayudar a mis estudiantes de posgrado a ser más productivos", me dijo. "En las revisiones semanales, muchas veces no tienen mucho progreso que mostrarme. Es una pérdida de tiempo para todos. Así que estoy pensando que podrían hacerlo mejor si me deshago de las reuniones y sólo los veo cuando tengan algún progreso que reportar."

"¡No, no, *no!*" Exclamé, antes de calmarme y hacer mi tono más razonable. "No creo que eso sea útil." Le di un rápido resumen de mi clasificación y sugerí: "Quitar las revisiones semanales es algo que le llamaría la atención a los Defensores como nosotros, porque no necesitamos mucha supervisión y no sufrimos con las fechas límite. Pero poca gente es como nosotros, es probable que la mayoría de tus estudiantes en aprietos sean Complacientes, lo cual significa que necesitan *más* vigilancia, no menos. O también pueden ser Interrogadores, que tal vez están pensando '¿Por qué tengo que trabajar en esto ahora? ¿Por qué no la siguiente semana? Mi artículo no necesita tanto tiempo.' No te preocupes por los Rebeldes. Harán su trabajo a su tiempo, a su manera."

"Entonces, ¿qué puedo hacer?"

"Genérales responsabilidad externa. Diles que esperas ver nuevos progresos sustanciales cada semana. Dales escalones que subir y anímalos. Entre más responsables se sientan, y entre más crean que tú esperas ver progresos tangibles, mejor lo harán."

"Entonces viene el problema de las fechas límite", agregó. "Uno de mis estudiantes más brillantes hace un trabajo maravilloso, pero sus calificaciones bajan porque siempre entrega tarde."

"Bueno, eso puede ser algo diferente. Fallar en cumplir una fecha puede ser pura desidia (la fecha de vencimiento es una sugerencia, no una fecha límite) o autosabotaje. En vez de hacer su mejor esfuerzo y ser juzgado, lo hace al último minuto. De esta forma, si lo hace bien, puede decir: "Soy tan brillante que lo hago bien incluso cuando improviso algo." Y si lo hace mal, dirá: "¿Qué esperaba? ¡Lo hice en dos días!"

Era tiempo de pasar a dar mi conferencia, pero cuando nos despedimos, no pude evitar decirle unas últimas palabras: "Recuerda, los Defensores como tú y yo no necesitan mucha responsabilidad interna porque, de por sí, ya somos responsables, pero las otras personas no ven el mundo como nosotros." Me estaba recordando esta verdad casi tanto como se la decía a él.

EL MEJOR MOMENTO
PARA EMPEZAR

Cualquier inicio siempre presenta una importante oportunidad para formar hábitos, porque nos permite combinar dos poderosos elementos: novedad y hábito. La novedad de un comienzo aniquila nuestros hábitos previos y esta ausencia permite que los nuevos se abalancen. Con un poco de esfuerzo podemos tomar ventaja de esta ventana de posibilidad para formar los hábitos que queramos. Esta sección explora tres estrategias que toman su poder de nuevos esfuerzos, nuevas circunstancias y nuevas ideas: Primeros pasos, Borrón y cuenta nueva y El rayo.

ES SUFICIENTE CON EMPEZAR
Primeros pasos

Lo que salva al hombre es dar un paso. Luego otro.
Siempre es el mismo paso, pero tienes que darlo.
ANTOINE DE SAINT-EXUPÉRY. *Viento, arena y estrellas*

Algunas estrategias para formar hábitos son obvias y conocidas (como Monitoreo o Agendar), pero otras me tomó más tiempo entenderlas. Mientras estudiaba los hábitos, poco a poco empecé a reconocer la vital importancia del tiempo para empezar.

El paso más importante es el *primero*. Todos los dichos tienen razón. Un buen comienzo es la mitad del camino. Nadie es perfecto, sigue intentando. Un viaje de miles de kilómetros empieza con un solo paso. Nada es más cansado que nunca empezar, y de manera extraña, *empezar* muchas veces es más difícil que *continuar*.

El primer paso es difícil. Cada acción tiene un costo de arranque: inscribirme en el gimnasio y ponerme la ropa deportiva puede ser más retador que ejercitarme. Es por eso que los buenos hábitos son una tremenda ayuda: vuelven automático el proceso de empezar.

Sin tener todavía un nombre para eso, de hecho, invoqué el poder de la estrategia de Primeros pasos cuando empecé a escribir este libro. Había pasado meses leyendo y tomando copiosas notas y tenía un documento gigante con mucho material revuelto acerca de los hábitos. Este periodo inicial de búsqueda, de investigación para un libro, siempre es emocionante, pero en algún momento tenía que empezar la meticulosa tarea del análisis y ponerme a escribir.

¿Cuál será el mejor día para empezar? Me pregunté. ¿El primer día de la semana, del mes, del año? ¿En mi cumpleaños? ¿Al inicio del año escolar? Luego me di cuenta de que estaba aplicando la lógica del mañana.

No. *Empieza ahora*. Estoy lista. Da el primer paso. Es suficiente con empezar. *Ahora* es un momento bastante impopular para dar el primer paso. ¿Acaso las cosas serán más fáciles en el futuro (por alguna razón no-muy-específica)? Imagino cómo será mañana: La Gretchen del futuro empezará de forma espontánea un hábito nuevo, no necesitará planes ni esfuerzos. Es muy placentero pensar en ese virtuoso *mañana*. Pero no hay una Gretchen del futuro… Sólo la del presente.

Una amiga me dijo cómo usaba su lógica del mañana: "Uso un tipo de pensamiento mágico para aplazar. Invento reglas cuestionables como 'No puedo empezar a trabajar a las 10:10, necesito empezar a la hora en punto' o 'Ya son las 4:00, es muy tarde para iniciar.' Pero la verdad es que debería sólo empezar." Es común escuchar a la gente decir: "Empezaré mi nuevo hábito después de las fiestas decembrinas / de acoplarme al trabajo / de que los niños crezcan un poquito más." O peor: "Cuando haya recuperado mi peso."

La lógica del mañana desperdicia tiempo. También nos permite negar que nuestras acciones están chocando con nuestras intenciones. Hay un valioso argumento de la Reina Blanca que nos dice: "Estoy comprometido a leer en voz alta a mis niños, y lo haré mañana, y mañana, y mañana… no sólo hoy."

La misma tendencia puede guiarnos a comprometer responsabilidades que tomarán su lugar en un futuro distante, pero algún día el futuro llegará y entonces estaremos atorados. Mi suegro tiene un hábito mental para corregir ese tipo de lógica del mañana. Me dijo: "Si me piden que haga algo: dar un discurso, atender un evento, siempre imagino qué va a pasar la siguiente semana. Me es más fácil aceptar hacer algo rápido, que seis meses nada. Luego el momento llega, y ni modo, ya había dicho que sí."

Cuando damos el primer paso hacia un nuevo hábito, la pregunta clave de la estrategia de Distinción es: "¿Prefiero dar pasos grandes o pequeños?"

Mucha gente tiene más éxito cuando mantiene sus pasos de inicio tan pequeños y manejables como le sea posible. Haciendo esto logran el hábito del hábito y el sentimiento de control. Empiezan su nueva rutina de yoga con tres posiciones, o empiezan a trabajar en un proyecto enorme de escritura haciendo sólo un enunciado por sesión.

Como un ejercicio *zealot*, estuve feliz cuando mi madre me dijo que estaba tratando de formarse el hábito de salir a caminar diario.

"Pero estoy muy atorada", me dijo.

"¿Qué tan lejos quieres ir?"

"Quiero darle dos vueltas al Loose Park", me contestó, "son como tres kilómetros".

"Intenta darle sólo *una* vuelta al parque", le sugerí. Y funcionó. Cuando empezó con algo más pequeño, fue capaz de formarse el hábito.

Pasos pequeños pueden ser muy útiles, en particular cuando estamos intentando hacer algo que parece agobiante. Si veo que puedo dar un primer paso en pequeño, descubriré que puedo continuar. Invoqué este principio cuando me estaba animando a entrar al *Scrivener*, un programa de *software* para escritores. El *Scrivener* me ayudaría a organizar mis enormes montañas de notas, pero le tenía miedo a empezar: instalar el *software,* sincronizarlo entre mi *laptop* y la computadora de escritorio, y lo más difícil de todo… aprender a usarlo.

Cada día me daba una nueva oportunidad para dejar la tarea hasta mañana. Mañana me sentiré bien para lidiar con eso. Hasta que finalmente pensé: "Empieza *ahora,* sólo da el primer paso." Comencé con el más pequeño posible, el cual era encontrar el sitio para comprar el *software. Ok,* puedo hacer eso. Y lo hice. Tenía mucho trabajo duro por hacer, pero empecé. (Un Secreto de adultos es: las cosas a menudo se vuelven más difíciles antes de hacerse más fáciles.) Al día siguiente, con un sentimiento más confiado y calmado, vi el vídeo tutorial. Luego creé mi documento. Y entonces empecé mi libro.

Sin embargo, algunas personas lo hacen mejor cuando se impulsan con más audacia. Un gran reto mantiene su interés y les ayuda a persistir. Un amigo estaba determinado a aprender francés, así que se mudó a Francia por seis meses.

En ese sentido, un *Inicio explosivo* puede ser una forma útil de dar el primer paso. El Inicio explosivo es lo opuesto a dar el primer paso pequeño, porque requiere un periodo de compromiso fuerte. Es demandante, pero su intensidad puede energizar un hábito. Por ejemplo, después de leer el libro *No Plot? No Problem!,* de Chris Baty, el cual explica cómo escribir una novela en un mes, escribí una novela en treinta días, como forma para provocar mi creatividad. Este tipo de tratamiento de choque no se puede mantener por siempre, pero es divertido y proporciona impulso al hábito. Un proyecto de veintiún días, una desintoxicación, una limpieza, un *boot camp* (rutina militar para bajar de peso), un objetivo ambicioso… Al enfrentar *más* en vez de *menos* durante un periodo determinado, obtengo una fuente de energía y concentración. (Sin mencionar el derecho a presumir.) En particular, me encanta el modelo de retiro. Tres veces he apartado unos días para trabajar en un libro desde que despierto, con descansos sólo para comidas y ejercicio. Estos periodos de intensidad ayudan a avivar mi hábito de escribir diario.

Sin embargo, el Inicio explosivo es por definición, insostenible por mucho tiempo. Es muy importante planear de manera específica cómo cambiaremos de la intensidad del Inicio explosivo al hábito que continuará de manera indefinida.

No hay una forma buena o mala, sólo lo que funciona.

He notado algo perverso en mí. Si me siento ansiosa sobre el hecho de que no he empezado, menos quiero empezar, y esto sólo aumenta mi estrés. Cuando me angustié porque no había enviado las invitaciones de cumpleaños de Eleonor, sentí una urgencia casi irresistible por postergarlo. Cuando me tardo demasiado en responder un *email*, termino dejándolo para otro día.

Esa es la angustia de posponer, y dar el primer paso es la forma de escapar. Si temo empezar una tarea, sólo hago un plan de inicio: escribir una lista-de-lo-que-debo-hacer, encontrar el *link* correcto (como lo hice para el *Scrivener*), buscar las instrucciones, etcétera. Esto me ayuda a empezar. El primer paso casi se siente como una trampa, porque de hecho, no estoy haciendo la tarea que estoy evitando. Pero darlo, hace que el segundo y el tercero sean mucho más fáciles, debido a que ya empecé.

En lo personal, me cuesta trabajo hacer llamadas telefónicas, excepto para hablarle a mi familia. Siempre aplazo las llamadas, lo que hace mi vida diaria más difícil.

Así que decidí adoptar un nuevo hábito: hacer la llamada hoy. En algún momento la tengo que hacer, y procrastinar sólo la vuelve peor. Así que anoto todas las llamadas que debo realizar, y tan pronto como es posible, las completo de un jalón. La llamada al oftalmólogo por los ojos secos de Eliza, la llamada a mi contadora, la llamada sobre la fuga de la tubería en mi oficina de la casa.

"Hacer la llamada hoy" me ayudó a empezar el hábito nuevo de donar con regularidad a las tiendas de segunda mano. Quiero mantener el departamento libre de desorden y he acumulado un gabinete lleno de cosas que ya no queremos desde hace tiempo. Vivo en una colonia con muchas tiendas de segunda, y desde que me mudé *hace siete años* había dicho que iba a preguntar cuál era la política de donaciones.

Como no sabía exactamente qué hacer, el montón de cosas siguió creciendo. De alguna manera, aun cuando sabía que era ridículo, me preocupaba que las tiendas se burlaran de mis donaciones, o me dijeran que estaba haciendo algo mal (angustia de Defensor). Pero sabía que si encontraba un lugar donde fuera fácil dejar las cosas, tipo ponerlas en un contenedor, lograría hacerme el hábito.

Nunca había sido capaz de empezar. *Ok,* comienza ahora, haz la llamada. Tenía el número de la tienda más cercana, a tres cuadras de mi casa y me preparé para descolgar el teléfono. Hablé con un señor muy agradable de la Fundación Artritis. Sí, aceptaban cintas VHS y zapatos, pero no libros.

Hacer esta llamada tuvo un efecto sorprendente en mí. De repente me imaginé dejando cosas en la tienda de segundas. ¿Y qué era lo peor que podían hacer? ¿Rechazar mi caja de cintas VHS? El siguiente domingo caminé las tres cuadras y deposité mi caja bajo el letrero de "Donaciones", que estaba en la parte de atrás de la tienda. ¡Listo!

Dar el primer paso es difícil, y cada primer paso requiere algún tipo de transición. Por ejemplo, los mayores ayudamos a los niños a manejar sus conversiones cuando les ponemos rutinas para dormir, recordadores para ordenar sus cosas, y advertencias de "¡cinco minutos más!" Pero los adultos a menudo queremos salir corriendo sin ningún esfuerzo de una actividad a la siguiente. Logré el hábito de escribir un *blog* diario, y aun así, cada día debo prepararme para empezar. Tener actividades muy seguidas unas de otras me hace sentir agobiada e irritable, y los hábitos de transición me ayudan a cambiar la velocidad con más calma.

Adoro mi transición matutina de la cama a la convivencia familiar. Siempre despierto temprano, incluso los fines de semana porque no me quiero perder estos momentos tan míos.

Cada quien tiene sus propios rituales de transición. Una amiga me dijo: "Dejo a mi hijo en la escuela, luego me compro un café y leo revistas de chismes de 9:15 a 10:00, entonces ya me pongo a trabajar." Otra explicó: "Cuando trabajaba en mi hábito de escribir diario, no pensaba en escribir. Pensaba en mi ritual pre-escritura. Me sentaba en la computadora, conectaba los audífonos y ponía mi música para trabajar. Por la segunda o tercera canción, ya ni siquiera escuchaba la música, era la clara señal de que el momento de escribir había llegado. La he escuchado 267 veces." Otro amigo dijo: "No puedo sólo asistir al gimnasio y ejercitarme. Hay una cafetería, así que llevo mi *laptop* y trabajo en mi tesis una hora o un poquito más. Después de eso, estoy listo para el ejercicio."

Jamie tiene su propio hábito de transición cuando llega a casa, después del trabajo. Primero da un beso de saludo a cada quien, luego desaparece alrededor de unos veinte minutos. Se cambia la ropa, envía la última ronda de *emails*, le echa una ojeada a alguna revista y luego está listo para unirse a la familia. Como yo siempre estoy ansiosa por tachar lo completado de mi lista de cosas por hacer, a menudo quiero abordarlo con asuntos de la agenda o pedirle que haga alguna tarea de la casa tan pronto como lo veo. Pensar en la importancia de las transiciones me hizo darme cuenta que debería respetar sus hábitos y guardar mis peticiones hasta que se haya instalado.

El esposo de una amiga tiene una transición más idiosincrática. Se sienta en un sofá que da a un librero empotrado en la pared y, con un brazo colgando por atrás del sillón, lo observa de manera fija. "Llama a esto 'contemplación del librero'", me dijo. "No está meditando ni nada, de hecho le puedo hablar mientras está haciendo esto. Pero siempre quiere sus quince minutos de contemplación cuando llega a casa."

Los hábitos regulares para el momento de ir a dormir pueden facilitar la retadora transición de estar despiertos a cerrar los ojos. También nos ayudan a dormir más rápido y profundo. Un amigo que trabaja en finanzas, viaja todo el tiempo y en definitiva no parece ser del tipo baño, necesita ducharse antes de irse a la cama, no importa lo tarde que sea.

Desearía que Jamie tuviera un hábito como ese, porque en verdad le cuesta trabajo quedarse dormido. Como soy una animadora de formar hábitos, le mencioné buenos hábitos de sueño como: "No veas la *tele* antes de dormir", "No revises tu *email* antes de ir a la cama, te deja todo alterado", "No te quedes viendo una pantalla brillante, la luz te pondrá más alerta", y "Deja abierta una ventana, porque enfriar el cuerpo ayuda a prepararte para el sueño." Ignoró todas mis sugerencias, excepto la de la ventana abierta.

Por fin pensé en dejar este asunto. Si Jamie no quiere cambiar sus hábitos, no puedo cambiarlos por él. Recordé una broma que me dijo un amigo psiquiatra: "¿Cuántos psiquiatras se necesitan para cambiar un foco?" "Sólo uno, pero el foco debe estar dispuesto al cambio." Mi foco no quiere cambiar.

Tengo un problemita en las noches. Para mí, y para mucha gente, la transición a menudo desencadena la urgencia para botanear o beber algo, y las opciones por lo general no son apio o té de manzanilla. Caí en la rutina de merodear por mi cocina por ahí de las 9:00 para buscar comida, porque aunque sabía que no tenía hambre, tenía antojo de un *snack*. La noche se siente incompleta sin eso. Pero no me gusta este hábito, así que decidí dejar de comer después de cenar.

Muchas veces he escuchado que lavar los dientes después de cenar quita el botaneo nocturno. Dudaba que fuera a hacer alguna diferencia, pero decidí intentarlo. En vez de cepillarme justo antes de irme a la cama, empecé a hacerlo después de dormir a Eleonor, alrededor de las 8:30.

Para mi asombro, esta simple acción tuvo gran efectividad. Mis ganas de comer golosinas, *snacks*, botanas o cualquier otra cosa, desaparecieron después de lavarme los dientes porque pensé: "No más comida por hoy." Este pensamiento, aunado a la sensación de limpieza en mi boca, ayudó a quitar la comida de mi noche. Además, muchos años de cepillado nocturno me hicieron conectar la experiencia de la pasta de dientes con el momento de dormir.

Al examinar estos momentos de transición, podemos hacer pequeños cambios que producen grandes beneficios.

Pongo mucha atención al empezar, y también al terminar. Dar el primer paso es importante y a menudo tan difícil, que intento no faltar a mis pasos una vez que inicié. Pero cualquier cambio puede provocar que paremos: mal clima, un viaje de trabajo, las vacaciones, enfermedades, un nuevo jefe, un bebé, un cambio en la agenda de los niños, una casa nueva, el que alguien más se detenga (un compañero que ya no pueda ir a comer con nosotros). Si me detengo, tengo que dar el primer paso otra vez, y puede que ya no lo haga.

Parar un impulso, genera culpa, nos hace sentir mal por perder terreno y, lo peor de todo, rompe el hábito, así que debemos regresar a tomar decisiones, lo cual demanda energía y a menudo resulta mal.

Detenerse es un problema particular con el hábito del ejercicio. Por esta razón mi instructor de yoga no deja que la gente pare. Da muchas clases privadas y varios de sus clientes salen de la ciudad en verano. "Los alumnos me dicen: 'Suspenderé en verano, pero te llamo cuando regrese en septiembre.' Y yo les contesto: 'No, no te detengas. Estoy cancelando algunas citas, pero tú todavía estás en mi agenda y te veré normal, el 4 de septiembre. Si no quieres hacerlo ese día, reagendaremos ¿ok?'"

"¿Así no sienten que están truncando su actividad?" Le pregunté.

"Exacto. Si paran, tal vez no vuelvan a empezar, pero de esta forma nunca 'se detienen'."

En la misma línea, cuando Lori, mi entrenadora del gimnasio se fue, sin dudar me cambié con otro entrenador. Pero muchos de mis amigos también estaban con ella, y descubrí que para varios su partida fue un "punto para detenerse." Una y otra vez escuchaba: "Es que no puedo entrenar con nadie que no sea Lori." Y noté que este sentimiento parecía más fuerte entre la gente que era más reacia a visitar el gimnasio.

Una amiga me dijo: "No quiero ir si Lori ya no está. De todos modos me gustaría hacer algún tipo diferente de ejercicio, sólo para cambiar. Estoy buscando algo más."

Ahora, a esta amiga la conozco *muy bien*, lo suficiente para estar escéptica ante su plan. Esquiará, jugará tenis, andará en bicicleta y nadará, pero odia el ejercicio "regular". Aun así, había logrado formarse el hábito de un entrenamiento de fuerza.

"¿Vas a encontrar un ejercicio que te guste más que éste, una vez a la semana por veinte minutos, sin ducha, ni música, ni espejos? ¿Cómo cuál?" Presioné. "Me parece una mala idea dejar este hábito antes de haber empezado con algo más."

La vi varias semanas después. "¿Qué hiciste con el entrenamiento de fuerza?" Le pregunté.

"Oh, tenías razón", me dijo con un suspiro. "Tengo que encontrar algo nuevo antes de dejar esto. Aunque estoy trabajando con un nuevo entrenador y está bien."

El hecho es que mientras algunos hábitos son casi irrompibles, otros permanecen frágiles, aún a través de los años. Debemos protegernos y vigilar contra cualquier cosa que pueda debilitar un hábito valioso. Cada eslabón agregado a la cadena fortalece el hábito, y cada ruptura en esa misma cadena, marca un potencial punto para detenerse.

Para mucha gente, el no-romper-la-cadena es una poderosa estrategia. Por la misma razón algunos quieren ganar el premio de asistencia en la escuela. Es muy satisfactorio tener un récord perfecto. El comediante Jerry Seinfeld aconsejó[77] al esperanzado Brad Isaac que (como el escribir diario es la clave para producir mejores bromas) comprara un calendario con una caja, y todos los días después de escribir, tachara el día con una gran X roja. "Después de algunos días tendrás una cadena", explicó Seinfield. "Te gustará ver esa cadena, en especial cuando ya tengas varias semanas logradas. Después, tu único trabajo será no romper la cadena."

Un amigo me dijo: "Tenía el mal hábito de faltar a las tres reuniones semanales del *staff*. La mayoría de las juntas me son irrelevantes, pero a veces me perdía algún punto importante. Después de una situación mala en particular, me hice una regla: No vuelvo a faltar a una junta del *staff*. Ahora quiero mantener mi récord perfecto."

Para los Defensores, este enfoque de cadena es muy satisfactorio porque adoran tachar o palomear en una lista de cosas-por-hacer. A los Interrogadores les parecerá útil, siempre y cuando sea lo que están buscando, si no, ni se molestarán en usarlo. Los Rebeldes de plano rechazan la noción de cadena, y justo la palabra "cadena" explica por qué. Ellos quieren escoger una acción cada vez y por lo general no se atan ellos mismos. Para algunos Complacientes, el enfoque de cadena es útil si desarrollan un sentimiento de responsabilidad con la cadena en sí. Ellos quizá necesiten una forma extra de responsabilidad para empezar la cadena, pero una vez que está en camino, a menudo continuarán hasta terminar por un sentimiento de obligación.

No importa cuál sea nuestra Tendencia, cuando nos enfrentamos a un inevitable punto para detenernos (como un viaje largo o vacaciones de verano) es bastante útil comprometer un día específico para regresar al hábito, como lo solicitaba mi instructor de yoga. Algo que puede ser hecho en *cualquier* momento, a menudo *nunca* ocurre, y esperar de forma vaga para el momento correcto de empezar otra vez es muy riesgoso. Comenzar *mañana,* casi siempre suena como un buen plan. Pero entre más mañanas pasan, más intimidante se vuelve dar ese primer paso de regreso.

Otra razón para evitar suspender un buen hábito es que, tristemente, empezar *otra vez,* muchas ocasiones es más difícil que empezar la *primera vez.* Es natural pensar "Ay, ya lo hacía antes, será fácil hacerlo otra vez", pero a menudo es mucho más difícil volver a comenzar. Dar el primer paso la primera vez puede ser complicado, pero también tiene una energía especial y un optimismo que disparan un hábito nuevo. Cuando intentamos inyectar la misma energía para recomenzar un hábito, no funciona muy bien. La novedad se me ha pasado, he recordado todas las razones por las que me chocaba este hábito, y esto es desalentador.

Un amigo me dijo: "Dejé de tomar un mes y en verdad disfruté el reto. Cuando el tiempo se terminó, empecé a tomar otra vez, como lo había planeado. Después de un tiempo, pensé que sería bueno dejarlo otra vez. Esperaba que fuera fácil porque había sido fácil la primera vez, pero no lo pude hacer. No fue lo mismo."

"Por tiempo indefinido", o peor aún "para siempre", es justo donde el cambiar un hábito se vuelve intimidante. A menudo, con nuestros buenos hábitos, *no hay línea final.* Podemos imaginarnos dando los primeros pasos, pero el prospecto de nunca parar llega a ser agobiante. ¿Voy a meditar *para siempre?*

Una cosa es resistir una mayor tentación, o hacer un esfuerzo corto y heroico durante un Inicio explosivo, incluso entrenar para un maratón o dejar el chocolate por un año, y otra cosa es caminar arduamente con un buen hábito *para siempre*. Esto se puede sentir demasiado demandante. Requiere una sumisión, una aceptación de la manera en que debemos vivir para permanecer en nuestros propios valores.

Persistir en un hábito puede ser particularmente duro cuando no produce buenos y llamativos resultados. Mientras está la satisfacción de saber que estoy haciendo lo que es bueno para mí y llevar a cabo mis intenciones, rara vez logro gloriosos resultados. Sin embargo, he descubierto que si puedo aguantar este periodo de sequía, el hábito en verdad se probará por sí mismo y se encargará de hacer mi vida mejor que antes.

Había estado preguntándome si debería dejar la meditación, porque a veces me parece que no tiene sentido. Luego, por primera vez, pareció como si hiciera una diferencia. Una noche estaba rumiando varios momentos desagradables de mi día, y mientras más tiempo estaba despierta, más enojada me ponía pensando en cuánto sueño estaba perdiendo. Luego visualicé la imagen más útil de mi meditación, la nieve cayendo en la fuente Bethesda del Central Park. En cierto modo funcionó. Así que decidí seguir con este hábito, al menos por ahora. O más bien, decidí no tomar una decisión sobre eso.

Los hábitos son el comportamiento que quiero seguir para siempre, sin decisiones, sin debates, sin suspensiones, sin líneas finales. Pensar en *para siempre* puede ser intimidante, es por eso que el concepto de un-día-a-la-vez ayuda a mucha gente a permanecer unida a sus buenos hábitos. Un amigo me contó: "Siempre me digo: 'Recuerda, esto que vas a comer ahora no tiene que ser para toda la vida, sólo es por ahora.' Esto me ayuda a continuar. Un día a la vez, incluso si planeo comer de esta forma para siempre."

Otra vez, aquí es donde decidir-no-decidir viene al resca-
te. No reconsidero mis hábitos. Sólo pienso: "Esto es lo que
voy a hacer hoy." Confío en el hábito. Doy el primer paso una
vez, y otra vez, y otra vez, y otra vez…

LO TEMPORAL SE VUELVE PERMANENTE
Borrón y cuenta nueva

Pues no existe criatura cuyo ser interior sea tan fuerte que no esté
determinado en gran parte por lo que encuentra en el exterior.
GEORGE ELLIOT, *Middlemarch: un estudio de la vida en provincias*

Cualquier inicio es un momento de poder especial para crear
un hábito. Y algunas veces experimentamos un borrón y cuenta nueva, donde las circunstancias cambian de manera que un
nuevo comienzo es posible, si estamos alertas a la oportunidad.

Mucha gente usa a propósito el año nuevo o su cumpleaños como un borrón y cuenta nueva, pero puede tomar muchas formas. La cuenta se puede borrar por un cambio en las
relaciones personales: matrimonio, divorcio, un nuevo bebé,
una mascota, un rompimiento, un amigo reciente, una muerte.
También por cambios en nuestro entorno: un departamento
distinto, una ciudad diferente, incluso un reacomodo de muebles. O algún aspecto de la vida puede cambiar: nuevo trabajo,
escuela, doctor. Una amiga abogada me dijo: "Como madre
soltera, siempre he sentido el deber de incrementar mis ingre-
sos. El año pasado, mi hijo se graduó y me di cuenta de que había pagado la última colegiatura. Ya creció. ¿Ahora para qué
voy a trabajar? Fue como si todo un mundo de posibilidades

nuevas se abriera ante mí." A veces un gran cambio lleva a un borrón y cuenta nueva, pero incluso uno pequeño puede ser suficiente, por ejemplo, tomar una ruta diferente al trabajo o ver la televisión en otro cuarto.

Incluso los cambios no muy felices pueden generar un nuevo comienzo. Una lectora posteó en mi *blog*: "Mi esposo murió en noviembre. Siempre he sido introvertida, y aunque amaba a la gente, socializar me parecía agotador. Pero con la pérdida de mi esposo, me empecé a preocupar por la depresión y la soledad, así que hice una *tonelada* de planes sociales. Sabía que los demás entenderían si cancelaba y pensé que tener montones de personas a mi alrededor sería inteligente. Seis meses después, todavía hago planes para hacer algo social casi diario. Es un cambio sorprendente y en verdad me está funcionando."

¿Otro aspecto de la estrategia de Borrón y cuenta nueva? Hay una magia para el inicio de cualquier cosa. Queremos empezar bien, y un buen comienzo se siente favorable. En cualquier momento que esté trabajando en un hábito, me aseguro de seguirlo en lunes, porque si empiezo mi semana sintiéndome controlada y virtuosa, es más probable que mantenga ese buen hábito.

Podemos dar pasos para elevar el sentimiento de posibilidad, de novedad, el lujo de la nieve sin huellas o un nuevo cartón de huevos, están al alcance por el borrón y cuenta nueva. Una persona puede empezar un hábito importante en un lugar que sea muy hermoso, como un hotel maravilloso o la playa al atardecer; otra puede hacer un gesto extravagante como romper una televisión a martillazos o cortar las tarjetas de crédito; otra puede transformar su casa u oficina al pintar las paredes y comprar muebles nuevos. Platiqué con una mujer que aplicaba esta estrategia en año nuevo ¡pero de forma literal! Sacaba y tiraba todo lo del refrigerador, hasta la mostaza y los pepinillos. Como Hipocompradora, casi me da el ataque, pero cuando le pedí que me explicara, todo lo que pudo decir fue: "Quiero comenzar con todo nuevo."

Sin embargo, los momentos de borrón y cuenta nueva son fáciles de ignorar y muchas veces, no reconocemos que un nuevo comienzo está desencadenando un cambio de hábito. Como somos criaturas habituales, la primera marca en la cuenta a menudo resulta imborrable. Debemos empezar en la forma en que queremos continuar.

En los primeros días después de que nos mudamos al nuevo departamento, empecé mi trabajo diario con una hora de *email* y redes sociales y ¡*bum*! Este hábito se guardó en mi día con una fuerza increíble. No importa si es, o no, el mejor hábito del mundo, ahora sería incapaz de cambiarlo sin un esfuerzo sobrehumano. En la universidad, donde me sentaba el primer día de clases, determinaba dónde me sentaría el resto del semestre. Ahora pongo mucha atención a las primeras veces que hago algo porque sé que estas decisiones formarán las bases de mis hábitos; desviarse de ellas se sentirá como una carencia o una imposición.

La estrategia de Borrón y cuenta nueva puede ayudarnos a lanzar un nuevo hábito con menos esfuerzo. Durante la escuela de leyes, decía que era imposible despertar e ir al gimnasio. Pero de forma inconsciente, cuando empecé con mi trabajo administrativo, lo convertí en parte de mi vida diaria. Desde mi primer día laboral fui al gimnasio antes de la oficina. No fue fácil, incluso con la estrategia, pero si esperaba un mes, o aunque fuera una semana, para empezar esta rutina, hubiera sido mucho más pesada. Seguro habría pensado: ¿De verdad podré levantarme más temprano, hacer ejercicio, bañarme lejos de casa, vestirme en el gimnasio, y caminar diez cuadras hasta la cámara de jueces, antes de las 9:00?

Una amiga *workaholic* me dijo que estaba empezando un trabajo nuevo y quería laborar un horario más razonable que el que tenía en su antiguo empleo.

"Usa la estrategia de Borrón y cuenta nueva", le sugerí. "Decide cuándo crees que deberías dejar la oficina y empieza el hábito de salirte a esa hora cada noche la primer semana. Esto hará que tus hábitos mejoren."

"Irme a las 6:30 o 7:00 suena bien para mí, pero pienso que me gustaría quedarme más tarde durante la primera semana, para acoplarme."

"¿No crees que es más probable que continúes como empezaste?" Puntualicé. "Decide qué quieres y disciplínate a caminar a la puerta a esa hora, desde el primer día. No será *más fácil* irte, ni vas a tener *menos* trabajo dentro de seis meses, que el que hiciste en tu primer día."

Sé lo complicado que puede ser engancharse a un hábito, y mi amiga todavía tenía en mente el de salir a las 9:00. Pero si ella no usa el Borrón y cuenta nueva para empezar otra vez, será poco probable que cambie.

Un Secreto de adultos es: "Cuando creemos que algo será temporal, a menudo se vuelve permanente… y viceversa."

Es una pena no explotar el poder de la estrategia de Borrón y cuenta nueva cuando se presenta sola. Por ejemplo, las *mudanzas* producen mucha agitación en nuestros hábitos acostumbrados y el cambio se vuelve mucho más fácil. En un estudio de personas que intentaban hacer una transformación, como cambiar de carrera, de relación, comportamientos adictivos o incluir una dieta más sana, 36 por ciento de los que lo lograron[78] estuvieron asociados con moverse a un lugar nuevo. Otro estudio descubrió que si un estudiante quiere ver menos televisión y hacer más ejercicio, cambia con más facilidad después de inscribirse en una universidad distinta. Un lector de mi *blog* comentó: "Mi familia está por comprar una casa nueva. En las mudanzas anteriores he cometido el error de pensar que esto cambiará mágicamente mis antiguos hábitos de desorden sólo porque viviré en un lugar diferente y comenzaré de nuevo. El problema es que no entendía con exactitud qué era lo que me permitía acumular tanto desastre, y no tenía un plan para prevenirlo. Esta vez, todos estamos tratando de prepararnos. Primero limpiando todo y segundo planeando con anticipación los nuevos hábitos, para evitar caer en las mismas trampas de siempre."

Incluso una mudanza temporal o un viaje puede servir para el Borrón y cuenta nueva. Mi padre me dijo: "Dejar de fumar es la cosa más difícil que he hecho. Pero justo después de dejarlo fui a un viaje de negocios a Micronesia durante diez semanas, y eso lo hizo más fácil." Todos sus viejos hábitos fueron interrumpidos y la oleada de nuevas impresiones le ayudó a mantener el pensamiento de los cigarros a raya.

Como le expliqué a mi amiga *workaholic*, el Borrón y cuenta nueva en un trabajo reciente es un buen momento para reforzar un nuevo hábito. Un chico me dijo cómo cambió su hábito de *email*: "Por años, me he ahogado en el *email*. Me cambié de trabajo. Ahora, desde que tengo la nueva dirección, me he obligado cada noche a dejar la bandeja de entrada vacía.

Contesto, borro o archivo, *cada uno* de los *emails* del día. Nunca pude lograr esto con los correos de mi antiguo trabajo", explicó, "pero podía empezar de nuevo."

Algunas veces nos toma por sorpresa. Por ejemplo, mi madre siempre había tenido una fuerte afición a los dulces. Hace algunos años se enfermó muy feo del estómago, al final, cuando se recuperó, descubrió que había perdido su antojo. Habría sido muy fácil regresar a su antiguo hábito, pero por fortuna, se dio cuenta de que era una nueva oportunidad y aunque su afición regresó, ha evitado comer dulces desde entonces.

Mientras esta estrategia ofrece oportunidades tremendas para formar nuevos hábitos, puede perturbar los que ya estaban si elimina una señal útil o rompe una rutina positiva. Las rutinas son cadenas de hábitos, y basta con que un eslabón de apariencia insignificante se debilite, para romperla por completo. Por ejemplo, la investigación muestra que la gente es más propensa a alterar sus hábitos de compras, a menudo sin notarlo, cuando experimentan un gran cambio en la vida, como casarse, divorciarse, cambiar de carrera, unirse a alguien o dejar la casa. Los hábitos alimenticios también pueden transformarse en momentos de transición importante. Matrimonio y divorcio pueden afectar el peso de la gente,[79] es especial después de los treinta años: para las mujeres el riesgo de ganar mucho peso viene después del matrimonio, para los hombres después del divorcio. Un lector de mi *blog* escribió: "Siempre había hecho ejercicio con regularidad, pero cuando mi hijo empezó a tomar el autobús a la escuela, me detuve. ¿Por qué? Porque mi rutina era dejarlo en la escuela, luego me iba directo al gimnasio. Era un hábito arraigado. Cuando dejó de tomar el autobús, el detonante ya se había ido." Alguien más escribió:

"Somos una familia de militares, así que nos mudamos cada determinados años. Esto significa que debo ser muy cuidadosa al adherirme a mis buenos hábitos, incluso cuando todo parece cambiar a mi alrededor. Es muy complicado."

Puede ser muy difícil reconocer cuando el cambio amenaza con borrar todo e iniciar una cuenta, otra razón por lo que el Monitoreo es útil. Cuando supervisamos, de inmediato notamos si un buen hábito se ha interrumpido.

Estudiar el poder de esta estrategia me hizo querer emplearla para mi beneficio. ¿Pero cómo? Ningún aspecto importante de mi vida parecía cambiar pronto, o si lo hacía, tal vez sería para empeorar. No había anticipado tener un borrón y cuenta nueva en mi familia, trabajo, departamento o colonia. Quería pensar en una forma de empezar algo nuevo.

Hace ocho años, comencé con mi *blog*. El cambio que provocó fue súper satisfactorio. Como decidí postear seis veces a la semana, el *blog* tuvo un efecto tremendo en mis hábitos diarios. Me comprometí a aprender los mecanismos para hacerlo, tuve que escribir y publicar una entrada nueva cada día; fue necesario adoptar el hábito de contactar a otras personas; y aprendí a hacer videos porque subo uno cada semana. Conocí gente nueva, aprendí diferentes herramientas e incrementé la cantidad de escritura diaria.

Ese borrón y cuenta nueva fue maravilloso. ¿Pero que podía hacer ahora? Una idea: tener un perro. Jamie y mis hijas amarían adoptar un perrito. Además, la gente obtiene mucha felicidad de estos animales, y tienden a mejorar sus buenos hábitos. Pero no puedo ni cuidar una planta. En estos días, a la locura de mi vida, no quiero agregarle la responsabilidad, el compromiso, ni el tiempo que requiere una mascota (además no me engañaré, seguro todas las tareas molestas del animal caerían sobre mí). Así que no. Perro no.

¿Y si me uno a otro grupo? Hacer esto significa un borrón y cuenta nueva en las relaciones. Es una forma de entrar a una escena social y, a menudo, a un área de aprendizaje. Cada vez que me uno a un grupo hago nuevos amigos, obtengo conocimiento y me divierto. Pero, otra vez, estoy presionada por el tiempo. He alcanzado mi límite de actividades extracurriculares, si es que quiero tiempo suficiente para mi familia y mi trabajo.

Mis oportunidades para usar esta estrategia parecían limitadas, pero tal vez sólo era presa de la inercia y me faltaba imaginación. Seguro podía encontrar una forma de lograr un nuevo inicio.

Al final, no pude pensar en un dramático borrón y cuenta nueva, así que decidí intentar con algo simple (muy simple) para invocar este poder. Limpié y acomodé la habitación de Eleanor y saqué muchos juguetes que ya había dejado. Aunque me sentí nostálgica cuando empaqué la granja de Fisher-Price y el castillo de Mi pequeño Pony (tomé fotos para ayudarnos a recordarlos), descubrí que el montón de cajas que saqué me dieron un disparo de ánimo y energía. Si mantenía los ojos bien abiertos, seguro encontraría alguna otra oportunidad para empezar algo nuevo.

REFERENCIA INDIVIDUAL
El Rayo

La conducta de nuestras vidas es el verdadero reflejo
de nuestros pensamientos.

MICHEL DE MONTAIGNE, *"La educación de los hijos"*

Un Borrón y cuenta nueva puede hacer cambios rápidos y profundos en nuestros hábitos, para bien y para mal. Pero descubrí otra forma inesperada de lograr un cambio abrupto cuando lo experimenté en mí. No me mudé de ciudad, ni empecé un nuevo trabajo, ni adopté una mascota. Ninguna de mis circunstancias externas cambiaron. Todo lo que hice fue leer un libro, y esta acción desató una enorme fuerza: la estrategia del Rayo.

Las discusiones sobre cambios de hábitos casi siempre enfatizan la importancia de repetir una acción una y otra vez hasta que se vuelve automático, y tales repeticiones, de hecho, ayudan a formarlos. Pero, también es cierto que algunas veces nos toca un rayo[80] que transforma nuestros hábitos de forma instantánea. Encontramos una nueva idea, y de repente un nuevo hábito remplaza a uno de largo tiempo (sin preparación, sin pasos pequeños, sin dudas) y pasamos del *antes* al *después* en un instante. La estrategia del rayo toma su poder del conocimiento, creencias e ideas.

Este método es muy efectivo, pero por desgracia, es casi imposible de invocar o solicitar. A diferencia de las otras estrategias, ésta no se puede decidir; *es algo que nos pasa.* En un instante dejamos de ser groseros, nos volvemos vegetarianos, nos convertimos en creyentes, abandonamos el alcohol o dejamos de usar bolsas de plástico.

Hay situaciones parteaguas en la vida, por ejemplo, un matrimonio, un diagnóstico, la muerte de alguien, un aniversario, *tocar fondo,* una crisis de edad, hacer un viaje largo solo, etcétera. Estos eventos liberan un Rayo, porque somos golpeados con alguna idea nueva que nos sacude y nos hace cambiar.

Conozco a un doctor que atiende a muchos pacientes con problemas de drogas, alcohol, nicotina, comida basura y malas relaciones. Me dijo: "Hay una cosa que a veces permite cambiar los hábitos de la noche a la mañana. Tal vez lo han intentado por años, pero de repente esto pasa y ¡zaz! Está hecho. Sin problema.

"¿Qué?" Pregunté.

"Ah, tú lo sabes, lo has vivido dos veces, piénsalo." Me dijo en tono burlón.

"No tengo idea."

"El embarazo", contestó. "Una y otra vez, he visto a mujeres descubrir que están embarazadas, y cambian. No siempre, pero muchas veces sí. La idea de que ahora son madres y que la salud de su bebé depende de sus acciones, lo hace posible."

Pero mientras un gran evento jala el gatillo para que aparezca el Rayo, algunas veces es algo pequeño, como el pasaje de un libro, la escena de una película, hasta el comentario casual de algún extraño. Un amigo me contó que había roto con su novia y dejado la heroína que ambos habían usado durante años, cuando alguien le dijo: "Actúas como si ella fuera la inteligente de ustedes, la guapa, la buena onda. Pero no es ella, eres *tú.*"

"¿Pero cómo fue que una simple observación desató tal transformación?" Le pregunté muy asombrada.

"No estoy muy seguro", me contestó. "Es sólo que supe que tenía razón. Era tiempo de cambiar." De forma escalofriante el dicho Zen es cierto: "Cuando el estudiante está listo, el maestro aparece."

Una amiga que bajó dieciocho kilos me dijo: "El peso había sido una batalla constante en mi vida. Estaba haciendo ejercicio con un entrenador que me presionaba muy fuerte, me rompí los ligamentos de las dos rodillas, era un dolor indescriptible. Cuando le pregunté al doctor '¿Qué puedo hacer con esto?' Me contestó: 'Bueno, bajar de peso ayudaría.' De repente me cayó el veinte. El dolor será peor, no estaré bien hasta que cambie."

Un conocimiento nuevo puede inspirar un cambio súbito. Una amiga siempre llevaba tarde a su hijo a sus actividades deportivas hasta que le dijo: "Siempre me dejas tarde porque no te afecta, pero siempre me recoges a tiempo porque te da pena ser la última mamá que llega." Nunca volvió a llevarlo tarde. También un incidente pequeño puede ser el detonante para una transformación. Por ejemplo, una amiga se puso en forma después de que no pudo jugar futbol en la reunión de los veinticinco años de su generación.

El tipo de transformación más sorprendente del Rayo es cuando aparece sin tormenta, de la nada, hasta parece que falta una razón, una causa perceptible. Una amiga que por años fumó dos cajetillas de cigarro diarias, dejó de fumar de forma instantánea. Una noche, en el camino a una cena, sacó un cigarro del paquete y pensó: "¿Por qué estoy haciendo esto? Es tiempo de dejarlo." Aventó la cajetilla a la basura y nunca volvió a fumar. El malestar físico de la abstinencia le duró tres meses, pero no titubeó. "Es que ya no quería fumar", me dijo. No lo había planeado, no había considerado dejarlo de forma consciente, nada… Sólo la alcanzó un Rayo.

Un lector posteó sobre un cambio más modesto: "Le tenía temor a la cita con el dentista porque sabía que me iba a preguntar qué tan seguido uso hilo dental. De pronto se me ocurrió que justo podría usarlo diario y entonces la pregunta nunca me volvería a angustiar. A veces me pregunto por qué de repente la solución se hizo tan obvia y fácil."

Como la estrategia del Rayo rompe con la idea de que los hábitos son más duraderos cuando se adquieren de forma gradual, algunas personas los ignoran o subestiman. Pero si te toca, el Rayo puede ser súper poderoso, así que deberíamos estar al pendiente y sacar ventaja de su transformación instantánea y sin esfuerzo cuando sea que lo sintamos trabajando en nuestra mente.

Experimenté un Rayo cuando una nueva idea sobre comida anuló mis creencias existentes. Empecé nuevos y radicales hábitos por un deseo repentino, y desde que comencé, no me he detenido.

No esperaba hacer este cambio. Cuando empacaba para unas vacaciones familiares a la playa, encontré el libro de Gary Taubes,[81] titulado *Cómo engordamos y qué hacer al respecto*. La verdad no estaba interesada en leer un libro para bajar de peso. Mientras tuviera cuidado con lo que escogía para comer, me sentía bastante cómoda. Sin embargo, el título me intrigó, y cuando hojeé las páginas del libro, noté que contenía una extensa discusión sobre insulina. Este tema me ha interesado desde antes de que a Elizabeth le diagnosticaran diabetes.

Leí todo el libro en dos días, y me golpeó con la fuerza de un Rayo. El libro de Taubes me hizo una argumentación convincente de "por qué estoy gorda", basada en los hechos ampliamente aceptados de: cómo trabaja el cuerpo, observaciones de grandes poblaciones y una revisión a través de las investigaciones científicas. Se concentraba sobre todo en los efectos de la insulina. Esta hormona es el principal regulador del azúcar en la sangre, así como del uso y almacenamiento de la grasa. No hay duda ni debate sobre los hechos básicos: un nivel alto de insulina causa que el cuerpo mueva la glucosa a las células grasas para guardarla. Esto significa que el cuerpo acumulará grasa; un nivel bajo de insulina hace que la glucosa se queme como combustible. ¿Y qué genera que los niveles de insulina estén altos o bajos? La mayoría de las veces, la dieta. Una persona, entre más carbohidratos coma, y más fácil metabolice estos carbohidratos, tendrá más insulina en la sangre y acumulará más grasa.

Por eso, aquí es donde empieza la controversia, Taubes argumenta que para bajar la insulina[82] y la tendencia del cuerpo a acumular grasa, debemos evitar comer carbohidratos de fácil digestión como: azúcar, pan, cereal, granos, pasta, papas, arroz, maíz, jugo, cerveza, vino y refresco, entre otros. Sostiene que la cantidad y calidad de carbohidratos,[83] sin calorías, ni ejercicio, es la principal explicación de por qué engordamos.

La profunda investigación y las conclusiones argumentadas con mucho cuidado me sacudieron. Desde la preparatoria había intentado comer de forma sana. Casi no comía alimentos con azúcar y era muy raro cuando bebía alcohol. La avena era una de mis comidas esenciales, junto con una delgada rebanada de pan de trigo entero, fruta, arroz integral y cereal con leche descremada. Por años me hice el *hobby* de comer una versión sin grasa de todo: yogurt sin grasa, leche descremada, claras de huevo, hamburguesas de pavo. Casi nunca comía queso o carnes rojas.

No planeaba alterar la forma en que comía, pero leyendo *Cómo engordamos y qué hacer al respecto* me cayó un Rayo y me cambió. Empecé a ver mi comida básica de una forma por completo diferente. Los granos enteros son carbohidratos. La carne está bien.[84] La grasa dietética, sea saturada o insaturada, no causa obesidad ni enfermedades del corazón. Prácticamente toda la comida procesada estaba llena de carbohidratos. Bajé el libro y, de la noche a la mañana, cambié por completo mi enfoque.

Las vacaciones eran un lugar excelente para comenzar. Porque estábamos en el hotel, no necesitábamos comprar o cocinar diferentes comidas; sólo ordenar cosas distintas en el menú. Con una inquietud considerable, esa primera mañana, en vez de pedir mi usual desayuno de cereal integral, leche descremada y ensalada de fruta… comí huevos revueltos y tocino.

Las siguientes semanas seguí comiendo alimentos por completo diferentes a los que estaba acostumbrada, y el efecto fue dramático. Comía más calorías que las que había comido en años, nunca tenía hambre entre comidas (lo que antes era un verdadero problema), y los kilos empezaron a bajar hasta que me establecí en el rango más bajo dentro de mi peso saludable. Estaba convencida.

Tenía la pasión de una nueva creencia. Me inspiré para tratar de persuadir a otros. Mi padre fue el primero en transformar sus hábitos de verdad. Para él, comer de forma sana es un asunto muy importante. Anda por los setenta años y siempre está tratando de perder peso. Por años ha tomado estatinas y medicamentos para la presión arterial. Está muy concentrado en la salud de su corazón porque su abuelo murió a los sesenta y cuatro, y su padre a los cincuenta y siete, ambos de un ataque al corazón.

Para mí, un Rayo desencadenó los cambios en mis hábitos alimenticios, pero cuando mi padre cambió los suyos, no fue por lo mismo (aunque estoy segura de que estaba impresionado por la transformación tan abrupta que presenté), sino por la atracción de su naturaleza Interrogadora a esta exposición de nuevos argumentos y datos. Le dije que leyera *Cómo engordamos y qué hacer al respecto*, y *Good Calories, Bad Calories*, para que se convenciera por completo con la investigación. En vez de hacer un dramático cambio de la noche a la mañana, como el mío, empezó por hacer sustituciones sencillas: comer una guarnición de vegetales en vez de papas, pedir filete en vez de pasta, y así siguió. Al obtener buenos resultados se convenció de la validez de este enfoque, y con el tiempo empezó a seguirlo con más rigor.

Varias semanas después de que leyó el libro, hablé con él y me dio su reporte: "Poco a poco me voy acercando a los noventa kilos, y mi peso sigue bajando de forma lenta, pero ahí va. Podría comer de esta forma para siempre."

"¡Pero sigue tomando vino!" Agregó mi madre, quien también estaba en el teléfono.

"Sí, será la última cosa en desaparecer", dijo animoso. "Pero aun así estoy viendo un buen resultado."

"Recuerda: progresos, no perfección." Le dije, y agregué: "Incluso si a veces haces excepciones, estás comiendo mejor que antes."

Mi padre leyó el libro y aceptó su enfoque con mucho entusiasmo, pero la mayoría de la gente fue escéptica. Un amigo en particular pensó que me había vuelto loca y me hizo un interrogatorio enorme.

"¿Ya no comes *fruta*?", me preguntó. (He aprendido que el hecho de no comer fruta hace que la gente crea que estoy loca.)

"A veces como bayas, por ejemplo: moras, cerezas, arándanos, fresas y zarzamoras." Le contesté. "Mira, sé que suena raro, pero en realidad no se siente así."

Estoy consciente de que es muy extraño, pero es la verdad. Leí un libro, y de repente, sin esfuerzo, empecé a comer de manera distinta. Es como si todos los otros alimentos ya no fueran comestibles. Como si me hubiera vuelto intolerante a los carbohidratos. Ése es el poder del Rayo. La gente le agrega preocupaciones ambientales y humanas al hecho de comer carne, pero yo sólo me concentro en el aspecto de la nutrición y la salud.

Además, el hábito se autofortalece. Esto casi siempre pasa con los hábitos. Una vez que dejé de comer carbohidratos, perdí mi gusto por ellos. No sé si sea cierto que en la actualidad la gente se vuelve "adicta" al azúcar o al trigo, pero lo que sí sé es que entre más consumía cosas como panes, cereales y dulces, más quería seguirlos comiendo. Ahora ya ni los pienso.

"Entonces, ¿cuándo volverás a comer normal?" Preguntó mi amigo.

"Esto es comer normal."

Movió la cabeza. No tenía ni el más mínimo interés en darle a este enfoque una oportunidad.

Después de adoptar mis nuevos hábitos alimenticios, visité a un escritor. Fui a ver a mi querido y divertido amigo A. J. Jacobs en una lectura de su libro *Drop Dead Healty*. Esto fue en Brooklyn, en una tienda *hip indie* de libros. Antes de su charla, le pregunté sobre la decisión descrita en su libro de seguir una dieta basada en plantas en vez de una baja en carbohidratos.

"Pero A. J.", le dije, "¿cómo es posible que no creas en la dieta que te digo?"

Se rió. "Hay muchos científicos haciendo argumentos desde el otro bando."

"Sí, pero ya leí esos argumentos, ¡y éstos son mejores! Además, ya la probé en mí, y sí ha funcionado. Tengo menos hambre y he perdido peso."

"Pero Gretchen, tu eres sólo una referencia individual", remarcó. Queriendo decir que la experiencia de una sola persona no es científicamente válida.

"Cierto, pero soy la única que me importa. ¡Ésa es la *referencia más persuasiva!*"

A la persona que en verdad quería persuadir con el asunto de comer menos carbohidratos era a mi hermana, pero no estaba segura de cómo abordar el tema. Elizabeth tiene diabetes tipo I, así que pensé que el comer de esta forma le ayudaría a bajar sus niveles de glucosa en sangre y reducir su necesidad de insulina. Pero a mi hermana le chocan los requisitos y le fastidia tener que dejar cosas. Además, su diabetes ya le demanda demasiado. Debe inyectarse insulina cinco veces al día, usar un monitor en el estómago, ir al doctor con frecuencia y vigilar lo que come. En general. Tiene que echarle un ojo a cualquier comida que incremente su glucosa, como el pan, azúcar y papas, pero "hace trampa" a veces y lidia con esto incrementando su dosis de insulina. *Cómo engordamos y qué hacer al respecto* le diría que debería vigilar de forma mucho más estricta lo que come, lo cual sé que a ella no le gustaría, así que estuve posponiendo la conversación.

Al final, un día, por teléfono, me dio la pauta que había estado esperando.

"¿Cuál es esa nueva forma de comer que tienes?" Me preguntó. "Mamá dice que papá y tú han perdido peso sin dieta."

"¡Sí!" Le dije con alivio. "Leí un libro sobre nutrición, y en verdad pienso que también deberías leerlo." Y con esto, le empecé a contar todo sobre el argumento de que la gente sube de peso por la insulina causada al consumir carbohidratos.

No pude saber si estaba interesada, pero unas semanas después recibí un *email*.

De: Liz

Esta mañana le dije a mi doctor que hoy, de forma oficial, empiezo mi nuevo estilo de vida bajo en carbohidratos. Es hora. Sólo he leído diez páginas del libro que me dijiste, pero ya entendí. En muchos niveles, debo hacerlo.

Me emocionó mucho saber que estaba dispuesta a intentarlo. También me dio gusto que lo hubiera consultado con su doctor. Después de su *email*, le llamaba de forma periódica para saber cómo le iba.

Después de unas semanas siguiendo el programa, me dijo: "Ya me estoy acostumbrando. No es tan malo como pensaba."

Ésta no era la aprobación más entusiasta del mundo, pero al menos parecía animada a seguir intentando.

Después de comer bajo en carbohidratos durante seis meses, mi padre se hizo un examen de sangre. Estaba ansiosa por escuchar los resultados. Una cosa era adoptar este experimento para mí, pero ¿cómo afectarían a mi padre estos nuevos hábitos alimenticios? Por supuesto que creía en la validez de esta nueva forma de comer, pero bueno, yo no era doctora ni científica.

Me llamó para decirme los resultados: "Sólo recibí mi sangre de regreso", reportó, "y mis números salieron *extraordinariamente* bien. Todo ha mejorado".

"¿De verdad?" El alivio inundó todo mi ser. "¿Qué dijeron los exámenes?"

Empezó a enumerar sus resultados. Por años, todos sus registros, por ejemplo, el peso, el colesterol (LDL y HDL), los triglicéridos y demás, habían estado avanzando poco a poco en la dirección equivocada, pero ahora, de repente, habían cambiado de curso. "No podría haber sido mejor", agregó, "este periodo incluía Acción de gracias, Navidad, nuestro viaje a Phoenix con unos amigos. Y lo mejor de todo es que siento que podría comer así *toda la vida*."

Después de que Elizabeth estuvo en este régimen unos meses, fue al doctor para hacerse un examen A1c, el cual mide la hemoglobina glucosilada y se usa para determinar cuál fue el promedio de concentración de glucosa en la sangre durante los últimos tres meses. Este test, junto con los registros de sus niveles de azúcar en sangre arrojados por el monitor, la ayuda a controlar su diabetes.

"Me siento muy diferente", dijo. "Mi A1c no salió como yo esperaba, aunque está avanzando en la dirección correcta. Pero eso sí, yo me siento mucho mejor. Ya no tengo estos terribles pinchazos y caídas. Después de comer ya no me ando durmiendo ni caigo en estupor."

Elizabeth había empezado muy bien el camino de bajar las calorías, pero pronto tuvo que ir a Budapest para grabar un programa piloto de televisión.

"Estoy preocupada", me dijo. "Estaré allá cinco semanas y va a ser difícil comer saludable. Un país lejano, sin cocina, trabajando contra reloj y una montaña gigante de estrés."

Y, en efecto, mientras estuvo allá, no le fue posible continuar con su hábito alimenticio, aunque, como me dijo, lo hizo mejor de lo que lo hubiera hecho si no estuviera entrenando. Al final de su viaje recibí este mensaje:

De: Liz

Anoche estuvimos grabando. Destruí completamente la última semana. No con papas a la francesa sino con toneladas de pan y galletas. Estoy tan cansada. En medio de la noche, nevando, lloviendo, helando, y ni un café normal. La perdí. ¡Regreso a mi vida baja en carbohidratos cuando llegue a Los Ángeles!

Pero cuando Elizabeth regresó a casa, fue muy difícil regresar a su rutina baja en carbohidratos.

"¿Cómo te ha ido?" Le pregunté como dos semanas después de que regresó.

"No ha sido fácil. Voy mejor, pero no como cuando empecé la primera vez. Yo creo que ando como en 85 por ciento."

"¿Por qué crees que sea más complicado?"

"No estoy segura. Creo que en parte porque había olvidado cuánto me gustaba cierta comida, como las galletas de pececitos dorados. Pero cuando empecé a comerlas me acordé. Así que ahora es más difícil dejarlas."

"Como cuando te vuelas una hora de ejercicio y entonces tienes tiempo libre otra vez en tu agenda."

"Exacto."

Esto es justo lo que había notado sobre el asunto de "suspensión" de los Primeros pasos. Cuando probamos un hábito nuevo por primera vez, se siente lleno de promesas, incluso si es difícil. Pero mucha de esa emoción desaparece en la segunda vez y los inconvenientes son más claros. Además, está el desalentador sentimiento de haber perdido terreno o ir marcha atrás.

"Aguanta", le dije, "es difícil cambiar hábitos."

Estoy segura de que comer pocos carbohidratos es más fácil para mí que para mucha gente, en particular porque, aunque me gusta comer, no me *deleito* en la comida. Tengo un paladar poco aventurero. No me fascina ir a restaurantes para probar nuevos sabores. Desearía disfrutar el mundo entero de comida, lo cual a mucha gente le genera un inmenso placer, pero nunca ha sido interesante para mí. Poner atención a esta limitación (la cual siempre me ha puesto un poco triste) tiene algunos beneficios. Ser Gretchen.

También estaba segura de que comer menos carbohidratos había sido más fácil para mí por mi aceptación a la siguiente estrategia de mi esquema: la Abstinencia.

DESEO,
COMODIDAD Y EXCUSAS

Queremos buenos hábitos, pero también queremos hacernos
la vida más fácil y placentera. Como estos objetivos a menudo
no concuerdan y chocan entre sí, esta sección incluye varias
estrategias. Abstinencia, Conveniencia e Inconveniencia examinan cómo podemos formar nuestros hábitos al ajustar la
cantidad de esfuerzo involucrado. Protección, Las lagunas y
Distracción van dirigidas a los retos de fracasar y caer en la
tentación. Recompensas, Gustos y Emparejar se concentran
en explotar el placer de reforzar nuestros buenos hábitos. Al
cuidarlos contra excusas y justificaciones, y hacerlos tan dis-
frutables como sea posible, nos ayudaremos a tener éxito.

Abstinencia

Es bien recompensado un placer, cuando el dolor se va con él.

PUBLIO SIRO

Muchas veces sabemos que estaríamos mejor si nos rehusamos a la tentación, pero es difícil resistirse a ese vaso extra de vino, esa compra impulsiva, esa última hora de televisión.

Cuando estaba en la preparatoria, los de último año vendíamos donas cada viernes en la mañana para juntar dinero para la graduación, y mis amigas y yo nos turnábamos para recogerlas muy temprano.

LaMar's Donuts era un lugar sencillo, ubicado en una gasolinera, pero las donas eran famosas en todo Kansas City. Cuando me tocaba recogerlas, estas donas me causaban problemas. Mientras iba de regreso a la escuela, sentada y con muchas cajas pesadas en mi regazo, le daba una probadita a una dona. Luego otra, después me comía un cuarto, luego la mitad, luego… ¡Ay ya! ¿Por qué no sólo te la acabas? Y luego otra. Me terminaba varias donas en pedacitos, por eso nunca supe cuántas comía (el fenómeno de evitar el Monitoreo). Siempre fue lo mismo: primero la tentación, luego me rendía, después la promesa de moderación y entonces, la indulgencia.

Para lidiar con este tipo de tentación, muchas veces nos decimos: "Modérate,

No te lo permitas todos los días, pero tampoco te lo niegues porque si no, va a ser peor." Por largo tiempo estuve tratando de implementar estas técnicas de moderación… y fallé. Con las donas de LaMar y con muchas otras cosas.

Con el tiempo aprendí a rechazar este consejo. De alguna manera descubrí que me era más fácil resistir algunas tentaciones, si ni siquiera caía en ellas. Seguí escuchando a los expertos decir que esta estrategia era contraproducente pero, ¿por qué funcionaba?

Me tropecé con la respuesta en un comentario casual que hizo uno de mis escritores favoritos, el ensayista del siglo XVIII Samuel Johnson. Cuando un amigo lo invitó a "tomar un poco de vino",[85] el doctor Johnson explicó: "No puedo tomar *un poco*, mi amigo; así es que mejor nunca lo toco. Para mí, la Abstinencia es tan fácil como difícil la *moderación."*

Esa soy yo, me di cuenta, con una emoción repentina por haberme identificado. *Es exactamente como soy.*

Como el doctor Johnson, soy una Abstemia. Para mí, es mucho más fácil evitar algo por *completo* que permitirlo de forma *moderada.* Y esta distinción tiene profundas implicaciones en los hábitos.

Al estudiar todo esto, de vez en cuando aparecen ciertas angustias: si me acepto o espero más de mí; si vivo el presente o estoy pensando en el futuro; si pienso o me olvido de mí mismo. Como los hábitos muchas veces requieren que renunciemos a algo que queremos, el reto constante es: ¿Cómo puedo privarme de algo sin sentirme privado? Cuando esta sensación alcanza a los hábitos es muy dañina. Al sentirnos privados, nos creemos con el derecho a compensarnos, casi siempre con formas que debilitan nuestros buenos hábitos.

Descubrí que *una forma de privarme de cosas sin crear un sentimiento de privación es haciéndolo por completo.* De forma rara, cuando me quito algo de forma radical, me siento como si no lo hubiera hecho. Cuando nosotros, los Abstemios, nos privamos de forma total, conservamos energía y fuerza de voluntad, porque no hay que tomar decisiones ni probar nuestro autocontrol.

Los "Abstemios" lo hacen mejor cuando adoptan hábitos de todo-o-nada.

Por el contrario, los "Moderados" son personas que trabajan mejor cuando se permiten cosas con mesura.

Abstenerse es una estrategia contraria a la lógica y bastante particular. En definitiva no funciona para todo el mundo. Aunque para personas como yo, es súper útil.

Como Abstemia, si trato de moderarme, sólo agoto a mi ser pensando: ¿Cuánto puedo tener? ¿Esto "cuenta"? ¿Si lo hice ayer, lo puedo hacer hoy? En la novela de Oscar Wilde, titulada *El retrato de Dorian Gray,* uno de los personajes remarca: "La única forma de librarme de una tentación es rindiéndome a ella."[86] Esto puede ser un alivio, sobre todo para terminar con la agobiante conversación mental de si, por qué y cuándo, permitirme algo. Pero descubrí que *abstenerse* elimina todo ese ruido de una manera igual de efectiva. Así, las cosas que decididamente están fuera de mis límites ya no me causan tentación. Si *nunca* hago algo, ya no requiere autocontrol mantener ese hábito. ¡Si tan sólo hubiera sabido abstenerme de las donas de LaMar! Intentaba comer pequeños pedacitos, y ése era mi error. Un Secreto de adultos es: Al quitar algo, gano.

Una vez platiqué con un chico que me explicó cómo usó la abstinencia para cambiar sus hábitos alimenticios. Era joven y delgado, así que me sorprendió cuando me dijo que recientemente había tenido mucho sobrepeso. "Uy sí, hasta estuve en un campamento de niños para adelgazar y toda la cosa", me explicó. Pero cuando lo conocí había mantenido con éxito su peso por años.

"Primero quité los lácteos", me explicó. "Eso no fue tan difícil. No leche en mi café, no helado. Luego eliminé el arroz. Luego el pan. Cada vez tenía que decidir qué borraría *para siempre*. Pero nunca parecía muy difícil dejar de comer una cosa en particular, y entonces ya nunca volvía a pensar en eso."

Un lector de mi *blog* agregó: "Es mucho más fácil decir no a algo *una vez* y cerrar todo el asunto que andar de un lado para el otro de forma continua. La abstinencia necesita un esfuerzo mental de *cero*." Ésa era mi experiencia, Por ejemplo, antes, me costaba mucho mantener los dulces fuera del departamento, para que no tuviera que resistir a comerlos. Ahora que soy Abstemia, la presencia de los dulces no me molesta y mi familia es más feliz.

Obvio, hay mucha gente que no es Abstemia. Los Moderados, por su parte, encuentran que los permisos ocasionales les proporcionan dos cosas: aumentan su placer y fortalecen sus resoluciones. Entran en pánico o rebelión si piensan que "nunca" van a tener o hacer algo. Trabajan mejor cuando evitan las reglas estrictas. Incluso pueden descubrir que tener las cosas a la mano los hace menos probables a tomarlas, porque cuándo saben que tienen algo no se les antoja. Un Moderado posteó: "Al permitirme un despilfarro ocasional, no siento que me esté perdiendo algo... Pero dime 'No' y entonces quiero más." De hecho, según lo que he visto, los Moderados no deberían tratar de abstenerse; si intentan negarse algo, entonces se vuelven muy preocupados con los permisos.

Un amigo Moderado me contó: "Cuando se suponía que iba a ayunar para Yom Kippur terminé desayunando una montaña de comida a las 9:00 a.m. en la primera mañana. Todos los demás días pude pasar horas en la mañana sin comida, sin siquiera darme cuenta, pero cuando se suponía que iba a ayunar, tuve que comer." Su esposa agregó: "Come más en Yom Kippur que en cualquier otro día del año."

Los Abstemios y los Moderados pueden ser unos críticos sorprendentes del otro. Una nutrióloga me dio una vez el típico consejo convencional de: "Estás cometiendo un error al negarte a ti mismo todo el tiempo. Sigue la regla del 80/20. El 80 por ciento del tiempo sé saludable, y el 20 por ciento date tus permisos de manera razonable." Cuando intenté explicarle cómo funciona un Abstemio, no podía creer que una regla de 100 por ciento pudiera ser más fácil para la gente como yo. (Nota: casi todos los nutriólogos que he conocido son Moderados.) A menudo me hacen comentarios de desaprobación, como "No es saludable ser tan rígido" o "Sería mejor aprender a controlarte." De forma irónica, me siento mucho menos rígida y más relajada, ahora que uso la Abstinencia para mantener algunos hábitos. Por otra parte, mi impulso es decirle a los Moderados: "Podrías dejar de engañarte y hacer un verdadero progreso" o "¿Por qué no sólo congelas el pavo?", pero no hay una respuesta universal. Es cosa de saber qué es lo mejor para cada persona.

Los Abstemios y los Moderados se comportan de manera diferente. Un Moderado me dijo: "Más o menos cada mes compro una barra de chocolate fino. Cada tarde, como un cuadrito."

"¿Nunca se te antoja comer más?"

"No, sólo quiero un pedacito", me contestó.

Sería imposible para mí comer "un cuadrito" de chocolate al día. Todo el tiempo estaría pensando en la barra de chocolate. De hecho descubrí que la pregunta "¿Podrías comer un cuadrito de chocolate diario?" Es una buena forma de distinguir a los Moderados de los Abstemios. Todos los Moderados parecen tener una barra de chocolate guardada para comer un pedazo a la vez. (Tal vez esto explica el misterio de por qué las barras de chocolate están divididas en cuadritos.)

Una conversación con una amiga Moderada me reveló otra distinción: "Fui por un helado a la paletería", me dijo, "y estaba delicioso. Pero después de un rato me empalagó. Se lo di a mi amiga para que se lo acabara."

"Jamás he dejado un helado a medias", dije.

Para los Moderados, la primera mordida sabe mejor, luego el placer va disminuyendo y pueden dejar de comer antes de terminarse la comida. Sin embargo, para los Abstemios, el deseo de cada bocado es tan fuerte como el primero (o más fuerte, por eso a veces quieren repetir). En otras palabras, a los Abstemios, tener algo los hace querer *más*, y a los Moderados, tener algo los hace querer *menos*.

Como Abstemia, ya aprendí a no sucumbir al argumento de "una mordidita". "¿Qué diferencia hará si le doy una mordidita?" "Sólo quiero probarlo, es todo." ¡Ajá! Como escribió La Rochefoucauld: "Es mucho más fácil extinguir un primer deseo que satisfacer todos los que le siguen."[87]

La abstinencia también sirve bien fuera del contexto de la comida. Funciona siempre que sintamos que la moderación es muy difícil de manejar. Por ejemplo, mucha gente emplea esta estrategia para controlar su uso de la tecnología. Una amiga adora el *Ruzzle* y lo jugaba en su teléfono cada noche antes de dormir.

"Tuve que borrarlo", me dijo. "Entre el trabajo y los niños, el único momento que tenía para leer era antes de dormir, pero ahora estaba usando ese tiempo para jugar *Ruzzle*. Me volví adicta. Adoro leer y había comprado cuatro libros para las vacaciones y pensé que nunca leería esos libros a menos que dejara de jugar."

"¿En algún momento volverás a jugar?"

"No. Borré la aplicación del celular, de la Tablet y de la *compu*."

"¿Podrías limitarte a veinte minutos, o sólo unas pocas veces a la semana?"

"No, para nada."

Un chico me dijo con remordimiento: "Cómo quisiera haber dejado los videojuegos en la escuela de posgrado. Estoy cien por ciento seguro de que eso fue lo que me hizo necesitar un año extra para escribir mi tesis de doctorado. Siempre estaba tratando de jugar 'sólo un ratito'."

Una lectora de mi *blog* escribió: "Cuando mi esposo y yo vivíamos en Roma en aquella pobreza de estudiantes (que no es una verdadera pobreza), literal, contábamos cada lira. Había una calle de tiendas de moda, cerca de la escalinata de la Plaza de España. Nunca disfruté ver los aparadores de las tiendas porque sabía que estaban fuera de mi alcance, así que sólo me deleitaba con pasear y admirar la belleza del lugar. Sin preguntas ni decisiones, ni siquiera contemplar. Estaba forzada a ser una Abstemia."

Algunos Abstemios son como yo, es decir, muy estrictos con aquello que están tratando de dejar. Otros no son tan quisquillosos. Como mi padre. Él *casi* se abstiene. Después de varios meses en los que había seguido su programa bajo en carbohidratos, le pregunté: "A veces comes postre, tomas vino y whisky, ¿no te preocupa que pierdas tu hábito de comer saludable de forma gradual?" Sabía que yo no era capaz de hacer eso.

"No. En realidad, sé que puedo comer de esta forma por siempre", me dijo (como varias veces antes). "Me permito pocas excepciones y siempre que como algo que no es bajo en carbohidratos, sólo regreso a mi rutina normal en la siguiente comida." El autoconocimiento nos da la posibilidad de usar el enfoque que mejor nos funciona, eso también significa ignorar los consejos de los que insisten en que su manera es la correcta.

De hecho, una persona puede ser de los dos: Abstemio y Moderado, dependiendo del contexto. Un amigo confesó: "Los macarrones con queso son mi *kryptonita*. Si les doy una probadita, me los acabo *todos*. Pero con otras cosas, como las papas fritas, no tengo problema en detenerme después de unos pocos puñitos."

Otro amigo dijo: "Puedo tomar tres copas de vino o ninguna. Nada de una o dos. En cambio, con el pastel, puedo comer una rebanada o la mitad de una, y mi esposa no puede."

Tanto Abstemios como Moderados son capaces de hacer "consumo elitista" para evitar sentimientos de privación. Un amigo compró el vino más caro que estaba a su alcance. "Si es normal, me lo bebo de un solo trago", dijo. "Si es caro, me tomo el tiempo para disfrutar cada sorbo. Y no abro botella tras botella." Otro amigo dijo: "Solía comprar libros a lo loco y mi departamento era un desastre. No quiero dejar de comprarlos porque me encanta hacerlo, así que ahora sólo consigo primeras ediciones. Esto me da el placer de adquirirlos pero en menores cantidades."

También es cierto que para los dos tipos de personas, por igual, puede haber una especie de "Placer de Cuaresma" en la abstinencia, en la renuncia por tiempo determinado. Como observó Muriel Spark: "El sacrificio de los placeres es en sí mismo un placer."[88] A veces disfrutamos buscando cosas que dejar por un tiempo. Puede ser para ayunos, limpiezas, *breaks* tecnológicos, retiros o mandatos religiosos. Y cuando la abstinencia está ligada a un valor más trascendente, en acciones como guardar el *sabbath,* comer *kosher* o comprar localmente para apoyar a un negocio independiente, es mucho más significativo y por eso, a veces, más disfrutable, o al menos más sostenible.

El placer de cuaresma es un ejercicio de autocontrol gratificante; nos creamos una expectativa y la cumplimos. También abandonar alguna cosa por un corto tiempo reaviva nuestro placer por ella. Una amiga que trabajaba en cosas de moda hizo una "limpieza de color" y usó puros colores neutrales durante una semana. Dejar por una temporada el color, el café o la tarjeta de crédito, nos hace apreciarlos mucho más. Otra alternativa es que los abandonos temporales nos ayudan a ver que somos más felices cuando lo bajamos de forma permanente de nuestro *stock* de hábitos.

Después de que Elizabeth estuvo siguiendo el sistema de menos carbohidratos por un tiempo, tuve la oportunidad de preguntarle sobre este tema en persona, cuando me quedé en su casa durante una visita de trabajo a Los Ángeles. La primer mañana, mientras molíamos más café, le pregunté por el último reporte de sus hábitos alimenticios.

Suspiró. "No va tan bien. A ti no te molesta dejar todas esas comidas con carbohidratos, pero yo necesito más variedad. Me gusta la *pizza* y la pasta, ahora y siempre." Entonces, para mi asombro agregó: "¿Pero sabes qué descubrí? Que en realidad soy una Abstemia. Mi debilidad son las papas a la francesa, y ahora ya nunca las como."

"¡¿Eres Abstemia?!" Estaba asombrada. Cuando estaba identificando los conceptos de Abstemios y Moderados, por primera vez, Elizabeth era mi modelo de Moderada.

"Sí. Resultó que es más fácil abandonar algo por completo. Con algunas cosas no puedo ser Moderada. Es más fácil ser Abstemia."

"¿Pero, cómo te sientes diciéndote 'no' todo el tiempo?" Mientras que para mí es bastante fácil decirme "no", "para" o "nunca", mi hermana es una persona que resiente mucho las restricciones y trabaja mucho mejor con resoluciones positivas.

"No me puedo dar respuestas negativas", me dijo. "Tengo que convertir esto en algo afirmativo. Así que me digo: 'Ahora soy libre de papas a la francesa'."

"'¡Libre de papas a la francesa!' ¡Exacto!" Exclamé. "Libre de decisiones, libre de culpas, libre de la panera y el *bowl* de dulces."

Desde aquella conversación concluí que muchas personas son Abstemias, pero no se ha dado cuenta. Como suena demandante e inflexible, prefieren asumir que son Moderados, incluso si nunca han tenido éxito siguiendo esta estrategia. Pero, de forma contradictoria, para mucha gente es *más fácil* ser Abstemio.

Las investigaciones (y mi experiencia) sugieren que entre menos nos permitimos algo, menos lo queremos.[89] Cuando creemos que una tentación quedará insatisfecha, tal vez disminuya; los antojos son más provocados por la posibilidad que por la negación. William James observó: "Es sorprendente lo rápido que un deseo muere de inanición si no se le alimen-

ta."[90] Un estudio de sobrecargos fumadores comparó sus antojos de nicotina durante vuelos cortos (de tres a cinco horas y
media) y largos (de ocho a trece horas).[91] Los deseos aumenta-
ron cuando el avión estaba cerca de tierra, no importando si el
vuelo había sido corto o largo. En otras palabras, la duración
de la abstinencia no influye en el deseo de nicotina, sino el conocimiento de que el periodo va a terminar, y el cigarro estará
al alcance.

Es verdad que para mí, esta estrategia hace que algunos
hábitos retadores sean más fáciles de fomentar. Abstenerse
suena complicado, pero en la realidad es más sencillo. Y aunque no es una herramienta universal, ninguna estrategia de
formación de hábitos lo es. Diferentes soluciones para personas distintas.

Además, entre más trabajo en mis hábitos, más me con-
venzo de que la transformación más exitosa requiere la coordi-
nación de múltiples estrategias, todas dirigidas a un solo
comportamiento. En mi caso, la estrategia del Rayo me hizo
querer abstenerme de los carbohidratos en primer lugar. La
Abstinencia me hizo fácil comer cosas bajas en carbohidratos,
y el Monitoreo me permite registrar lo que voy comiendo.
Cambiar hábitos puede ser simple, pero no es fácil, y entre
más herramientas usemos, mejor.

ES DIFÍCIL HACER LAS COSAS MÁS FÁCILES
Conveniencia

Hay un mito, a veces generalizado, de que una persona necesita hacer
sólo trabajo interno... que un hombre es responsable por completo
de sus propios problemas; y que para curarse, necesita cambiar...
El hecho es que una persona está tan formada por su entorno,
que su estado de armonía depende completamente de su armonía
con el entorno.
CHRISTOPHER *Alexander, El modo intemporal de construir**

Muchas veces la gente me pregunta: "¿Qué es lo que más te sorprende de los hábitos?" Una cosa que siempre me asombra es hasta qué punto estamos influidos por pura conveniencia. La cantidad de esfuerzo, tiempo o toma de decisión requeridos para una acción tienen enorme influencia en la formación de un hábito. En gran medida estamos más propensos a hacer algo si es conveniente, y menos si no lo es.

Por esta razón debemos poner una atención más precisa a la Conveniencia de cualquier actividad que queremos convertir en hábito. Poner un bote de basura al lado de la puerta principal hizo la clasificación del correo un poco más ventajosa y dejé de posponer esta tarea. Mucha gente reporta que el contacto con los miembros de la familia distantes ha mejorado mucho. Esto es porque ahora hay herramientas como Facebook, Skype, FaceTime y grupos de conversaciones que hacen más fácil estar comunicados.

Elizabeth decidió emplear la estrategia de la Conveniencia para lidiar con sus hábitos alimenticios. Desde que regresó de

---

* Christopher Alexander, *El modo intemporal de construir*, Gustavo Gili, 1981.

la grabación, en Budapest, su glucosa en sangre había estado muy alta, la dieta baja en carbohidratos no estaba funcionando y su doctor le aconsejó acciones rápidas. Como mucha gente que lucha con las decisiones y el esfuerzo que implica el comer y cocinar bien, decidió intentar un plan de alimentación que provee comida preparada.

De: Liz

Ahora estoy con Jenny Craig. Adam también. Me siento mal por abandonar (por un tiempo) mi vida baja en carbohidratos. Tenía mejor controlada la diabetes, pero ya sabes, todo se arruinó en Hungría. Así que seguiré este plan y luego regresaré al otro sistema. Ugh.

Hice una búsqueda rápida y encontré que este plan parecía una buena opción para mi hermana. No era tan bajo en calorías como el otro, pero era bajo. Además, leí en un estudio que las personas a dieta obtenían mejores resultados cuando estaban en programas que proveían la comida. Esto era súper conveniente y justo lo que Elizabeth necesitaba. Debía controlar sus niveles de glucosa en sangre y además estaba empezando a trabajar como productora ejecutiva de un nuevo programa de televisión, así que estaría más ocupada y estresada de lo normal.

Le llamé después de su primer día de trabajo para ver cómo iba y me dijo: "Para celebrar, el estudio nos envió *pizza* de la mejor *pizzería* de Los Ángeles. Además fue cumpleaños de dos compañeros, así que había *cupcakes*."

"¿Y qué comiste?"

"*Nada*. En verdad me estoy apegando al plan, en especial en la oficina."

"Así que está funcionando. ¿Por qué crees que sea?"

"Es por la Conveniencia", me contestó muy convencida.

Elizabeth hizo un gran cambio en sus hábitos para tomar ventaja de esta estrategia, pero incluso la más pequeña modificación en la Conveniencia afecta el comer de la gente. Las personas toman menos comida cuando usan pinzas en vez de cucharas para servirse. En una cafetería, cuando la tapa de la nevera del helado estaba semiabierta, 30 por ciento de los comensales compraron helado, pero cuando cada quien tenía que abrirla, sólo 14 por ciento compraron, aun cuando el helado estaba visible en ambas situaciones.[92]

La Conveniencia forma todo lo que hacemos. Cuando es provechoso comprar, compramos. Es por eso que de manera constante los mercados crean nuevas formas más simples de gastar. Ponen una variedad de artículos junto a la fila de las cajas de los supermercados, todas las tiendas ofrecen créditos fáciles y hay *websites* que venden la información para hacer que darle *click* a "Comprar" sea sencillo. En los hoteles, cada habitación tiene un minibar con productos más caros, pero a la mano. Hoy en día, algunos hoteles incluso colocan las cosas a plena vista, justo sobre la mesa, para hacer todavía más cómodo que alguien abra una bolsa de cacahuates cubiertos de chocolate que cuesta 50 pesos.

Pero también podemos explotar la estrategia de la Conveniencia para ayudarnos a ahorrar. Un lector al que le gusta dar "pequeños pasos" escribió: "Cuando tenía como quince años, empecé a poner monedas en un frasco, cuando el frasco estuvo lleno, saqué las monedas, las enredé y las deposité en mi cuenta de ahorros. Nunca he dejado este hábito, y todavía guardo las monedas en el mismo frasco en el que empecé hace cincuenta años. Esto significa entre $4 000 y $5 000 al año para la cuenta de las vacaciones.

Podemos usar la estrategia de la Conveniencia para expandir y profundizar nuestras relaciones. Somos mucho más propensos a ser amigos de aquellos a quienes vemos sin hacer mucho esfuerzo aquellos que nos encontramos con frecuencia en el trabajo, en clases, por la colonia. En lo que se llama "efecto pura exposición", exposiciones repetidas hacen que la gente acepte mejor al otro. La Conveniencia de Relación es por lo que me gusta pertenecer a grupos. Estar en un grupo que se reúne con regularidad es una forma cómoda de formar el hábito de ver gente. Suena raro hablar sobre "conveniencia" en el contexto de la amistad, pero en verdad, es fácil ver gente en grupos, y conforme más los veo, nos volvemos más cercanos. Si falto a una reunión, veré a todos a la siguiente. No tengo el dolor de cabeza de tratar de hacer planes individuales. También tengo la oportunidad de pasar tiempo con gente a quien no conozco muy bien todavía, lo cual expande mis relaciones personales de manera natural. Como adulto, no es fácil hacer nuevos amigos. Me puedo sentir muy incómoda al decir: "¿Te gustaría ir a tomar un café un día?" La Conveniencia de ser miembro de un grupo es que facilita el tener amigos.

Este asunto de la Conveniencia se presenta a menudo como obstáculos para el ejercicio regular. Los más comunes son:

- Es una lata tener que empacar las cosas para el gimnasio.
- Es una molestia manejar y buscar o pagar el estacionamiento, "viene viene" o *valet parking*.
- Me toma mucho tiempo hacer ejercicio.

- Es una pena estar en una clase muy llena o esperar mi turno para los aparatos.
- No sé cómo usar los aparatos.
- Siempre olvido algo que necesito.
- Es una lata ducharse.

Si nos decimos: "Oh, no puedo hacer ejercicio es muy inconveniente", no vemos las maneras de hacerlo más conveniente. Hay que identificar *de forma exacta* por qué el ejercicio se siente latoso. Esto ayuda a revelar posibles soluciones. Identificar el problema.

Claro que al hacer el ejercicio más conveniente, y por tanto más propenso a volverse un hábito, la solución mostrará el problema particular de una persona. Un individuo debe descubrir que el asunto no es el gimnasio, sino llegar al gimnasio. El problema tal vez no sea el ejercicio en sí mismo, sino sentirse avergonzado en el ambiente. Un lector escribió: "Mi gimnasio tiene múltiples sucursales, pero eso me parece inconveniente. Por fin me di cuenta de que a veces voy al que está cerca de la casa, del trabajo o del departamento de mi novia. Esto hace que nunca tenga lo que necesito. Compre varios sets de todo: desodorantes, zapatos, una bolsa gigante para los zapatos, y guardé un set en cada lugar. Ahora no tengo excusa para faltar." (Obvio, no era Hipocomprador.)

Comprar aparatos para ejercitarse en casa es una forma popular de hacer ejercicio de forma más conveniente, así que consideré un poco esta idea. Mi hermana y mi cuñado tienen una caminadora en su casa, pero en un departamento en Nueva York, no tendríamos espacio para ponerla. Además, Jamie se niega a comprar una. Él insiste en que "es mejor ir al gimnasio y tener un entrenamiento real que tener los aparatos en casa".

En cualquier caso, *adquirir* el equipo no es lo mismo que

usarlo. Según *Consumer Reports*, más del 30 por ciento[93] de la gente que compra aparatos para ejercitarse en casa, admite que los usa menos de lo que esperaba. Un lector comentó: "En el fondo sé que si en verdad quisiera empezar a hacer ejercicio, todo lo que tengo que hacer es salir. Pero aun así logro convencerme de que comprar unos buenos tenis para correr y un libro sobre ejercicio me hará *realmente* hacerlo."

Para la gente que va al gimnasio, la estructura de pagar puede hacer que ejercitarse se sienta más o menos conveniente. Cuando una actividad se siente gratis (de hecho, incluso si no es gratis), parece mejor. Como 70 por ciento de la gente que pertenece a un gimnasio[94] raramente va, para la mayoría sería más barato pagar por cada clase en vez de todo el mes. Pero aunque el sistema mensual tal vez no genera un sentido financiero, sí crea un sentido psicológico. Pagando por visita significa que cada entrenamiento cuesta extra y se siente menos conveniente, mientras que los pagos mensuales hacen que cada clase parezca gratis.

Quería encontrar formas adicionales para explotar la Conveniencia para mejorar mi hábito de hábitos. Por ejemplo, decidí aplicar esta estrategia a *email.* Leí que los trabajadores de oficina gastan un asombroso 28 por ciento[95] de su tiempo en el correo electrónico, pero apuesto a que yo gasto más tiempo que eso. Para hacer mi hábito del *email* más conveniente, decidí cortar los saludos y las despedidas. Había caído en el hábito de escribir *emails* como una carta antigua, en vez de usar la informalidad y brevedad que ahora se usa para los mensajes.

Un *email* que dice:

Hola Peter:

Muchas gracias por el link. Voy a leer el artículo ahora mismo.

Atentamente:

Gretchen

Toma más tiempo que uno que dice:

¡Gracias! Leeré el artículo ahora mismo.

La primera versión es más formal y respetuosa, pero la segunda versión expresa el mismo tono e información, y es mucho más rápida de escribir. Tomó una sorpresiva cantidad de disciplina cambiar mis hábitos de respuesta. Es difícil hacer las cosas más fáciles. Tuve que obligarme a borrar los "hola" y darle *click* a "enviar" sin escribir un cierre. Pero después de un tiempo se volvió automático.

Sin embargo, no mucho después de haber instituido mi nuevo y conveniente hábito, respondí a una lectora con un *email* sin saludo ni cierre, y recibí la siguiente respuesta: "Me parece muy interesante que usted no diga 'Hola Lisa' o termine su escrito con cualquier tipo de despedida. Por favor, discúlpeme si esto es grosero, es sólo que tengo mucha curiosidad. ¿Esto es porque usted está súper ocupada (entendible) o simplemente no es su estilo? Después de leer su libro, tenía la idea preconcebida de que su diálogo sería mucho más amigable, feliz y personal."

¡Órale! Aunque escrito de forma linda, el mensaje claramente era: "No suenas muy amigable." Estaba sorprendida ¿Debería regresar a escribir con una cortesía más elaborada? Luego decidí: No. Perdón si no le sonaba amigable, pero quería ser capaz de responder los *emails* de todos mis lectores y para lograrlo, necesitaba hacer este trabajo lo más conveniente posible. Mis hábitos tenían que reflejar mis valores. Le respondí, muy amable, sin saludo ni cierre para explicarle.

Busqué otras áreas para hacerlas más convenientes. Muchas veces, una modesta compra puede hacer un hábito más sencillo. Así, para controlar mi hábito de comer almendras, compré un paquete que traía cuarenta y ocho bolsitas de treinta gramos cada una. El empaque extra parecía un desperdicio y mi suegra se burló por no poner las almendras en las bolsas yo misma, pero para mí, tener una forma conveniente de controlar el tamaño de las porciones valía la pena.

Siguiendo la misma línea, necesitaba mejorar el hábito de cargar mi celular, así que para hacer la tarea más conveniente, compré un cargador extra. Ahora podía conectarlo en dos puntos diferentes del departamento y este pequeño cambio hizo una gran diferencia en mi vida diaria. Un lector escribió: "Era difícil motivarme a caminar cuando ya estaba oscuro, aunque era el único momento que tenía disponible para hacer ejercicio. Después de unas semanas con mi papá, que vive en un fraccionamiento bien iluminado, recordé lo mucho que disfrutaba caminar en las noches. Decidí 'identificar el problema' y me di cuenta de que en casa, donde las calles no están bien iluminadas, me siento invisible e inseguro caminando en la noche. Adquirí un chaleco reflectante con LEDs y esto hizo la diferencia."

Sin embargo, comprar más conveniencia puede ser un reto para una Hipocompradora como yo. Tengo que recordarme que un hábito fácil es una inversión inteligente. Por años no me dejaba rentar un casillero en el gimnasio porque sólo vivía a seis cuadras. Sin embargo, la necesidad de guardar todo alrededor hacía que ir al gimnasio pareciera inconveniente, así que empecé a faltar. Por fin identifiqué el problema: "El ejercicio es una prioridad importante. El casillero no es muy caro. Lo usaré con frecuencia y me hará la vida más fácil. Es una buena razón para gastar." Una lectora reportó que ella creía que no le gustaba cocinar, pero después se dio cuenta de que lo que no le gustaba era ir al supermercado para comprar los suministros. Ahora paga un poco más, pero ordena las cosas por Internet, y esa extra conveniencia significa que esté dispuesta a cocinar.

Conforme seguí buscando formas para emplear el poder de la estrategia de la Conveniencia en mis hábitos, descubrí que más y más, personas e instituciones, explotan el hecho de que los hábitos se adhieren mejor cuando son placenteros. Puede ser una ilusión, pero una actividad parece más fácil (y por eso más conveniente) cuando incluye un elemento divertido, satisfactorio o bello.

Todo el mundo sabe que es más sano subir por las escaleras que por el elevador o las eléctricas, pero a la mayoría de la gente no le importa. Sin embargo, en Suecia, cuando una estación de metro[96] convirtió sus escaleras en un teclado de piano que en verdad tocaba las notas cuando la gente caminaba sobre él, 66 por ciento de la gente tomó las escaleras musicales. Cuando en el aeropuerto de Ámsterdam, Schiphol, pusieron la imagen de una mosca[97] dentro de los urinarios, los hombres empezaron a atinarle, un cambio que redujo el índice de derrame en 80 por ciento. La "ludificación" o "gamificación" se usa en el diseño de aparatos y aplicaciones para ayudar a la gente a mejorar sus hábitos. Hacer algo varias veces por diversión no es suficiente para formar un hábito, pero es un comienzo.

De la misma forma, los entornos atractivos calman los trabajos monótonos, y las herramientas bien hechas hacen que las personas trabajen con alegría, lo cual ayuda a reforzar los hábitos. Como me choca comprar y tener pendientes, tiendo a escatimar, pero vale la pena el tiempo, esfuerzo y dinero invertidos en buenas herramientas y entornos de trabajo placenteros.

Almacenaba *tickets,* invitaciones, programas de mano, y noticias de la escuela en un archivador desgastado y atascado marcado "Próximos." Para hacerme la vida más fácil, decidí hacer doce archiveros mensuales. Mi primer instinto fue buscar por todo el departamento para encontrar doce fólders usados, luego pensé: No, fólders nuevos y bonitos harán más placentero mi hábito de archivar. Es cierto que no me gusta comprar, pero hago una excepción con los artículos de oficina porque me encantan. Después de un delicioso paseo por la tienda, le pedí a Eleanor etiquetar los fólders por mes. Obtenía gran placer cada vez que veía su cuidadosa letra de siete años en los fólders nuevos, esto me hacía más propensa a adherirme a mi hábito de archivar.

Es más fácil convertir actividades placenteras en hábitos. Por eso, aunque mi extrema palidez combina con mi cabello pelirrojo, no puedo desarrollar el hábito del bloqueador. Me choca ese sentimiento pegajoso en la piel. Por años he intentado usar hilo dental de forma regular. Esto es importante porque me dijeron que tengo un nivel alto y raro de acumulación de sarro. ¿Quién lo imaginaría? Entonces mi dentista sugirió: "Para algunas personas es más fácil usar palillos que hilo. Te agregaré algunos suaves para que intentes." Este cambio hizo una gran diferencia. No me gusta la sensación del hilo dental, pero usar los palillos otorga toda la ordinaria y rústica satisfacción de picarme los dientes. Y eso hace que el hábito sea más conveniente, así que lo hago.

Conforme buscaba formas de hacer mis hábitos más convenientes y más placenteros, me di cuenta de que primero debía considerar mantener estos hábitos *en absoluto*. Es muy fácil gastar tiempo en tareas ociosas y algunos de mis hábitos se podían eliminar por completo. Nada podría ser más conveniente que *eso*. Un Secreto de adultos es: "La mayor pérdida de tiempo es hacer bien algo que no se necesita." Una mujer se quejaba de que su familia tenía el hábito de echar la ropa sucia al revés al cesto, y no importaba cuánto se los recordara, no podía cambiar su hábito. Entonces se dio cuenta de que podía cambiar *su* hábito, y ahora lava y guarda la ropa al revés.

Decidí hacer el pago de mis cuentas más conveniente. Mis hábitos de correo habían mejorado mucho: tiraba lo que era basura en el momento, colocaba lo que servía directo en mi "cajón especial" donde guardo todo lo que necesito (estampillas, la chequera, tijeras) y lidiaba con el correo cada domingo en la noche. Aun así quería mejorar, y me di cuenta de que podía cambiar a pagos automáticos. Entonces ya no tendría que lidiar con las cuentas *en absoluto*.

Durante los siguientes meses, conforme pagaba las cuentas, las iba cambiando al modo de pago automático. Muchas veces cuesta trabajo hacer las cosas más fáciles, pero al final, este tipo de hábito oculto y sin acción, *no* requiere esfuerzo o tiempo, pero se mantiene en segundo plano.

Un amigo describió cómo fundó su hábito escondido. "No estábamos ahorrando suficiente dinero para la universidad. Por fin, después de preocuparme por años, fundé una cuenta de ahorros automática, la cual descuenta de mi nómina. Ahora tengo el hábito de ahorrar, sin siquiera pensar en ello."

Un Secreto de adultos es: "Haz fácil hacerlo bien y difícil hacerlo mal."

Una noche que estaba por la cocina, alcancé a ver a Jamie en el refrigerador, jalando un refractario con algunas sobras de comida. Este espectáculo tan cotidiano me hizo pensar en el hecho de que la gente estaría más propensa a comer lo que sobró, si la comida estuviera guardada en un contenedor fácil de abrir, en vez de en uno difícil.

Observé. Todo este pensamiento sobre la estrategia de la Conveniencia, y la formación de hábitos en general estaba tomando mucho espacio en mi mente. En especial por mi tendencia Defensora, necesito recordarme que soy la dueña de mis hábitos, incluso de mis pensamientos sobre los hábitos, y no debo dejarlos que tomen el control.

Miré otra vez hacia Jamie, quien vino a pararse junto a mí para sacar un *bowl* del gabinete. Era un momento completamente ordinario, pero por alguna razón me cayó el veinte de su presencia, de nuestro matrimonio. Hemos pasado casi la mitad de nuestras vidas juntos. Nadie es más cercano a mí, y él estaba parado ahí, justo al lado mío (aunque de repente lo sentía muy lejos). Levantó la vista y pareció que tenía alguna idea de lo que estaba pensando; no dijo nada, pero sonrió y tomó mi mano.

No quiero que los hábitos me entorpezcan la presencia de Jamie. No quiero darlo por hecho, escucharlo sólo con la mitad de mi atención, verlo sin mirarlo. Quiero que mis hábitos me ayuden a ser libre para poner más atención a él y a todo lo demás que es importante para mí.

CAMBIA MI ENTORNO, NO YO
Inconveniencia

La costumbre es en verdad una maestra violenta y traidora.
Establece en nosotros poco a poco, a hurtadillas,
el pie de su autoridad; pero, por medio de este suave y humilde inicio,
una vez asentada e implantada con la ayuda del tiempo,
nos descubre luego un rostro furioso y tiránico, contra el cual
no nos resta siquiera la libertad de alzar los ojos.

MICHEL DE MONTAIGNE
"La costumbre y el no cambiar fácilmente una ley aceptada"

Así como puedo fortalecer los buenos hábitos para hacerlos más convenientes, puedo oprimir los malos hábitos para hacerlos menos convenientes. No necesito mucho tiempo para explorar la estrategia de la Inconveniencia porque es la imagen en espejo de la Conveniencia. Pero es muy importante que tenga su propio nombre.

A veces, entre más debo esforzarme, mejor. Si quiero detenerme usando el botón de repetición, pongo la alarma del otro lado de la habitación. Un amigo escogió un hotel, basado en el hecho de que sólo podía tener Internet en el centro de negocios. Otro amigo me dijo que tenía dos computadoras: "Una es para trabajar, la otra para pasar el rato", explicó. "Así que si quiero empezar a hacerme tonto, tengo que levantarme de mi silla para ir a la otra computadora. Casi no desperdicio tiempo." La ironía de la "comida conveniente" es que casi siempre son los alimentos que deberíamos hacer menos convenientes. Como advierte el autor Michael Pollan: "Come toda la comida basura que quieras,[98] siempre y cuando la cocines tú."

¿**Una clave para entender muchos malos hábitos?**[99] Impulsividad. Las personas impulsivas tienen problemas para retrasar una satisfacción, a pesar de las consecuencias a largo plazo. Les parece difícil planear por adelantado, y una vez que empiezan algo, sufren para apegarse a eso. También, cuando están ansiosas por una tarea, a menudo se sienten mejor evitándola o posponiéndola. Sin embargo, aunque algunas personas son más impulsivas que otras, todos, a veces, sentimos la urgencia de sucumbir a alguna gratificación inmediata y a menudo eso significa romper un buen hábito.

Entre más difícil es hacer algo, más difícil es hacerlo de forma impulsiva, así que la inconveniencia nos ayuda a apegarnos a nuestros buenos hábitos. Hay seis formas obvias de hacer una actividad menos conveniente:

- Incrementarle la cantidad de energía física o mental que requiere (dejar el celular en otra habitación, prohibir fumar dentro o cerca del inmueble).
- Esconderle cualquier pista (poner el control del video juego en una repisa alta).
- Retrasarla (leer *emails* sólo después de las 11:00 a.m.).
- Emparejarla con una actividad incompatible (para evitar botanear, resolver un rompecabezas).
- Elevar el costo. (Un estudio mostró que la gente con alto riesgo de fumar[100] estuvo de acuerdo con el aumento en el impuesto del cigarro. Después de que Londres impuso la tarifa de congestión para entrar al centro de la ciudad, los hábitos de los conductores cambiaron con menos carros en la calle y más uso del transporte público.)
- Bloquearlo por completo (dona tu televisión).

Por ejemplo, cuando gastar es un inconveniente, es menos probable que hagamos una compra impulsiva. Un amigo controla su impulso de gastar evitando cargar con su tarjeta de crédito. Así no puede comprar nada que cueste más de lo que trae en la cartera. Un lector señaló: "Por muchos años he tenido mi salario pagado en una cuenta de ahorros y luego transfiero el dinero a mi cuenta normal para gastar. Como por lo general hay un retraso en los movimientos, tengo que planear por adelantado y a veces no comprar algo hasta que el efectivo esté ahí. Siempre le he atribuido a este sistema mi habilidad para ahorrar."

Mucha gente quiere deshacerse del hábito de comprar, y una estrategia muy efectiva es hacerlo tan inconveniente como sea posible.[101] No tomes carrito o canastilla. Hazlo rápido, porque entre menos tiempo nos damos para comprar, menos dinero gastamos. Para las mujeres, compren con un hombre. (Las mujeres pasan menos tiempo cuando compran con un hombre, que cuando lo hacen solas, con otra mujer, o incluso con los niños.) No toques o pruebes nada, esto dispara el deseo de adquirirlo. Inhabilita la compra en un *click* de los sitios de Internet. Borra los favoritos de la barra. Cierra tus cuentas de *shopping* después de cada visita, y usa los *websites* como invitado, así tienes que volver a llenar toda la información. Pequeños obstáculos hacen una gran diferencia y es más fácil borrar un favorito que suprimir el impulso de comprar algo. Cambia nuestro alrededor, no nosotros.

Pero, como siempre, diferentes soluciones funcionan para personas distintas. Para mucha gente, comprar *online* es un problema, pero un lector escribió: "Por lo general sólo adquiero cosas en línea. De esta forma no hago compras impulsivas.

Tengo más tiempo para pensar y buscar." Por este breve comentario, sospecho que es un Interrogador.

Comprar por Internet es conveniente, y cada vez se vuelve más y más. Es por eso que la gente que sufre para resistir las compras *online* o "procrastinavegación" puede beneficiarse de las aplicaciones, como Freedom o Self-Control, las cuales hacen inconveniente (o casi imposible) entrar al *email* o visitar *websites* por periodos determinados. Un lector explicó cómo funciona este sistema: "En realidad sólo quiero bloquear un sitio: la sección de chismes de famosos del *Daily Mail*. Restauro el sitio bloqueado cada día, cuando no estoy tentada en particular, sólo necesito armarme de fuerza de voluntad para dar este único *click*, luego la decisión está tomada."

Como la inconveniencia de tomar decisiones nos hace menos propensos a actuar, los empleadores (recursos humanos) pueden usar esta estrategia[102] para alentar a sus empleados a desarrollar buenos hábitos financieros. Por ejemplo, al inscribirlos de forma automática en los fondos de ahorro para el retiro, los empleadores "animan" a los empleados a participar. Éstos últimos siempre podrán cambiarse de opción, pero como implica un esfuerzo, mucha gente no se molesta. Así que, sin ninguna decisión consciente, tienen el hábito escondido de ahorrar para el retiro.

En las áreas de comida y bebida, la gente surge con toda clase de formas ingeniosas para explotar la inconveniencia: "Como con la otra mano." "Uso palillos chinos cuando estoy en casa." "Mantengo la temperatura de mi congelador muy baja. Cuando el helado está duro como piedra, me cuesta trabajo sacarle una cucharada." "En vez de poner refractarios en la mesa, dejo la comida en la cocina. Así, si quiero más, me tengo que levantar." "Mi esposo insiste en tener galletas en casa, así que las metí en un frasco difícil de abrir." "En vez de vino, bebo whiskey, porque el primero me lo tomo de un trago y el segundo de sorbitos." Muchas escuelas han eliminado las charolas en las cafeterías, lo llaman *going trayless*. Cuando los estudiantes no pueden llevar la comida de forma fácil y sólo tienen sus dos manos, deben dar varias vueltas, así que terminan tomando menos cosas. Un estudio descubrió que el *going trayless* detuvo el desperdicio de comida[103] de 25 a 30 por ciento, y también apuesto a que la gente come menos.

En un ejemplo extremo, cuando tres hombres armados aparecieron en la casa[104] de la millonaria Anne Bass y la obligaron a abrir su caja de seguridad, descubrieron unos cuantos cientos de dólares, algunas joyas y chocolate. Explicó a los asombrados ladrones que había guardado el chocolate ahí para no poder comérselo tan rápido. Usó la estrategia de la Inconveniencia.

Por supuesto, a veces no hacemos un hábito inconveniente porque en realidad no queremos cambiarlo. Un amigo me dijo: "Tengo el mal hábito de revisar mi celular cuando voy manejando. Lo pongo en el asiento del copiloto y si suena, no puedo resistirme. ¿Cómo le hago para incrementar mi autocontrol y no checarlo? ¿Cómo puedo motivarme por la seguridad?"

"Olvídate del autocontrol y la motivación", le sugerí: "¿Qué tal si lo pones en silencio y en el piso del asiento de atrás? Así no sabrás si está sonando y de todos modos no lo alcanzarías."

"Ah…" contestó desilusionado. Me di cuenta de que en realidad no quería dejar el hábito de revisar su teléfono.

Había estado buscando maneras para hacer aspectos de mi vida más inconvenientes, como una forma de ayudarme a apegarme a mis buenos hábitos. Pero llegó un punto en que me estanqué por lo aburrido de este esfuerzo.

Llamé a Elizabeth. "¿Crees que soy aguafiestas?" Le pregunté. "¿Me estoy convirtiendo en una máquina de hábitos sin gracia?"

Se rió e hizo una pausa para contestar: "Bueno, sí y no. En realidad me interesa lo que estás pensando, así me gustaría escucharte..."

"¿Pero...?"

"Pero sí, a veces puedes ser un poco desagradable."

"¿Cómo cuándo?"

"Bueno, en general eres divertida, pero recuerdo cuando estábamos en Kansas City. Fuimos a cenar a Winstead y no dejaste que Eleanor pidiera papas a la francesa. 'No puedes decirle a una niñita que no puede comer papas. ¡Una hamburguesa con papas es la comida típica de norteamérica!' Aunque en realidad a tu hija no le importó."

Me reí. ¡Papas a la francesa! Con Elizabeth siempre se trata de eso. Somos tan predecibles.

Protesté: "¿Pero no te acuerdas que le dije que podía pedir papas o *frosty*?" Un *frosty* es la malteada de chocolate súper especial de Winstead. "Y escogió éste. O sea ¿querías papas y *frosty*?"

"Bueno, como sea, la cosa es que a veces tus hábitos parecen sentenciosos."

"¿Crees que soy moralista?" Una de las cosas más agradables de Elizabeth es que aunque piense que ha decidido opiniones y estándares altos de comportamiento, de alguna manera nunca parece enfática.

"De hecho, creo que te has vuelto menos sentenciosa y moralista desde que trabajas en tu proyecto. Siento que ahora sí has descubierto que las personas son diferentes a ti."

"Pensaba que era bastante común, pero creo que soy extrema. No puedo juzgar a la gente por lo que funciona para mí."

"Eso es bueno."

UN TROPEZÓN PUEDE PREVENIR UNA CAÍDA
Protección

Cuando la convicción está presente y la tentación no se ve,
no es fácil concebir cómo cualquier ser razonable
puede desviarse de sus verdaderos intereses.
Lo que se debe hacer, mientras aún cuelgue sólo
en la especulación, es tan sencillo y cierto, que no hay lugar
para la duda; el alma entera cede a la predominancia
de la verdad, y de inmediato determina qué hacer,
cuando el tiempo de la acción viene, será al menos omitido.

SAMUEL JOHNSON, *Cavilación del perezoso*

¿Una de las paradojas de los hábitos? Son resistentes y frágiles de manera sorprendente.

Por esta razón, aun cuando los hábitos se me den con bastante facilidad, los protejo. En vez de *resistir* la tentación, trato de *anticiparla* y *minimizarla* (en mi entorno y en mi mente) y planear por si fracaso. Tengo el hábito de hacer ejercicio. Lo he hecho durante años y me siento incómoda físicamente si pasan varios días sin ir al gimnasio. Aun así, este hábito siempre parece un poco en riesgo. Hay una fuerza oscura jalándonos hacia las rutinas negativas. Debemos mantener un esfuerzo activo y concreto para proteger nuestros buenos hábitos de ella, incluso los que *disfrutamos*.

La estrategia de protección previene que una falla se convierta en una completa recaída.

La historia del astuto héroe griego Odiseo[105] es a menudo invocada como un ejemplo de Protección. La diosa Circe advirtió a Odiseo que cuando él y sus hombres navegaran cerca de la tierra de las sirenas, escucharían los hermosos cantos que atraían a los navegantes a su muerte. El héroe siguió las advertencias de la diosa, e hizo que todos se taparan los oídos con cera. Además, ordenó que lo ataran al mástil para que no pudiera caer en la tentación. Debemos jugar el rol de los dos, tanto de Circe: al advertirnos de las tentaciones y retos, como de Odiseo: al establecer medidas preventivas.

El hecho es que estamos rodeados de tentaciones. Un estudio estimó que la gente pasa alrededor de un cuarto de su tiempo[106] resistiendo algunos aspectos del deseo. Los más comunes son las ansias de comer, de dormir, de darse tiempo libre y algunos tipos de deseos sexuales.

Para rechazar una posible tentación, primero debemos reconocerla. El catolicismo tiene un concepto útil: "Alejarme de las ocasiones de pecar." Es decir, de cualquier persona, cosa o circunstancia externa que nos seduce al mal. Si identificamos estas ocasiones de pecar podemos tomar medidas para evitarlas. Por tanto, el primer paso en la estrategia de Protección es eliminar las pistas que nos guían a esas tentaciones. Después de identificar los cantos de las sirenas que nos llevan a romper nuestros hábitos, podemos descubrir cómo callarlos.

La cosa más fácil por hacer es esconder aquello que nos recuerda la tentación: el iPad, la botella de vino, los catálogos de ropa. *Fuera de mi vista, fuera de mi mente* en verdad funciona.

Sin embargo, algunas veces no podemos evitarlo. Sin que yo lo supiera, Eliza había desarrollado el hábito de no comprar dulces en el camino a casa, cuando salía de la escuela. Lo descubrí cuando me dijo que quería romperlo. Lo hablamos y se le ocurrió una protección obvia: "No quiero caminar a la casa por *Lex*." La avenida Lexington ofrece muchas oportunidades de comprar dulces en cada esquina. "Si no camino por esas tiendas, no los compraré."

Por desgracia, las señales nos acechan por todas partes y a menudo no podemos controlarlas o evitarlas. Una pista puede ser un lugar, un estado de ánimo, una hora del día, una transición, otra persona o un patrón de comportamiento. Incluso el más mínimo olor, sonido o imagen puede ser un detonador. En un estudio se les dio sándwiches a los participantes. La gente a la que se los dieron en una bolsita opaca[107] comió menos que a los que se los dieron en una transparente. La televisión, con sus implacables sartas de comerciales, presenta problemas para aquellos tentados por la comida chatarra. Sin embargo, los anuncios sobre dejar el cigarro ayudan a los que intentan dejar de fumar. El experto en hotelería, Jacob Tomsky[108] notó que algunos alcohólicos piden un minibar vacío cuando se registran en un hotel. Eliminar las señales detiene la tentación antes de que empiece, así nunca nos abruma. Como Montaigne observó: "De todas las cosas los orígenes son débiles[109] y entecos: por eso hay que tener muy abiertos los ojos en los preliminares, pues como entonces en su pequeñez no se descubre el peligro, cuando éste crece tampoco se echa de ver el remedio."

Como es imposible eliminar todas las pistas de nuestro alrededor, necesitamos protección extra. El siguiente paso (y una herramienta de formación muy efectiva) es hacer planes de acción detallados para mantener los buenos hábitos. El investigador Peter Gollwitzer tiene uno llamado "implementación de intenciones",[110] también conocido como "detonadores de acciones" o plan "si-entonces". "Si _____ pasa, entonces haré_____."

Con el plan "si-entonces" tratamos de prepararnos para cada reto que pueda surgir, así no tomaremos decisiones alocadas en el momento, porque ya sabemos de antemano cómo actuar.

Resolver la ambivalencia y la indecisión por adelantado, cuando nuestra mente está fría e imparcial, sirve como protección porque significa que podemos actuar de forma rápida y sin debates internos cuando aparezca la necesidad. Las personas que usan el plan "si-entonces"[111] son mucho más propensas a seguir sus buenos hábitos que las que no. Aunque no sea posible anticipar cada situación que pueda surgir, esta preparación mental es de mucha ayuda. Como observó Dwight Eisenhower: "Los planes son inútiles, pero planear es todo."[112]

Con el tiempo he creado una lista con algunos de mis propios si-entonces:

- Si quiero escribir algo extenso y original, entonces voy a la biblioteca donde no hay Internet.
- Si me ofrecen vino, entonces digo "no gracias" (casi siempre).
- Si voy a escribir, entonces cierro mi *email*.
- Si me invitaron a cenar, entonces tengo que comer algo antes para no llegar con hambre.

- Si estoy escribiendo y necesito verificar alguna información, entonces anoto "buscar" en el texto para recordar que lo tengo que hacer después, en vez de distraerme con lo divertido de investigar.

El plan si-entonces es una de las herramientas más importantes en la estrategia de Protección, porque nos da armas para enfrentar cualquier situación riesgosa con un plan cuidadosamente pensado. Podemos estar preparados para diversos momentos: ir de vacaciones, viajar, tener un bebé, obtener un nuevo trabajo, mudarse, ir a una fiesta... la lista es enorme. Una vez que hemos puesto nuestro empeño en hacer un plan si-entonces, toma mucha menos energía ponerlo en marcha.

El plan si-entonces requiere energía mental, así como cierto pesimismo. Este ejercicio tal vez sea más fácil para los Defensores, quienes disfrutan haciendo y siguiendo reglas. Cuando los Interrogadores se convenzan de la efectividad de este sistema, también lo adoptarán. A los Complacientes tal vez les parezca difícil adherirse al plan si-entonces ("Si quiero volarme una clase, entonces tendré que enviarle al profesor un *mail* para explicarle mi ausencia") si no hay una responsabilidad externa que lo refuerce. Los Rebeldes se resisten a las ataduras, así que por lo general no harán este plan.

La estrategia de Protección puede ayudarnos a evitar romper nuestros buenos hábitos. Cuando es importante, nos otorga una manera para lidiar de forma efectiva con los lapsos, esos momentos en los que fallamos en mantener un buen hábito. Como rezan los proverbios: "Un tropezón previene la caída" y "El que tropieza y no se cae, avanza un paso." Siempre tengo en mente que los tropiezos no significan un fracaso total. De hecho, pueden ser útiles porque me enseñan dónde necesito concentrar mis esfuerzos para mejorar la siguiente vez. Planear un tropiezo durante la formación de un hábito casi parece como que nos damos permiso de equivocarnos, pero no es así. Es una forma de proteger nuestro hábito.

Cuando trastabillamos, es importante no juzgarnos de manera muy severa. Aunque algunas personas creen que los sentimientos de culpa o pena actúan como protectores para ayudar a la gente a apegarse a sus hábitos, lo *opuesto* también es cierto. La gente que se siente menos culpable[113] y muestra compasión hacia sí misma cuando enfrenta un fracaso es mucho más capaz de recuperar el autocontrol. En cambio, le cuesta más trabajo a la que se llena de auto reproches y siente una profunda culpa.

En lugar de ver nuestros tropiezos como evidencia de nuestra debilidad, indisciplina o pereza, podemos percibirlos como parte del proceso de formación de un hábito. Imaginemos a una persona que no se ha tomado su medicina. Si se siente avergonzado, tal vez evite visitar al doctor; pero también podría decirse "a veces pasa", "todos lo hacemos", "lo haré diferente la próxima vez" o "lo que hago la mayoría de los días importa más que lo que hago sólo una vez". Este tipo de auto estímulo es una mejor protección que el auto reproche.

De hecho, la culpa y la pena sobre romper un hábito puede hacer sentir tan mal a la gente que buscan la manera de sentirse bien. (consintiéndose en el mismo hábito que los hace sentir mal en primer lugar.)

Esto explica la notable justicia poética de los malos hábitos.

En mi clase de literatura de la preparatoria estudiamos el *Infierno,* de Dante Alighieri. Allí aprendí que la justicia poética dicta que el castigo está hecho a la medida del crimen. Es por eso que en la visión de Dante, en la novena fosa del octavo círculo del infierno, un demonio castiga a los sembradores de discordia cortándoles continuamente las partes del cuerpo. La justicia poética de los malos hábitos es implacable y cruel, porque *el castigo para un mal hábito es... el mal hábito.* Como me dijo un amigo: "Me siento muy ansioso como para acabar con mis malos hábitos, pero éstos son los que me tienen tan ansioso." Una investigación descubrió que algunas mujeres que se preocupaban sobre sus finanzas usaban la "terapia de comprar" para sentirse mejor.[114] En vez de hacerle frente a su ansiedad, compran. Los apostadores que se preocupan por el dinero, apuestan para distraerse. Cuando los desidiosos se atrasan con una tarea, trabajar en ella los hace sentir tan angustiados que mejor dejan de hacerla. Alguien escribió en mi *blog:* "Me siento ansiosa porque no estoy logrando nada, así que fui a que me dieran un masaje para sentirme mejor. Pero no logro nada por andar ocupada en cosas como los masajes." La gente que se siente apática y aburrida ve la televisión para sentirse mejor, entonces se aburren y están apáticos por pasar horas frente a la televisión. El personaje de Marraneo Pérfido en las películas de Austin Powers resalta el mismo punto: "Como porque estoy deprimido y me deprimo porque como."

La medicina favorita se convierte en veneno, y el bienestar pasajero se transforma en culpa, arrepentimiento y sentimientos de falta de control, lo cual puede derivar en más indulgencia para los malos hábitos. Un Secreto de adultos es: "Hay que asegurarnos de que las cosas que hacemos nos hacen sentir *mejor,* no *peor.*"

Para formar buenos hábitos, hay que tratar de tropezar lo menos posible. Es cierto que un error puede prevenir un fracaso, pero todas las caídas empiezan con un pequeño tropezón. *Así que es muy importante no tropezar.* Ésta es la paradoja: un tropiezo es, y no es, un gran problema.

Además, entre más me apego de forma exacta a mis hábitos, más propensos son a adherirse. Un estudio mostró que cuando la gente está tratando de formar hábitos,[115] el cumplimiento perfecto no era necesario, pero las primeras repeticiones ayudaron a establecerlo. Con el tiempo, el ganar se vuelve más pequeño. ¿La conclusión? Debo empezar fuerte con mis hábitos, y usar métodos para protegerlos, en especial al principio.

Como los tropiezos son más frecuentes durante la formación del hábito, hay que vigilarlos, en particular los primeros días. Hay que superar las obstrucciones en el contexto del autoconocimiento: la tensión con los demás, la presión social, la soledad, el aburrimiento o la ansiedad y (a veces con sorpresa) los sentimientos positivos, como la alegría o la emoción.

Contrario a la lógica, las tentaciones menores pueden ser más retadoras que las mayores. Un estudiante tal vez no diga: "Me voy a pasar la tarde en la playa con mis amigos", pero puede pensar: "Voy a revisar lo más importante de los deportes quince minutos antes de empezar a trabajar", luego otros quince, luego otros quince, y de pronto, ya se fueron tres horas. Las pequeñas tentaciones se escapan de nuestra guardia.

La clave es atraparnos justo en el momento de tropezar. Debido al colorido fenómeno llamado "¡ya qué!" un pequeño error se convierte a menudo en una tremenda caída. Cuando un buen comportamiento se rompe, actuamos como si no importara si está roto poquito o mucho. "No hice nada esta mañana, pero ¡ya qué! Me tomaré el resto de la semana y empiezo el lunes." "Perdí mi clase de yoga todas la vacaciones, pero ¡ya qué! Mejor me espero y regreso en septiembre." La esposa de un amigo usaba el plan si-entonces para evitar la trampa del "¡ya qué!" Cuando hizo su plan para dejar de fumar, le dijo a su esposo: "Si de casualidad me ves con un cigarro, recuérdame que todavía lo estoy 'dejando', no quiero recaer por completo."

En especial, las personas que están a dieta son susceptibles a este tipo de patrón, donde un paso en falso se convierte en una tremenda comilona. Esto se conoce como el "efecto de la violación de la abstinencia". Por ejemplo: "Rompí mi dieta por comer sólo un *minicupcake*, ¡ya qué! Ahora me como toda la caja." También cuando estas personas se dan cuenta de que su dieta ya se arruinó,[116] tienden a hacer un peor trabajo de seguimiento de su consumo, aquí es cuando la estrategia del Monitoreo sería particularmente útil. Al seguir registrando el consumo, una persona gana un sentido de conciencia, y todavía más importante, un sentido de control. Contrario a la lógica, monitorear puede ser tranquilizante. Si estoy pensando: "¡Órale! Me comí una tonelada de albóndigas", me siento fuera de control. Al escribir "seis albóndigas" en mi registro de comida, tengo el control. Seis albóndigas es muchísimo, pero sólo son seis albóndigas.

Una amiga describió cómo cada vez que tropieza, se cae. Me dijo: "Es como si corriera para tragarme toda la comida prohibida que pueda ese día, porque sé que al siguiente debo empezar a comer bien otra vez."

"La gente tiende a auto regularse día con día",[117] le dije.

"O tal vez espero hasta el lunes, o al primero de mes."

"Qué te parece esto", sugerí, "en vez de sentir que arruinaste el día y pensar 'regreso a la dieta mañana', imagina que cada día está dividido en cuatro: mañana, mediodía, tarde y noche. Si destruyes un cuarto, regresas al camino correcto en el siguiente." Fracasito en vez de terrible fracaso.

Un amigo explicó cómo un colega usaba la estrategia de Protección. "Un gerente mayor me dijo: 'Mucha gente en esta compañía tiene amoríos, y he visto muchos matrimonios destruirse como resultado.' Él había mantenido su matrimonio fuerte siguiendo cinco hábitos, y me dijo que también debería seguirlos."

"¿Cuáles son?" Le pregunté.

"Nunca coquetees, ni en broma. Nunca tomes más de una copa con la gente del trabajo. Nunca confíes detalles de tu vida personal con los compañeros ni les permitas que te cuenten nada. Nunca tengas un 'amigo especial' en el trabajo. Nunca te reúnas a solas con un colega o cliente, a menos que sea por un contexto sin lugar a dudas profesional, por ejemplo, si un cliente te llama con boletos para el abierto de Estados Unidos, pero no vayas en pareja."

No estoy de acuerdo por completo con todas estas sugerencias, pero vale la pena considerarlas como posibles protecciones. La gente casi siempre piensa "Yo nunca tendría un amorío." Eso es justo un asunto de buen carácter y valores sólidos. Pero en la práctica, a veces la tentación puede surgir sobre un gran periodo y lucir diferente de lo que esperábamos. Poco a poco, una relación cambia. O por el contrario, un momento intenso o estresante crea una energía repentina que, en el entorno adecuado, lleva a un amorío. El plan si-entonces y los hábitos pueden actuar como protecciones.

Un reto escabroso dentro de la estrategia de Protección es descubrir la forma de permitirnos romper un buen hábito de forma ocasional, sin perderlo por completo. Después de todo, algunas veces queremos romper el hábito, por ejemplo, para aprovechar una rara oportunidad, o para celebrar. Una forma muy efectiva para salvaguardar estas situaciones es la *excepción planeada,* la cual nos protege contra decisiones impulsivas. Somos adultos, hacemos nuestras propias reglas, y podemos escoger de forma consciente el hacer una excepción a un hábito usual, al planearla por adelantado. Por lo general trabajo todo el día, pero cuando entrego el borrador de un libro, me paso el resto del día leyendo en la cama.

Digamos que una persona quiere aprender inglés, y para hacer progresos tan rápido como sea posible, ha creado el hábito de estudiar una hora cada mañana. Luego se va de vacaciones, y tal vez piense, cuando despierte el primer día en el hotel: "Se supone que debo estudiar, pero estoy de vacaciones. Me merezco un descanso." Este tipo de decisión impulsiva para romper un hábito muestra una falta de autocontrol, y no nos gusta sentirnos fuera de control. Por el contrario, si decide con anticipación: "Cuando esté de vacaciones, no voy a estudiar inglés, sino que volveré a empezar tan pronto como regrese a casa." Es decir, hace una excepción pensada, de forma muy consciente, con anticipación, entonces tiene el control.

Una excepción planeada trabaja mejor cuando se hace para algo *memorable.* Dentro de un año, el estudiante de inglés pensará: "Ah, recuerdo lo divertidas que fueron esas vacaciones." Esta es una razón por la que el consumo elitista es una buena estrategia. Significa que hacemos excepciones sólo para las indulgencias que valen la pena. Una buena pregunta para una excepción planeada es: "¿Cómo me sentiré *después*? ¿Pensaré 'estoy tan feliz que rompí mi hábito usual para aprovechar la oportunidad' o 'bueno, pensándolo bien, me gustaría haber tomado otra decisión'?"

Las excepciones también trabajan bien cuando están restringidas o tienen un límite integrado. Faltar al gimnasio para tener tiempo extra y prepararse para el retiro anual, no para la reunión semanal del *staff*. Hacer una excepción para el día de Navidad, no para la temporada de Navidad (de todos modos Navidad es día feriado). Vi la efectividad de este enfoque cuando Elizabeth me dijo: "Este año celebraremos la cena de Acción de Gracias con la familia de Adam, y he decidido que voy a comer relleno. El relleno me hace sentir que de verdad estoy *participando* en la celebración."

"Muy bien", dije. "Primero, haz decidido por adelantado hacer una excepción, así que te sientes controlada. Segundo, el relleno es un símbolo del Día de acción de gracias, así que no te estás privando de la experiencia típica (y es muy útil evitar sentirse así). Tercero, el relleno es limitado. ¿Qué tan seguido puedes comerlo? No es una excepción que pueda convertirse en hábito."

Una solución impresionante.

La estrategia de Protección requiere que nos revisemos de forma realista, y a veces hasta fatalista. Pero aunque reconocer la probabilidad de la tentación y el fracaso puede parecer un enfoque pesimista, nos ayuda a identificar, evitar y superar nuestros probables obstáculos.

NADA SE QUEDA EN LAS VEGAS
Las lagunas

Qué conveniente es eso de ser criaturas razonables,
ya que nos permite encontrar o inventar una razón
para cada cosa que tenemos ganas de hacer.

BENJAMÍN FRANKLIN, *Autobiografía*

Es la naturaleza humana: buscamos lagunas. Incluso cuando estamos bien comprometidos con un buen hábito, aun cuando *disfrutamos* del mismo, estamos buscando una posible justificación para evadirlo... sólo una vez. Con un poco de ingenio, hay una laguna para cada ocasión.

Una laguna es el argumento que nos perdona cuando rompemos un buen hábito. No estamos planeando de forma consciente las excepciones con anticipación, o reconociendo que lo estamos haciendo, sino encontrando una laguna, por lo general de improviso, que nos permita librarnos de culpa.

Las lagunas a menudo revolotean por nuestra mente, casi al nivel de la inconsciencia. Si las reconocemos, podemos juzgarlas y detenerlas. Nuestros malos hábitos nos oprimen más cuando nos engañamos.

De las cuatro Tendencias, los Complacientes luchan más seguido contra las tentaciones de las lagunas. Los Rebeldes no hacen excusas para justificar el hacer lo que quieren; los Defensores e Interrogadores sienten una mayor presión de sus propias expectativas internas para resistir las lagunas. Pero los Complacientes actúan cuando los sostiene una responsabilidad externa, así que buscarán lagunas para disculparse de su obligación. Sin embargo, no importa cuál sea nuestra Tendencia, las lagunas pueden resultar bastante tentadoras. Para identificarlas de forma más sencilla y ayudar a protegerme contra ellas, hice una lista de las diez categorías principales.

Laguna de la autorización moral. En ésta, nos damos permiso de hacer algo "malo" (comer papas fritas, romper el presupuesto) porque hemos sido "buenos." Razonamos que nos lo merecemos o lo ganamos.

- He perdido peso de forma constante con esta dieta, así que está bien si me tomo un atajo.
- He sido tan buena con la meditación, que me gané un día libre.
- Hice muchos mandados en Navidad, me merezco un regalito.
- Soy mucho mejor con esto de lo que era.
- Ahorré tanto por no comprar _____ que me compraré _____.
- Después de todo el trabajo que hice hoy, amerito un vaso de vino.

En un popular, aunque contraproducente ejemplo de autorización moral, la gente usa el ejercicio para justificar un derroche en comida o bebida. "Fui a correr hoy, así que me merezco una cerveza." El hecho es que el ejercicio no ayuda a bajar de peso. Los kilos perdidos son por cambios en la dieta.

Algunas veces no queremos *esperar* a ganarnos o merecer algo. Entonces argumentamos que tenemos derecho a ser "malos" ahora porque planeamos ser "buenos" en el futuro. La variación de la laguna de autorización moral es...

Laguna del mañana. Como parte de mi investigación en los Primeros pasos, identifiqué la "lógica del mañana." *El ahora* no importa, porque mañana vamos a seguir nuestros buenos hábitos. Y, como dice Anita la huerfanita, mañana siempre es un día lejano.

- Seré muy ahorrador en enero, así que no importa si me gasto el presupuesto en diciembre.
- Puedo pasar el día con mis amigos porque empiezo mañana, voy a aplicarme, significa que ya me decidí a terminar mi artículo a tiempo.
- No importa lo que coma ahora porque mañana empiezo mi dieta. (Las investigaciones muestran que la gente que planea empezar una dieta mañana[118] tiende a comer de más.)
- No tiene caso organizar porque este fin de semana voy a hacer limpieza profunda.
- Todo el tiempo viajo por trabajo, pero veré más a mis hijos en verano.
- Mi jefe se queja de que siempre llego tarde, pero a partir del lunes voy a llegar temprano.

Un lector comentó: "Uso las lagunas del mañana para hacer algunos malos hábitos que me sacan de mi verdadera filosofía de dinero y muchas veces alteran mi vida. Me encanta empezar un nuevo día, semana, año, y me excedo porque quiero 'librarme de todo hoy' antes de empezar fresco y hacer las cosas de forma correcta mañana." Otro lector escribió: "En el trabajo, actúo como si mañana fuera un día mágico donde todo irá más suave y fluido y tendré montones de tiempo libre. Entonces me digo: empezaré mañana."

Algunas personas incluso se engañan a sí mismas pensando que la indulgencia extrema de *hoy* les dará más autocontrol *mañana*. Un lector posteó: "Incluso voy tan lejos al tratar de tener un real atracón hoy, que llego al punto de enfermarme, para que así mañana la comida no me cause tentación (por consiguiente mi mañana es mejor). Ahora que lo escribo, no tiene sentido." Pasar un día entero viendo televisión no hace que una persona se sienta menos propensa a ver televisión, o más propensa a trabajar a la mañana siguiente.

Laguna de la falsa elección. Ésta es la estrategia de búsqueda de lagunas que invoco más seguido. Pongo dos actividades en oposición, como si tuviera que elegir entre una o la otra, cuando en realidad no tienen por qué estar en conflicto. He aquí algunas de mis falsas elecciones:

• No he hecho ejercicio, porque ando muy ocupada escribiendo.
• No tengo tiempo para editar mi borrador, he tenido muchos *emails* que responder.
• Si me voy a dormir temprano, no tendré tiempo para mí.
• Estoy súper ocupada, haré las citas cuando las cosas estén más tranquilas.
• No me da tiempo tender la cama o poner la ropa en el cesto porque tengo que llegar temprano.

Una lectora escribió en mi *blog*: "En realidad, una dieta no refleja ninguno de mis profundos valores. No puede. Creo de manera firme que la vida es demasiado corta como para sacar lo mejor de ella (y para mí, esto significa salir, ver a mis amigos, explorar nuevos países, conocer distintos lugares y probar otros sabores) y eso no encaja bien con el perder peso de forma constante, tranquila y a largo plazo. Si mi novio grita por las escaleras '*pub*' (y a menudo lo hace), no le voy a decir 'ay no puedo, tengo que comer lechuga hoy'. Lo siento pero si mañana me atropella un autobús, no voy a recordar la lechuga, pero recordaré las pláticas divertidas y las risas." Como podemos ver, ella contrasta dos opciones (disfrutar la vida hasta el tope y quedarse en casa para comer lechuga) pero, ¿éstas son las únicas dos alternativas?

Otro lector comentó: "En el trabajo, todo el tiempo uso la laguna de la falsa elección. Escribo listas de cosas por hacer con algunos puntos que son fáciles y divertidos, y otros muy ambiciosos, entonces hago las cosas fáciles y divertidas porque 'tengo que hacerlas, están en mi lista', pero entonces ya no me queda tiempo para las pesadas. Esto resulta en desidia con las tareas largas o molestas bajo el disfraz de ser productivo."

Laguna de falta de control. De manera extraña, muchas veces tenemos la ilusión de control sobre cosas que no podemos controlar: "Si me preocupo mucho, es menos probable que el avión se caiga", "Si juego con mis números de la suerte, algún día ganaré la lotería", pero negamos control sobre cosas que sí podemos manejar ("Si mi celular suena, tengo que revisarlo"). Argumentamos que las circunstancias nos fuerzan a romper un hábito, pero muchas veces tenemos más control del que admitimos.

Un amigo me dijo: "Cuando trabajo en mi cafetería favorita, a fuerza tengo que comprar un *muffin*. Es tan bueno que no puedo resistirlo, aunque en realidad no quiera comerlo."

"¿Y por qué no trabajas en otra cafetería?" Le pregunté.

"Pero esa es mi favorita", dijo con seriedad.

"Sí, seguro porque siempre que vas, comes unos de esos deliciosos *muffins*…"

"No es por eso que voy", contestó. Luego se rió. "Bueno, ahora que lo mencionas, tal vez sí sea por eso."

Aunque no podemos controlar cada aspecto de una situación, por lo general podemos controlarla más de lo que nos decimos.

- Viajo todo el tiempo.
- Hace mucho calor. Está muy frío. Hay lluvia.
- He tomado unas cervezas.
- Estas papas han sido creadas por los ingenieros en alimentos para hacerlas especialmente irresistibles.
- Mis hijos acaparan todo mi tiempo.
- Nunca he sido capaz de resistirme a esto.
- Empecé sin darme cuenta de lo que estaba haciendo.
- Con todo lo que estoy haciendo ahora, creo que no puedo adoptar un buen hábito. (Hay una broma en la película *¿Y dónde está el piloto?* En la que el supervisor de control aéreo prende un cigarro y dice: "Elegí un mal día para dejar de fumar." Más tarde, cuando toma una bebida agrega: "Elegí un mal día para dejar de beber." Después: "Elegí un mal día para dejar las anfetaminas." Luego: "Elegí un mal día para dejar oler pegamento.")

La laguna de la falta de control casi siempre viene unida con otra…

Laguna de planear el fracaso. Es raro. En vez de huir de la tentación, a menudo planeamos sucumbir. En lo que los profesores Lee Beach y G. Alan Marlatt apodaron: "decisiones aparentemente irrelevantes"[119] hacemos una cadena de decisiones (que se ven como inofensivas) que nos llevan de manera encubierta a las mismas circunstancias que encontramos irresistibles.

Mucho tiempo he estado obsesionada por la extraña y brillante estructura de un libro[120] llamado *The Boy Castaways of Black Lake Island*. Esta obra, de J.M. Barrie, habla sobre tres chicos que se embarcan a buscar la aventura de ser capturados. Me atrapó en particular la primera línea: "Salimos de viaje para ser atrapados." Fracasar era el propósito mismo de su proyecto.

- Sólo reviso mi correo antes de irme a la junta, y hago esta llamada... ¡Ay no! Es muy tarde. Ya no tiene caso ir a la junta.
- Atravesé toda la ciudad para ir a la tienda *gourmet* a comprar brócoli, y terminé comprando su *cheescake* especial. ¿Quién puede resistirlo?
- Compraré un whiskey para tener en la casa por si alguien va a visitarnos.
- Mi esposo y yo adoramos las vacaciones en los cruceros "todo incluido" y no podemos resistir la tentación de sus bufetes coma-todo-lo-que-pueda.
- Jugaré quince minutos de un videojuego antes de ponerme a trabajar. Bueno, está bien, otros quince minutos.
- Me recostaré en el sofá para generar una lluvia de ideas más cómoda.

Un amigo me dijo: "Conozco a un chico en Los Ángeles que tiene algunos problemas con las apuestas. La última vez que lo vi me dijo: 'Acabo de perder una tonelada de dinero en Las Vegas.' Le contesté: 'Pero se suponía que ya no ibas a ir.' Respondió: 'Pues no, pero no fui para jugar.' Le pregunté: 'Entonces, ¿por qué fuiste?' Y me dijo con una seriedad absoluta: 'Compré un carro nuevo y quería hacerle una prueba de manejo'."

Salimos de viaje para ser atrapados.

Laguna del "eso no cuenta." Nos decimos a nosotros mismos que por alguna razón, esta circunstancia no "cuenta". Después de la universidad viví en una casa compartida. Un día, con actitud de superioridad, el novio de mi *roomate* me dijo: "Vaya, me gustaría tener tanto tiempo libre como tú para poder leer por placer." Casi vivía con nosotras, así que me había dado cuenta cómo gastaba su tiempo y le contesté: "Pero tienes mucho tiempo libre, te la pasas viendo los deportes en televisión." Me dijo: "Ah, eso no cuenta." Pero todo cuenta.

- Estoy de vacaciones.
- Estoy en época de celebración. (En promedio, las personas suben medio kilo en la época decembrina, y la mayoría no lo baja. La gente con sobrepeso tiende a subir más.)
- ¿Para qué son los fines de semana?
- Estoy enfermo.
- Es sólo lo que dejó mi hijo en el plato.
- Es algo de una-sola vez. (Samuel Johnson observó: "Aquellas faltas que no podemos esconder[121] de nuestra propia atención, son consideradas, sin embargo frecuentes, no como corrupciones habituales, o prácticas es-

tablecidas, sino como errores casuales, como simples lapsos.")

- Ordené para los dos, lo cual significa que vas a comer la mitad, aun si yo como algo completo.
- Ya dejé de beber en absoluto. Excepto los fines de semana y cuando salgo con mis amigos.
- Estoy haciendo un poco de ejercicio, así que quemaré esto de inmediato.
- Todavía no quiero eso.
- Este periodo de mi vida está tan estresado que no puedo estar esperando hacer algo, excepto concentrarme en mis fechas límites/caso en juicio/familiar en el hospital.

Esta laguna es un riesgo laboral para mi hermana. Para un escritor de televisión, rodar un episodio piloto es muy emocionante, pero implica un estrés extraordinario. Ella ha hecho esto varias veces y me dijo: "La tentación cuando rodamos un piloto es decir: 'Nada más importa. Estamos muy ocupados, esto está separado por completo de la vida real, no cuenta.'"

"Todo cuenta", dije con un suspiro.

Siempre podemos decidir a conciencia hacer una excepción, pero no hay cosas gratis, no podemos desconectarnos, no hay tarjetas para "salir libre de la cárcel", y *nada se queda en Las Vegas*.

Laguna de suposiciones cuestionables. Hacemos suposiciones que influyen nuestros hábitos (a menudo para mal) y muchas de éstas se vuelven cada vez menos convincentes. Un lector posteó un buen ejemplo: "Puse un raro bloqueo mental sobre mi tiempo. Por ejemplo, si son las 9:00 a.m. y tengo una cita a las 11:00, pienso: 'Oh, tengo que hacer algo en dos horas, así que en realidad no puedo empezar nada serio' y entonces termino desperdiciando mi mañana esperando a que una cosa pase."

Nuestras suposiciones suenan razonables, pero… ¿lo son?

- Esto está tardando mucho. Ya debería haberlo hecho.
- No puedo empezar a trabajar hasta que mi oficina esté limpia.
- Estoy muy ocupado para subir por las escaleras. Seguro es más rápido por el elevador, aunque haya una larga fila.
- Toda la gente creativa es desordenada.
- Ya me bañé, así que no puedo hacer ejercicio.
- Tal vez algún día necesite esto.
- Estoy tan atrasado, ya ni caso tiene hacer algo para ponerme al corriente.
- Tengo que desquitar lo que pagué por este bufet come-todo-lo-que-puedas.
- Mi instructor se enojará porque he faltado muchas veces.
- Estoy haciendo ejercicio, creo que los kilos que subí han de ser músculo.
- Esto me ayudará a concentrar.
- Si no puedo sudar una hora, no vale la pena ejercitarme.

Una Laguna de suposición cuestionable bastante engañosa es la creencia de que un hábito ha llegado a estar tan arraigado que podemos quitarlo fácil: "Registrar los gastos de mis viajes se ha vuelto mi segunda naturaleza", "Me gustan tanto mis ratos de escritura en la mañana, nunca los dejaré." Por desgracia, aun los hábitos de más tiempo pueden ser más frágiles de lo que aparentan. La gente tiende a sobreestimar su dedicación. Por ejemplo, un lector posteó: "Dejé la Nutella en diciembre del 2011. Unos años después pensé que sería capaz de manejarla, así que compre dos frascos en oferta. Comí 4 000 calorías en 36 horas." Experimenté algo similar con mi coche. Soy una conductora miedosa y durante muchos años no manejé en la ciudad de Nueva York. Después enfrenté mi temor y empecé otra vez. Todavía no me gustaba, pero lo hacía, y me propuse manejar una vez a la semana para que no me regresara el miedo. Sin embargo, más de una vez, me descubrí pensando: "*Wow*, ya no me asusta, creo que ya no es necesario que maneje." ¡Ajá!

Laguna de preocupación por los demás. Es cuando nos decimos que estamos actuando por consideración a los otros y tomando decisiones generosas y desinteresadas. O cuando decidimos que debemos hacer algo para encajar en una situación social.

- Mi novia se va a sentir mal si la dejo para ir a correr.
- Mucha gente me necesita, no tengo tiempo para concentrarme en mi salud.
- Sería grosero de mi parte si voy a la fiesta de cumpleaños de mi amigo y no como pastel.
- No quiero parecer santurrón.
- Cuando intento cambiar este hábito, me pongo de malas, y entonces mi familia se queja.
- No puedo pedirle a mi pareja que se quede con los niños mientras me voy a clase.

- En la cena de negocios, puedo incomodar a otros si no bebo.
- No estoy comprando comida chatarra para mí, es para tenerla a la mano para los demás.

Una lectora con un gran problema de percepción de búsqueda de lagunas posteó en mi blog: "Me falta motivación por culpa de las necesidades de otros. Cuando despierto temprano, me siento genial. Es un momento muy creativo y productivo para mí. Sin embargo, mi amor y yo, usamos el tiempo de antes de levantarnos para acurrucarnos. Aunque él me echa porras para que me levante, mi cerebro dormido que no se quiere levantar lo culpa a él de mi falta de motivación (no quiero dejarlo acostado, etcétera). Me pasa lo mismo con mi madre y la comida saludable cuando estoy en su casa. Aunque me apoya, me descubro alcanzando la segunda galleta porque 'no quiero que se sienta mal o piense que no me gustaron'. Sé que éstas son excusas y no la realidad, pero lo peor es que termino con resentimientos hacia los demás."

Laguna de la falsa auto realización. A menudo, una laguna se distingue como un abrazo a la vida, o como la aceptación del ser. Así que el fracaso al alcanzar un hábito parece una afirmación de la vida, casi espiritual.

- Sólo se vive una vez (SSVUV).
- Me sentiría mal si al menos no lo intentara.
- Debo celebrar esta ocasión especial. (¿Cuál especial? ¿El Día del tamal? ¿El cumpleaños de un colega?)
- La vida es muy corta para no vivirla.

- Tengo que aprovechar esto ahora o lo perderé para siempre. (Los restaurantes de comida rápida explotan esta laguna.[122] Los clientes compran más cuando una oferta por tiempo limitado está unida a una estación, un evento, una festividad específica, como el *latte* de calabaza o las donas en forma de corazón.)
- El día está demasiado lindo como para pasármelo haciendo esto.
- Tengo miedo de perderme (TMDP).
- Quiero amarme a mí mismo, justo como soy. (Como que me recuerda "Aceptarme y esperar más de mí mismo.")

Cuando estaba explicando mi enfoque de Abstemio a una conocida, me regañó: "¡Sólo vives una vez! ¡Cómete un *brownie*, disfruta tu vida!"

"Sólo vivimos una vez", dije, "pero soy más feliz cuando me abstengo de un *brownie*". Lo cual es cierto.

Para la mayoría de nosotros, el verdadero propósito no es disfrutar unos pocos placeres momentáneos, sino construir hábitos que nos hagan felices a largo plazo. A veces, esto significa dejar algo en el presente, o exigir más de nosotros mismos.

Laguna de "una-moneda." Una de las más insidiosas lagunas, y digo insidiosa porque es completamente verdad, es la de "una-moneda". Este nombre lo tomé del "argumento del montón creciente",[123] el cual lo aprendí en el *Elogio de la estupidez,* de Erasmo de Rotterdam. Según una nota al pie, el argumento del montón creciente es:

Si diez monedas no son suficientes para hacer a un hombre rico, ¿qué pasa si agregas otra moneda? ¿Y otra? Al final tendrás que decir que nadie puede ser rico a menos que una moneda pueda hacerlo.

En otras palabras, aun cuando una moneda ciertamente no es suficiente para hacer a un hombre rico, un individuo sólo se vuelve rico agregando una moneda tras otra.

Esta historia resalta una paradoja muy importante para los hábitos y la felicidad: muchas veces, cuando consideramos nuestras acciones, está claro que cualquier actividad sola, casi no tiene sentido; aunque al mismo tiempo, la suma de todos estos movimientos es muy significativa. Nuestro comportamiento se formará dependiendo en qué nos concentremos: en la moneda sola o en el montón creciente. Es cierto, una ida al gimnasio no tiene consecuencias, pero el hábito de hacerlo es invaluable.

Concentrarse en una moneda es una forma de negar el conflicto entre nuestros valores: una persona no está escogiendo entre el deseo de estar cerca de su familia y su deseo de faltar al almuerzo familiar para quedarse a dormir (porque faltar a un almuerzo no es gran problema). Pero cuando considera el costo acumulado de todas las ausencias, el conflicto se ve diferente.

- No he trabajado en ese proyecto desde hace mucho tiempo, no tiene caso que lo haga esta mañana.
- No voy a usar el casco. ¿Cuántas probabilidades tengo de accidentarme hoy?
- Debería registrar mis gastos de la oficina, pero no tiene caso guardar este recibo.

- ¿Para qué trabajo hoy en mi reporte si falta mucho para la fecha de entrega?
- Dentro de un año no importará si hoy me fui a un centro de videojuegos.
- ¿Qué es una cerveza?

Al recordarnos que el montón crece una moneda a la vez, podemos ayudarnos a controlarnos. Además, el simple acto de sumar una moneda al montón refuerza nuestro hábito, tal como restarle lo debilita. Así que cada moneda, en realidad son dos: el hábito por sí mismo y su protección y refuerzo. El hábito de seguir un hábito, es mucho más importante que el hábito por sí mismo.

Por esta razón, puede ser útil seguir rutinas simbólicas para mantener un hábito en su lugar, incluso si no podemos seguirlas de forma literal. Alguien que no puede ir a correr porque su esposa está enferma, puede salir a caminar un ratito. Alguien que no puede escribir una hora porque sus hijos no fueron a la escuela, puede hacerlo diez minutos.

Por lo general, las lagunas surgen de momento, por las ganas de justificar no cumplir con un hábito. Paso la primera hora de mi día en el *email*. Una mañana tenía que contestar muchos correos complicados y aburridos. Quería correr de mi escritorio. Cuando me senté, sentía que mi mente generaba lagunas apropiadas, igual que un celular buscando señal. "Casi siempre soy trabajadora", "Una hora de *email* no hace la diferencia" y "Si no los contesto ahora, al rato tendré más ganas de hacerlo." Estos pensamientos revoloteaban en mi cabeza sin esfuerzo. Entonces me recordé que ya había decidido "pasar este tiempo respondiendo *emails*".

Al descubrirnos en el acto de generar una laguna, nos damos la oportunidad de rechazarla. Esto nos apega más al hábito que queremos fomentar.

ESPERA QUINCE MINUTOS
Distracción

La abnegación deliberada lo deja a uno absorto en sí mismo,
intensamente consciente de lo que ha sacrificado;
como consecuencia, muchas veces fracasa en su objetivo
inmediato y casi siempre en su propósito último.
Lo que se necesita no es abnegación, sino ese modo
de dirigir el interés hacia fuera que conduce de manera
espontánea y natural a los mismos actos que una persona
absorta en la consecución de su propia virtud
*sólo podría realizar por medio de la abnegación consciente.**

BERTRAND RUSSELL, *La conquista de la felicidad*

Una noche le conté a Jamie que estaba investigando una nueva estrategia para los hábitos. Cuando estoy tratando de resolver una idea, hablar de ella me ayuda a entenderla mejor. Jamie no siempre disfruta el rol de caja de resonancia, pero esa noche estaba dispuesto.

"¿Y cuál es?", preguntó.

"La estrategia de la Distracción."

"Eso suena fácil, a mí me pasa todo el tiempo."

---

* Traducción de Juan Manuel Ibeas. De bolsillo. Random House 2003.
http://www.mercaba.org/SANLUIS/Filosofia/autores/Contempor
%C3%A1nea/Russell/Russell,%20Bertrand-%20La%20conquista%20de%20
la%20felicidad.pdf

"No", respondí, "no es el tipo de distracción que pasa de forma accidental. Tienes que hacerlo *a propósito*, y eso puede ser difícil."

Luego Jamie se distrajo de nuestra conversación porque necesitaba un paquete para un viaje de negocios. Paré mi explicación, pero seguía pensando en la estrategia.

Cuando nos distraemos a propósito, redirigimos nuestros pensamientos. Al hacerlo, cambiamos nuestra experiencia. La Distracción nos puede ayudar a resistir las tentaciones, minimizar el estrés, reanimarnos, tolerar el dolor, y puede ayudarnos a apegarnos a nuestros buenos hábitos.

Por supuesto no es suficiente con distraernos, debemos hacerlo de forma correcta. Revisar el Pinterest no es una buena opción para alguien que quiere dejar el hábito de comprar en Internet por las noches, leer una novela de misterio podría funcionar mejor. Además, hacer un cambio sólo mental puede ser difícil, por eso la distracción funciona mejor cuando incluye actividad física: salir a caminar, hacer carpintería o manualidades, limpiar la caja del gatito. Claro que si disfrutamos la distracción, como jugar atrapadas con los niños, ¡qué mejor!

Usar la estrategia de la Distracción no significa tratar de *suprimir* un pensamiento no deseado, sino cambiar la atención de forma deliberada. Cuando intentamos eliminar un pensamiento en particular, a veces desencadenamos el "irónico rebote". Así que, de forma paradójica, todo el tiempo estamos pensando en eso. Entre más intento evitar pensar lo cansada que estaré si no me duermo, más insistente se vuelve el pensamiento, hasta que estoy tan angustiada que me es imposible dormir. Por eso no trato de evitar pensar "tengo que dormir", sino dirigir mi atención a otra cosa.

Aunque la gente piensa muchas veces que el antojo se incrementa con el tiempo, las investigaciones muestran que con la distracción activa,[124] los deseos (incluso los más fuertes) por lo general se apagan en quince minutos. Por eso ahora, cada vez que estoy tentada a romper un buen hábito, o perdonarme en cometer uno malo (dos lados de la misma moneda), me digo: "No puedo dejar mi escritorio, en quince minutos." La postergación de quince minutos casi siempre es suficiente para que otra cosa acapare mi atención. Si me distraigo lo suficiente, puedo olvidarme del deseo por completo.

Una amiga me dijo que si está tentada a despilfarrar cuando compra, se resiste a sacar la compra impulsiva del estante. "Me digo: 'Si todavía lo quiero cuando haya terminado de comprar, puedo regresar por él.' Pero para ese momento, seguro ya lo olvidé o es mucho lío alcanzarlo. Sólo regreso si *de verdad* lo quiero." También, el hecho de decirme: "Si quiero lo puedo hacer, sólo espera quince minutos", a menudo funciona mejor que un rotundo "no" (incluso para una Abstemia como yo). "No" a veces no lleva a reaccionar de forma negativa porque los sentimientos de privación hacen más tentador lo prohibido.

Esperar quince minutos es muy efectivo contra mi creciente "hábito de revisar". Cuando estoy en el escritorio de mi casa con tres monitores, o desconectada de mi teléfono, siento cada vez más y más el deseo de revisar mi *email*, Faceebook, Twitter, LinkedIn, Pinterest y todo lo demás. Pero si lo hago, puedo empezarlo otra vez. Quiero tener este hábito bajo control antes de que en verdad se vuelva un mal hábito.

Esto de revisar aumentó por el fenómeno del "refuerzo intermitente." Por lo general mi *email* no es muy gratificante, pero a veces (y nunca sé cuándo) me llega un correo maravilloso.

Este tipo de refuerzos instantáneos, variables e impredecibles es el sello de muchas acciones poderosas para formar hábitos, tal como las máquinas tragamonedas. Revisar también tiene sus recompensas porque ofrece la posibilidad de resoluciones, recibo respuestas de mis correos, aprendo la definición de "claustral", veo que 150 personas comentaron mi *post*. Y eso se siente bien.

En verdad, revisar produce ciertas recompensas de cuando en cuando, pero no quiero el hábito constante de checar, y postergarlo me ayuda a cortarlo antes de que crezca. Ahora, cuando me siento buscando mi Smartphone, o a punto de darle *click* al *email* y redes sociales, me digo: "Espérate quince minutos." A veces todavía quiero checarlos, pero a menudo estoy en medio de algo más y el impulso ha pasado.

He escuchado muchas variaciones divertidas de Distracción. Una persona da veinte saltos antes de comer un *snack*; otra toma un vaso de agua entre cada copa de vino; alguien más se concentra en la planta de sus pies. He escuchado que oler toronja o menta ayuda a contener el apetito. Mucha gente mantiene sus extremidades atareadas para evitar comer botanas. "Hacerme manicura mantiene mis manos ocupadas", me explicó una amiga, "y no puedo comer nada si mis uñas están arregladas".

La distracción también puede facilitar mis buenos hábitos porque mantiene mi mente fuera de preocupaciones o me alivia de estar deprimida. Si puedo entrar de forma suave a un mejor estado mental, soy más capaz de usar el autodominio. No es de sorprenderse que los estudios sugieran que la distracción trabaja mejor si dirige nuestras mentes a algo interesante y placentero, en vez de algo angustiante o muy excitante. *Shrek*, no *La lista de Schindler*.

Suponía que la estrategia de la distracción podía ayudarme a calmar la agitación que siento cuando soy criticada de forma injusta, y pronto tuve la oportunidad de probarlo. Por lo general, los *emails* de mis lectores son amables, o al menos constructivos, pero durante una semana, uno atacó mi apariencia, otro me dijo que era un mal ejemplo para mis hijas y otro caricaturizó mi práctica de proveer *links* de vendedores de libros (con toda la divulgación de mis relaciones afiliadas) con un letrero de: "recibo sobornos".

Cuando recibo este tipo de *emails*, mi hábito (todo un reto) es mantener un tono apacible. A veces, incluso les mando una respuesta cordial. Una vez, una persona me envió un molesto *email* y *tres años después* me escribió para disculparse. Para calmarme antes de contestar uso la Distracción. Entro al sitio de Science Daily para reunir mi autocontrol y dar una respuesta educada.

En la misma línea he notado que algunas personas usan sus Smartphones para distraerse de estados de ánimo negativos. Un amigo se iba a perder una reunión importante que habíamos agendado porque tuvo que ir a un funeral. "Llámame mañana en la tarde y me cuentas qué pasó", me dijo.

"¡No puedo llamarte!" Le contesté. "Estarás saliendo del funeral de tu abuela."

"Me gustaría una llamada tuya. Sería una distracción."

Esta estrategia también puede ayudar a la gente a pelear contra el canto de las sirenas de las *noticias papitas*. No me atraen mucho estas noticias, por eso me tardé un poco en entender este reto.

Las "noticias papitas" son esas que siempre se repiten, que leerlas requiere poco esfuerzo y que se consumen en cantidades masivas: crímenes, desastres naturales, opinión política, chismes de celebridades y deportes, o interminables fotos de casas hermosas, comida, ropa o gente. Su información casi siempre es sensacionalista para lograr el máximo efecto emocional, es decir, hacer que la gente se sienta impresionada, asustada, envidiosa, enojada, insegura o indignada.

La mayoría de nosotros disfruta este tipo de noticias de forma ocasional, por ejemplo, la entrega de los Óscares o las Olimpiadas. Pero aquellos que se permiten pasar horas de manera regular descubren que están enojados consigo mismos por verlas, y consternados por lo que están observando, aunque incapaces de alejarse.

Mucha gente considera que pasar tiempo excesivo con estas noticias es un mal hábito, y que también puede incrementar otros porque la gente está tan agitada por ellas que pierden el dominio de sí mismos y caen en malos hábitos para sentirse mejor. Una persona escribió: "Estaba tan preocupado por las elecciones que me comí media charola de *brownies* de crema de cacahuate viendo las noticias de CNN." Es importante seguir las elecciones presidenciales, pero necesitamos lidiar con los eventos remotos de maneras que no descarrilen nuestros intentos por controlarnos.

La Distracción puede ayudar. Al alejar de forma consciente la atención de las noticias *papita,* la gente puede librarse de esta enganchadora forma de consumir el tiempo. Pueden leer una novela, jugar con el perro o *Sudoku,* o cualquier cosa que los separe de la pantalla. A veces, las personas se limitan a las noticias escritas o establecen límites de tiempo. Una persona me dijo: "He 'comprado' en StreetEasy durante tres años. Trato de limitarme a visitar el sitio un par de veces a la semana, pero es difícil."

Por supuesto que el hábito de la distracción puede ser malo para algunos y bueno para otros. Un amigo lee los deportes y cultura pop de Grantland para distraerse cuando quiere una cerveza en una noche de trabajo. Por otra parte, alguien dijo: "Me he dado cuenta de que no puedo tomarme un *break* de cinco minutos y entrar a ESPN.com. Leo una cosa, luego otra. Además, soy de Cincinnati, así que me importan mucho los Bengalies, y si por alguna razón leo algo negativo sobre ellos, me pone de muy mal humor y no puedo trabajar."

Aunque no me atraen las noticias *papita,* a veces me encuentro cayendo presa de un problema relacionado: el "mal trance". Éste me golpea a menudo cuando estoy exhausta y, de forma paradójica, me siento demasiado cansada y demasiado conectada para irme a dormir. Muchas veces cuando estoy en el mal trance, me perdono cosas que ni siquiera disfruto. Veo mala televisión, termino un libro aburrido, como cosas que no son deliciosas, navego en un sitio que ni me interesa, o de forma más inexplicable, hojeo una revista que ya leí.

En un buen trance o estado de fluidez, el tiempo pasa rápido y se siente placentero. Cuando salgo, estoy energizada y feliz. En un mal trance, el tiempo se siente ni lleno ni vacío, y me descubro sentada con la boca medio abierta, arrepintiéndome del tiempo perdido. Algunas veces me encanta acostarme en una cama de hotel y pasar una hora cambiándole a los canales, pero no quiero hacerme un hábito de entrar en un mal trance. Vigilo los síntomas: un sentimiento de letargo que me hace difícil levantarme de la silla, acompañado de apática curiosidad. Y hago el esfuerzo para distraerme del anzuelo del trance.

Un beneficio inesperado de irme a dormir temprano fue que mis malos trances bajaron mucho. Cuando no estoy exhausta y no ando despierta tan noche, no caigo en este hábito.

La Distracción puede ser útil, pero sin lugar a dudas también puede ser de poca ayuda. Por ejemplo, el "ping" de un *email* nuevo interrumpe mis pensamientos cuando estoy trabajando, y una vez que sé que tengo un *email* nuevo, es muy difícil resistirme a leerlo. ¡Refuerzo intermitente! Así que usé unos minutos de mi Hora de Poder para descubrir cómo apagar ese sonido.

También, para evitar distracciones inútiles, muchas veces me voy a escribir a la biblioteca cercana a mi departamento. No trabajo en una oficina, así que no tengo compañeros que me interrumpan, pero trabajo en mi casa donde incluso la *posibilidad* de la interrupción me distrae. En la biblioteca sé que el teléfono no sonará, la puerta no rechinará, el correo no llegará.

Un amigo que trabaja en el estudio de su departamento descubrió una forma para evitar las distracciones de las siestas y los *snakcs*. Cada mañana tiende su cama, desayuna y "se va a trabajar", esto significa que no puede sentarse en la cama o entrar a la cocina, excepto para la hora de comer. La autora Jean Kerr pasó la mitad de su tiempo de escritura[125] en un carro de la familia estacionado, donde no tenía distracciones de sus cuatro hijos pequeños y donde no hacía nada más que trabajar.

Aunque trabajar en la biblioteca resolvió mi problema de distracción, en un punto empecé a preguntarme si "podría" entrenarme para trabajar mejor en casa. ¿Podría desarrollar el autocontrol para resistir el canto de las sirenas del *email*, Facebook, Twitter, LinkedIn, y todo lo demás? ¿Podría gobernarme para no tener que empacar e ir a la biblioteca?

Entonces me di cuenta: No. Mis hábitos están muy bien así. Cuando estoy en casa trabajo con lo relacionado al mundo del Internet, como el *email* y las redes sociales; cuando hago el trabajo fuerte de escribir me voy a la biblioteca, o al menos a una cafetería. ¿Para qué forzarme a cambiar? ¡Me encanta la biblioteca! Es un *regalo* trabajar ahí. Está a una cuadra de mi departamento, así que no gasto mucho tiempo en ir y venir. Es bueno caminar, respirar aire fresco, ver la luz del sol y tener un pequeño espacio entre la "casa" y el "trabajo."

Además, me conozco. Necesitaría mucho autocontrol para desarrollar el hábito de limitar mi uso del Internet cuando estoy en casa, pero en la biblioteca, eso no es un problema. ¿Para qué gastar energía de autocontrol de forma innecesaria? Es más fácil cambiar mi entorno que a mí misma.

He descubierto otro extravagante intensificador de la concentración. Cuando me siento a escribir, siempre tengo el deseo de traer algo en la boca (un chicle, una botana, una bebida caliente) porque me ayuda a concentrar. Aprendí que puedo satisfacer este deseo masticando un agitador de plástico. Saqué esta idea de Jamie, quien adora mascar cosas. Su juguete favorito son los tapones de las plumas, y aparecen roídas por todo el departamento junto con pedacitos de plástico. Cada vez que vamos al cine, agarra un popote para masticar mientras vemos la película. También mastica agitadores de plástico y decidí intentarlo. Quedé *sorprendida* por lo útil que es este hábito. Ahora los guardo en mi oficina y en la mochila, y cuando me siento en mi computadora, pongo uno entre mis dientes y me ayuda a concentrar. Es probable que esto sea el equivalente adulto del chupón, pero funciona. Tal vez es el efecto placebo, pero es bastante efectivo. Me preocupa que a lo mejor no sea una buena idea masticar plástico ¡Oh bueno!

De forma paradójica, supongo que a veces un periodo corto de distracción puede ayudarme a evitar distraerme. Cuando tratamos de concentrarnos por mucho tiempo, es útil tomarse un descanso refrescante y breve (énfasis en *breve*). Cuando una amiga se estanca, hace malabares. "Es el *break* perfecto", me explicó. "Es divertido, atractivo, necesita concentración aunque es mecánico. Y puedo hacerlo por mucho tiempo, así que mi descanso puede ser muy largo."

Me di cuenta de que tengo un hábito como ése, antes pensaba que era un *mal* hábito, pero en realidad es bastante *bueno*. Me gusta deambular por los estantes de la biblioteca para ver si algún título atrapa a mis ojos. Me encanta hacerlo y de esta forma he descubierto un número sorprendente de buenos libros. Siempre lo había considerado como un uso ineficiente del tiempo, pero es la distracción perfecta.

El hecho es que no puedo escribir tres horas de corrido, ni siquiera cuarenta y cinco minutos. Necesito muchos descansos. Un Secreto de adultos es: "Para continuar, a veces necesito darme permiso de parar."

SIN LÍNEA FINAL
Recompensas

La recompensa de una cosa bien hecha es haberla hecho.
RALPH WALDO EMERSON, *"Reformadores de Nueva Inglaterra"*

He meditado por varios meses sin faltar un solo día a mi práctica, y ya no me siento ridícula cuando me bajo al cojín cada mañana. Pero la mayor parte del tiempo, no veía ningún cambio en mí, y estos cinco minutos de meditación se fueron haciendo más frustrantes y aburridos. Una mañana, después de poner mi alarma y colocarme en posición, tuve un fuerte deseo de pararme en ese momento.

No lo hice, pero mis reflexiones acerca de por qué no me había levantado de un salto frustraron mi intento de poner la mente en blanco. Me senté a la luz de los primeros rayos de sol, sin meditar, pensando en mi hábito. Estaba estancada por dos razones. Primero, porque sabía que no debía romper un buen hábito por un capricho. *Decido, entonces no decido.* Segundo, porque había logrado la rutina de meditar, saltarla me haría sentir como si hubiera empezado el día con el pie izquierdo. Éste es el poder del hábito: la herramienta me ayuda a apegarme a mis buenos hábitos, y a los malos también.

Tal vez meditar me estaba transformando de una forma imperceptible. Tal vez mi rechazo mostró cuánto lo necesito. Tal vez si continuaba, experimentaría un descubrimiento. *O tal vez no.*

Como Defensora, el argumento: "Has sido muy disciplinada, ¡te mereces un día libre!" en realidad no me tentaba. Pero por un instante pensé: "Tal vez debería darme una recompensa por seguir con la meditación." Este enunciado parecía peligroso por alguna razón, pero no sabía por qué. ¿Acaso un premio no era una buena forma de mantenerme motivada?

Y así estuve, piense y piense, hasta que escuche con alivio los "grillos" de mi alarma y me puse de pie.

Este flujo de conciencia, más una breve conversación con una amiga, hicieron que me concentrara en el asunto de las recompensas y sus riesgos. Ella me dijo: "Estoy a dieta, pero en el minuto en que llegue a la meta de mi peso, me recompensaré con un exquisito pastel de chocolate." Incluso, más allá del hecho obvio de que su plan parece debilitar todo el propósito de la dieta, esto me suena como una mala idea pero, ¿por qué?

La estrategia de la Recompensa es un método tradicional y popular para alentar el buen comportamiento. Es tan conocido y aceptado que, de hecho, es fácil asumir que es efectivo. Si vas a correr, te puedes tomar una cerveza.

Pero, ¿así funcionan los hábitos? Premiar un buen comportamiento suena como una idea sensible *en la superficie*. Pero entre más pensaba en las recompensas[126] (leyendo investigaciones y, más importante, observando el comportamiento de las personas) más escéptica me volvía. Las recompensas tienen muchas consecuencias complejas. Esto lo exploraron escritores como Alfie Kohn en *Punished by Rewards* y Daniel Pink en *Drive*.

De hecho, con el tiempo concluí que los premios pueden ser *peligrosos* para la formación de hábitos. Si quiero establecer una rutina, debo usar las recompensas de forma cuidadosa y limitada. Descubrí la ironía: estudiar la estrategia de Recompensas significa estudiar por qué debemos *evitarlas*.

Una recompensa interfiere en la formación de un hábito por tres razones.

Primero, un premio me enseña que no haré una actividad particular por sí misma, sino para ganarme la recompensa. Por tanto, aprendo a asociar la actividad con una imposición, una privación o sufrimiento. Esta consecuencia bien documentada (pero siempre ignorada) se ve reflejada en la diferencia entre la motivación externa e interna.

Estamos *motivados de forma extrínseca* cuando hacemos una actividad para obtener una recompensa externa (una manzana) o para evitar un castigo externo (unos palos). Estamos *motiva-dos de forma intrínseca* cuando perseguimos una actividad por su propio bien. Usar una motivación intrínseca nos hace más propensos a seguir el hábito y encontrarlo satisfactorio.

Los teóricos organizacionales Thomas Malone y Mark Lepper[127] identificaron varias fuentes de motivación intrínseca:

Reto: encontramos un significado personal en perseguir una meta que es difícil, pero no imposible.

Curiosidad: estamos intrigados y nos causa placer aprender más.

Control: disfrutamos la sensación de dominio.

Fantasía: jugamos, usamos la imaginación para hacer una actividad más estimulante.

Cooperación: disfrutamos la satisfacción de trabajar con otros.

Competencia: nos sentimos muy bien cuando nos comparamos de forma favorable con los demás.

Reconocimiento: nos complace que otros reconozcan nuestros logros y contribuciones.

Las cuatro Tendencias pueden ayudarnos a descubrir cuál motivación intrínseca nos queda mejor. Para un Defensor, un hábito que es una fuente de control tal vez tenga una atracción especial; para un Interrogador, la curiosidad; para un Complaciente, la cooperación; para un Rebelde, el reto.

A pesar del gran poder de la motivación intrínseca, muchas veces la gente depende de motivación extrínseca (la manzana y los palos) para intentar animarse a sí mismos o los otros a la acción. Pero esto produce que la motivación extrínseca debilite a la intrínseca, de manera que las recompensas pueden convertir participantes entusiastas en renuentes trabajadores pagados, y transformar diversión en un trabajo de burros.

Un estudio mostró que los niños que buscaban una recompensa por colorear[128] con plumones mágicos (actividad que adoran) no pasaron tanto tiempo con los colores, como los que no esperaban nada. Empezaron a pensar: "¿Por qué colorearía si no tuviera recompensa?" Además, los niños premiados hicieron dibujos de menor calidad que los otros. Visité una gran empresa que, para animar a sus empleados a poner atención a los discursos de salud, otorgaba puntos que podían cambiarse por premios. Así que, ¿por qué los empleados irían si no les dieran puntos? Como mi hermana, la sabia, me dijo una vez: "Quieres voluntarios, no reclutas."

Muchos suponen que ofrecer un estímulo ayudará a la gente a empezar un hábito nuevo, el cual persistirá después de que el premio haya desaparecido. Pues no es así. Muchas veces, tan pronto como la recompensa se detiene,[129] el comportamiento también (y a veces desde antes). Cuando la gente recibe un pago por ejercitarse, tomar medicinas, o dejar de fumar, lo hace, pero una vez que han ganado el estímulo, el comportamiento también se puede detener. Si un patrón le da a su gente $1 500 por hacerse una evaluación de riesgos de salud ¿por qué lo harían gratis? Si le digo a Eliza que puede ver una hora de televisión si lee durante una hora, no le construyo su hábito de lectura, le estoy enseñando que ver televisión es más divertido que leer. Claro que con algunos comportamientos, es seguro asumir que continuarán aun cuando la recompensa acabe. Cuando Eleanor era pequeña, cada vez que usaba su bacinica de forma exitosa le daba unos M&M. La verdad, estaba muy segura de que ella seguiría usándola aun cuando ya no le diera chocolates.

Las recompensas generan estos peligros y, para colmo, a menudo escogemos un estímulo que debilita nuestro hábito de forma directa (como mi amiga con su pastel de chocolate). Cuando le dije que pensaba que premiarse con eso era una mala idea, me contestó: "¿Pero cuál sería una buena recompensa por perder cinco kilos?"

Me reí. "¡Perder cinco kilos!"

Los incentivos negativos minan nuestros esfuerzos y nos enseñan a despreciar el mismo comportamiento que queremos adoptar. Me encanta la serie *Friends* y un episodio muestra esa tensión. Chandler había empezado a fumar otra vez, y Phoebe le remarcó: "Pero habías estado tan bien estos tres años."

Chandler, con un cigarro en la mano, le explica: "¡Y ésta es mi recompensa!"

La segunda razón por la que las recompensas generan un daño para los hábitos es que requieren una *decisión*. Un hábito, en mi definición es algo que hacemos sin tomar una decisión. Pensamientos como: "¿Obtendré mi premio hoy?" "¿Me merezco esto?" "¿Habré hecho lo suficiente para ganar el bono económico?" "¿Este tiempo cuenta?" Desperdician energía mental, desvían la atención del hábito a la recompensa, y al final, interfieren con la formación del hábito.

Con mis propios hábitos he decidido no decidir. Realizo una acción sin debate, sin evaluación y sin recompensa. Así como no me premio por lavarme los dientes o abrocharme el cinturón, no considero que la Hora de Poder, el ejercicio o postear en mi *blog* sean logros excepcionales que merezcan una recompensa. Estas acciones ya son rutinas automáticas.

¿Cuál es el tercer peligro que producen las recompensas? Me tomó mucho tiempo reconocerlo: el riesgo de la "línea final". De hecho, establecer una línea final ayuda a la gente que busca un objetivo específico de una-vez, pero aunque es altamente asumida para ayudar a la formación de hábitos, la recompensa de alcanzar una línea final, de hecho *debilita* los hábitos.

Trabajo de forma constante para entender lo que pasa frente a mí. Cuando noté por primera vez que las líneas finales afectaban los hábitos, estaba perpleja. Descubrí este fenómeno después de que mucha gente me dijo lo mismo, casi con las mismas palabras que escuché de un amigo de la escuela: "Cuando estaba entrenando para el maratón, me sentía excelente con ir a correr. Me encantaba. Lo tomé tan en serio que estaba volviendo locos a los que me rodeaban. Me imaginaba como un atleta y pensaba que lo haría para siempre. Luego terminé el maratón, me tomé las dos semanas de descanso que se suponía que debía tomar... y de alguna manera se han pasado tres años."

Este patrón me puso a pensar. ¿No se supone que trabajar hacia un objetivo específico crea una práctica habitual y provee una satisfacción emocional que debería reforzar el hábito? ¿Qué no la recompensa de cruzar una meta otorga a la gente más energía física para continuar? Estaba sorprendida, casi al punto de no creerlo, de descubrir que las líneas finales no tenían ese efecto.

Al final, se hizo obvio por completo. Una línea final marca un *punto para detenerse*. Una vez que paramos algo, debemos empezar ora vez, y *comenzar de nuevo es más difícil que continuar*. He visto esto en mi estrategia de los Primeros Pasos.

Entre más dramático es el objetivo, más decisivo es el final, y se requiere más esfuerzo para volver a empezar. Lograr una meta puede interferir con la formación de hábitos porque provee un objetivo específico, otorga una motivación temporal y genera la necesidad de un nuevo "comienzo" cuando ya la alcanzamos.

En verdad es cierto que una recompensa puede ayudar a la gente a alcanzar *objetivos específicos*, pero en el área de la formación de hábitos, la meta es adoptar hábitos *para siempre*, para cambiar la forma en que vivimos para mejorar. No terminar este gran artículo, sino escribir diario por siempre; no correr un maratón, sino hacer ejercicio toda la vida. En un estudio de gente tratando de dejar de fumar, a los que se les ofreció un premio por mandar sus reportes de progresos de forma semanal tuvieron peores resultados a largo plazo que la gente a la que no le ofrecieron nada. Los programas que recompensaron gente por usar sus cinturones de seguridad, a largo plazo resultaron más bajos en su uso que los programas sin premios.

Además de la energía requerida para empezar cuando hemos cruzado la línea final, el mismo hecho que hemos logrado crea su propio problema. Una vez que conseguimos el éxito, tendemos a estancarnos. Como perfecta ilustración, un chico me dijo: "Logré mi meta de 6 por 30. Quería tener un *six-pack,* o sea los seis cuadritos de mi abdomen, antes de cumplir los treinta, lo cual estaba bien para el tiempo en que quería casarme."

"Espera", lo interrumpí, "déjame adivinar en qué terminó. Alcanzaste la meta pero no pudiste mantenerla".

"Pues sí", admitió. ¡Y es economista de comportamiento!

Aunque es fácil suponer que si de forma consciente repetimos una acción, se volverá un hábito, a menudo no funciona de esa forma. Conozco a alguien que se unió al National Novel Writing Month, donde los participantes escriben 1 667 palabras diarias para completar una novela de 50 000 palabras en un mes. Con esfuerzo siguió el ritmo del programa y pensó que había construido su hábito, pero cuando el mes terminó, dejó de escribir. Se había esforzado por alcanzar la meta, no por construir un hábito. Un lector de mi *blog* observó: "Cruzar la línea de meta muchas veces significa dejar caer el hábito de Cuaresma que adopté. ¿Rezar el rosario todos los días? Planeo mantenerlo, pero pararé después de Semana santa."

Una línea final divide el comportamiento que queremos seguir de forma indefinida (correr, escribir, practicar) en "inicio" y "fin". Casi siempre el "fin" se vuelve permanente. Me sorprendí mucho al leer que en menos de seis meses después del parto,[130] entre 60 y 70 por ciento de las mujeres que dejaron de fumar durante el embarazo, empezaron otra vez. Abandonaron el hábito por meses, sacaron la adicción química de su sistema, pero cuando cruzaron la línea final, recayeron.

La recompensa de la línea final tiene efectos negativos en particular con las personas a "dieta". A pesar de su popularidad (en el 2012, alrededor de un quinto de los norteamericanos[131] estaba en un régimen) este sistema tiene un registro negativo. Según una publicación de estudios[132] a largo plazo de resultados de dietas con restricciones calóricas, uno de los dos tercios de personas que estaban en régimen ganó más peso del que perdió al inicio. ¿Por qué? Tal vez porque la gente estaba entusiasmada con lograr una meta, y una vez que la cruzaron, regresaron a sus antiguos hábitos alimenticios. Como explicó una lectora: "Seguí la dieta Atkins para entrar en el vestido para una boda, usé el vestido, después volví a comer lo que quería. Los kilos regresaron, pero después fue muy difícil volver a empezar la dieta otra vez. No tengo una boda que me motive." Para mantener un peso saludable no necesitamos seguir un régimen alimenticio temporal, sino cambiar nuestros hábitos de comer *para siempre*.

Es cierto, algunas personas parecen tener la energía para un inicio fresco y exitoso, al menos si la meta se ve valiosa lo suficiente. Una amiga me dijo que había tenido una cirugía de rodilla y padeció meses de terapia física.

"La rehabilitación debió ser pesada", le dije, "sé que nunca te ha gustado ir al gimnasio".

"No, pero ahora voy con regularidad."

"¿Cómo le hiciste para adoptarlo?" Le pregunté.

"Tenía el objetivo de ir a esquiar con los niños. Sabía que si no iba a rehabilitación, nunca sería capaz de hacer eso."

"Si no hubieras tenido esa meta, ¿crees que de todos modos lo habrías adoptado? Después de todo, sin rehabilitación habrías perdido la movilidad de la rodilla. Eso es muy importante."

"No lo sé", admitió. "¿Lo habría hecho tantas veces a la semana por todos estos meses? No lo creo. Tal vez habría ido una vez a la semana."

"Pero para ti, el objetivo de ir a esquiar con tu familia resolvió el problema."

"Sí, y la semana pasada ¡lo hicimos!"

"Ahora que ya cruzaste la línea final, ¿seguirás yendo al gimnasio?"

Hizo una pausa: "Creo que sí… Porque ahora tengo un nuevo objetivo. Quiero ponerme en forma."

"Es bueno que tengas un propósito, pero ten cuidado", le advertí, "según mi investigación estás en una zona peligrosa.

Tu recompensa marca un punto para detenerte, esto significa que vas a empezar otra vez, lo cual es difícil. Así que ponle atención especial al hábito".

Meses después quería escuchar si había sido capaz de usar su nueva meta de forma exitosa. Cuando le pregunté si todavía iba al gimnasio me contestó: "¡Sí! Por mi nuevo propósito, ahora quiero que la ropa que usé en mi luna de miel me vuelva a quedar bien. Esto me mantiene motivada."

Admiro la tenacidad de mi amiga, y su sistema funciona para ella. He notado que algunas personas son buscadores de objetivos seriales, en vez de formadores de hábitos. También, ella es una Interrogadora, así que tal vez una sucesión le líneas finales satisfaga su deseo de razones válidas y justificadas. Para mí, establecer y cumplir objetivos de forma constante suena como mucho esfuerzo. Me parece más fácil sólo apegarse a un hábito. Es la perspectiva de los Defensores.

Y, de hecho, mucha gente encuentra útil correr a toda velocidad hacia una línea de meta. El intenso pero limitado esfuerzo del Inicio explosivo puede ayudarnos a dar el empujón para empezar un nuevo hábito o ponerle energía nueva a uno ya existente. Por ejemplo, mucha gente exitosa se concentra en un hábito específico de treinta días que le ayuda a lanzarse de lleno a un nuevo comportamiento. Habiendo hecho eso, deben ser cuidadosos para reconocer el reto especial planteado por una línea final, así que deben poner un esfuerzo extra en mantener sus buenos hábitos después de cruzar la línea. La prueba verdadera de un Inicio explosivo de treinta días es lo que pasa el *día 31*.

Si quieren que un nuevo comportamiento se convierta en hábito, usan el plan si-entonces de la estrategia de Protección para decidir por adelantado, ¿qué van a hacer después de cruzar la meta? Tal vez seguir estableciendo nuevos objetivos, así como mi amiga con la rodilla lastimada remplazó un propósito con otro, o decidiendo lo que debería ser un hábito diario.

Como las recompensas pueden debilitar la formación de hábitos, no quiero concentrarme en ellas para motivarme. Sin embargo, un hábito debe ser premiado de alguna manera, o no me tomaría la molestia de hacerlo.

Entonces, mi reto ahora, era *recompensar* mis hábitos sin sabotearme con una *recompensa.* ¿Cómo?

Encontrándola *dentro del mismo hábito,* con un premio que me afiance a él. Si busco una recompensa fuera del hábito, lo debilito, si la busco dentro, lo refuerzo. Una consecuencia natural de escribir mucho es tener una *laptop* nueva y mejorada (siempre me las acabo, las teclas empiezan a botarse). Una vez a la semana, cuando hago mi entrenamiento de fuerza, tomo taxi en vez de metro para ir a la casa. Es un permiso que me doy, pero decido: "Una consecuencia natural de un ejercicio demandante es sentirse cansada, y como estoy exhausta, me voy en taxi."

Impulsé a un amigo a este comportamiento después de que me dijo: "Quiero dejar de beber, lo voy a hacer por un mes y de recompensa me compraré un Ipad."

"¿Me dejas sugerirte un pensamiento diferente sobre eso, si quieres cambiar tus hábitos a largo plazo?" le pregunté.

"Claro."

"Si dejas de tomar, ahorrarás dinero, ¿cierto?"

"Seguro. Gasto millones en bares y restaurantes."

"Entonces, una *consecuencia natural* de no tomar es que tendrás más dinero extra. Puedes decidir gastarlo en un iPad o en lo que quieras. Así comprarla no es una *recompensa* por no beber, es una consecuencia natural de tener más dinero."

"No entiendo bien qué quieres decir."

"Digamos que quieres empezar a prepararte *lunch* para el trabajo. En vez de pensar: 'Como recompensa por hacerme mi propia comida, el viernes me compraré un almuerzo en un restaurante caro', piensas: 'Ahora que traigo mi propio *lunch* todos los días, voy a gastar en un fabuloso juego de cuchillos, así mi hábito de cocinar será más divertido.'"

"¿Cuál es la diferencia?"

"Una 'recompensa' cambia tu actitud hacia el comportamiento. De alguna forma hace que pienses: 'No voy a beber porque quiero un iPad.' En vez de pensar: 'No voy a tomar porque quiero sentirme más saludable, energético y en control. Además tendré dinero extra para comprar cosas que quiero.' Éste es un estado mental diferente, y puede cambiar la forma en que vez a la bebida en el futuro."

El premio por un buen hábito, es el hábito en sí mismo. Visité una de las diez compañías que estuvieron en la lista de la revista *Fortune*. Allí tienen un brillante programa *wellness*: cualquier empleado que use el gimnasio de la compañía, al menos setenta y cinco veces al año, se gana la membresía gratis para el siguiente año. Esta oferta me pareció una maravillosa combinación de las estrategias de Monitoreo, Responsabilidad, Conveniencia (recordemos que algo se siente más conveniente cuando es gratis) y Recompensa. La compañía premia el ejercicio con *más ejercicio* (lo que me recuerda un viejo chiste: hacerte socio de una firma de abogados es como ganar una

competencia de comer pay, y que te digan que el premio es...
más *pay*).

Además de los beneficios que aporta un hábito, el simple
hecho de apegarme a uno me otorga un recompensado sentimiento de crecimiento. Echarle una moneda al montón es
muy satisfactorio. Mi pulsera UP me da la sensación de avan-
ce, sin el riesgo que presenta una meta. El progreso continuo
es lo opuesto a la línea final.

SÓLO PORQUE SÍ
Gustos

Uno de los secretos de una vida feliz está en darse constantemente
pequeños gustos.[133]

IRIS MURDOCH, *El mar, el mar*

Empecé muchos hábitos los últimos meses, y como soy Defensora, los acogí y planeo tenerlos de forma indefinida. Sin líneas finales. Aun así, entre más productiva y consciente era, a
veces me sentía agobiada por estas nuevas actividades. Todo
este esfuerzo era cansado, inclusive para alguien como yo.

Es aquí donde entra la deliciosa estrategia de los Gustos.
A diferencia de una recompensa, la cual debe ser ganada o justificada, un "gusto" es un pequeño placer o permiso que nos damos *sólo porque queremos*. No tenemos que ser "buenos" para
obtenerlo, no debemos ganarlo o justificarlo.

"Gustos" puede sonar como una estrategia frívola que nos
permite excesos, pero no lo es. Como formar buenos hábitos puede ser muy cansado, los gustos juegan un papel importante.

Cuando nos damos uno, nos sentimos energizados, cuidados y contentos, lo cual aumenta nuestro autodominio, que a su vez nos ayuda a mantener nuestros buenos hábitos. Los estudios muestran que la gente que obtiene un pequeño gusto[134] (recibir un regalo sorpresa o ver un video chistoso), gana autocontrol. Sé que es más fácil enfrentar mi Hora de poder si me tomé un café con una amiga durante el día. Un Secreto de adultos es: "Si me doy más, me puedo exigir más. La autoestima no es egoísmo."

Por el contrario, cuando no nos damos ningún estímulo, nos sentimos exhaustos, resentidos y enojados... así que justificamos el permitirnos un exceso. Empezamos a desear confort, y lo conseguimos de dónde sea, incluso si eso significa romper buenos hábitos.

Para reforzar los míos, decidí crear un menú de gustos saludables, pero es más difícil de lo que parece. Muchos gustos populares tienen un costo: la visita al museo requiere de un viaje por la ciudad, los nuevos zapatos son caros, el Martini de la noche hará la mañana más pesada. Mi gusto favorito es leer, pero requiere tiempo y concentración, los cuales no siempre son fáciles de juntar. Un lector de mi *blog* notó: "Me encanta tocar el piano, pero necesito concentración, y hay días en que mi cuota ya se agotó."

Empecé por coleccionar ejemplos ingeniosos de otras personas: hojear libros de arte, cocina o guías de viaje; tomar fotos al salir a caminar; tomar una siesta, tener una sesión de "terapia divertida" (acariciar al perro o al gato); deambular por una tienda de *camping*; ver un álbum de fotos familiares; poner postales de arte en el visor del coche para un rato de diversión en el tráfico; ir a un club de comedia; ir a un juego de béisbol;

escuchar *podcasts*; colorear en un libro de imágenes; visitar un parque de diversiones; aprender un truco de magia.

Es importante tener opciones de gustos que no sean muy demandantes. Una amiga me dijo: "Todos los días, después de dejar a los niños en la escuela, me vuelvo a acostar veinte minutos. Puedo dormirme o sólo acostarme, pero ese rato me hace muy feliz. Empiezo a trabajar a las 9:00 a.m." Una que vive en Londres me contó: "Mi agenda está llena, pero dos veces al día, durante quince minutos, me siento, tomo un exprés y leo *International Herald Tribune*, no reviso mi correo, ni trabajo. No necesito descansos adicionales, pero me pongo furiosa si no tengo estos dos." Otro amigo me dijo: "Me pregunto si hay algo que una persona podría hacer con esto sexualmente. Dependiendo de su situación." Se rió: "No quiero decir en voz alta lo que estoy pensando."

"¡No lo digas!" Protesté: "Pero es cierto que los gustos que vienen de alguna parte del cuerpo parecen tener un poder especial."

Algunas veces los gustos no parecen serlo. El escritor Jean Struther observó: "La destrucción constructiva[135] es uno de los empleos más deliciosos del mundo." Para mí también es cierto. Tareas como triturar correo, vaciar archiveros, incluso pelar huevos cocidos, se pueden sentir placenteras. Por extraño que parezca, arreglar el desorden también me gusta, cuando estoy de humor. En mi *blog*, la gente escribió sobre sus gustos disgustosos: planchar, escribir códigos, hacer traducciones de latín.

Como un regalito de cumpleaños para sí misma, una compañera de Jamie caminó casi diez kilómetros hasta el trabajo. "¿Lo hizo para probarse que podía?" Pregunté. "¿O es un gusto?"

"Oh, sólo quería hacerlo", me aseguró Jamie. "Por diversión."

Aunque me encanta escuchar lo que otras personas consideran gustos, siempre recuerdo "Ser Gretchen". Sólo porque una actividad es un gusto para *alguien más,* no significa que lo sea para *mí,* y viceversa. Un amigo dijo: "Me encanta el *Cross-Fit,* ése es mi gusto." Entonces pensé que tal vez podría considerar que mis clases de yoga o el ejercicio eran los míos. Luego me di cuenta de que no. Los disfruto, *de cierta manera,* pero no son mis gustos. Una amiga me contó que lo que más le gustaba era comprar regalos, una actividad que para mí es tan difícil que la tuve que poner en mi Hora de Poder. Desearía que mi lista de diversiones incluyera cosas como dibujar, jugar tenis, cocinar, armar rompecabezas, tocar un instrumento musical, pero la verdad, no son para mí.

Hice una lista de mis propios gustos. Uno de mis favoritos es visitar la biblioteca, me fascina llevar una lista de los libros que quiero leer, buscar el número de catálogo y vagar a través de los estantes para tomarlos. Regresar los libros también es un antiguo gusto (tal vez por mi naturaleza de Terminadora). Me encanta copiar los pasajes que me agradan y sumarlos a mi colección de citas. Dormir es uno de los mayores placeres, es por eso que no me molesta la idea de hacerlo temprano, como a la mayoría de la gente. Para mí es como un lujo.

Los olores agradables son un verdadero gusto y pueden disfrutarse a cualquier hora, sin costo, sin esfuerzo y sin planear. En un instante obtengo placer del fresco aroma de la toronja, la fragancia confortable de las toallas limpias o hasta el olor de una tlapalería. Me recuerdo *notar* estos gustos, registrar el hecho de que estoy oliendo una esencia que me agrada.

Después de todo, hacemos de algo un gusto, al momento de llamarlo "gusto". Es muy fácil ignorar cuánto gozamos algo.

Cuando notamos nuestro placer y lo disfrutamos la experiencia se vuelve mucho más agradable. Incluso algo tan sencillo como un té de hierbas o una caja de lápices a los que recién se les sacó punta se pueden calificar como un gusto. "Mira" me dije cuando prendía una vela aromática, "te estás dando un gusto". Algunas veces, incluso podemos transformar un reto en un placer, esto lo hará mucho más fácil de lograr. Un lector observó: "Cuando pensaba en el ejercicio como algo que 'debía' hacer, era más difícil lograr la rutina. Con el tiempo decidí contar mi diaria caminata en nieve o el esquí de fondo como un gusto, como el tiempo para mí en un día lleno de responsabilidades. De alguna forma esto hizo que fuera más fácil convertirlo en una prioridad."

Los gustos de la infancia conservan un poder especial. De niña, rara vez me daban permiso de tomar refresco o comprar un libro en vez de sacarlo de la biblioteca. ¿Qué hago ahora con desenfreno? Beber refresco de dieta y comprar libros (el gusto por adquirirlos está separado del de visitar la biblioteca). Así que, tal vez, los padres necesitamos pensar bien sobre lo que identificamos como gustos para nuestros hijos.

Una amiga pensó que debería renunciar a su gusto. Me dijo: "En verdad me encanta el café, pero sé que debo dejarlo."

"¿Por qué? ¿No te deja dormir? ¿Te arde el estómago?" Le pregunté.

"No, no me afecta."

No pude aguantarme la risa. "Necesitas algunos gustos, el café es genial. Incluso si compras uno muy caro, no es *tan* caro en términos absolutos. Aumenta tu energía y tu concentración. Si no le agregas cosas extras, no tiene azúcar, ni carbohidratos, grasa o calorías. También tiene antioxidantes, vitaminas, minerales y hasta un poco de fibra, aunque suene raro. La cafeína está bien si lo tomas dentro de un rango humano. Además, trae conectado un ritual placentero, es decir, puedes ir a tomar un café con un amigo."

"Pero bebo demasiado, al menos debería bajarle."

"Pero, ¿por qué? ¡Disfrútalo! Samuel Johnson decía: 'Toda la severidad que no tiende[136] a incrementar el bien o prevenir el mal, es inútil.' Un hábito no es malo a menos de que cause algún problema."

No creo que la haya convencido.

Poner tiempo, dinero y esfuerzo en un gusto puede ser más fácil o difícil dependiendo de la Tendencia de la persona. Los Rebeldes se dan gustos sin problemas. Como Defensora, tengo un fuerte sentido de autopreservación, y siempre me digo: "Estoy con la soga al cuello. Voy a dejar un rato el trabajo y leer *Recuerdos, sueños y pensamientos* de Jung. Sólo una hora."

Como quieren tener buenas razones para sus acciones, los Interrogadores tal vez estén más dispuestos a darse un gusto si creen que no es frívolo o arbitrario.

Por ejemplo, para un Interrogador sería bueno pensar: "Iré a que me den un masaje porque aumenta las funciones inmunes" o "Iré al futbol con mi hermano porque eso estrecha nuestros lazos familiares." A algunos les gusta considerar los placeres como "inversiones". Un Interrogador escribió: "Me corto el cabello en un lugar caro y no en uno de $250 porque tener a un profesional que me arregle, ayuda a mi carrera (y tal vez porque me gusta mucho)." Para estar seguros, algunos pueden concluir que "porque quiero" es suficiente justificación.

Los Complacientes, por el contrario, es posible que tengan problemas en darse gustos si sienten que el tiempo, la energía o el dinero tienen que ser para alguien más. Pero es importante que se den gustos. Están susceptibles a agotarse, y muchos momentos de autoprivación o demasiado trabajo para el beneficio de otros puede llevarlos a sentirse resentidos, abandonados o restringidos. Tocando el tema de la rebelión de un Complaciente, otro escribió: "No me doy gustos, me es mucho más fácil dárselos a los otros. Sin embargo cada determinado tiempo, el enojo aparece… No tengo problema dándome placer cuando estoy en esos raros momentos de 'resistencia'." Uno explicó cómo usaba su carácter para convencerse de disfrutar al menos un gusto regular: "Estoy renuente a darme gustos, pero feliz de dárselos a los otros. No me siento bien quitando el tiempo a otras cosas o personas de las que soy responsable. Pero soy miembro de un equipo de patinaje, así que debo tomar una noche a la semana para ir, lo cual es una forma clásica de escapar cuando la gente está contando conmigo."

Enmarcar un gusto en términos de su beneficio a los otros es una buena manera para que los Complacientes se permitan darse gustos. "Si paso unas horas jugando golf, seré más paciente en casa y en el trabajo." Una lectora escribió: "Acabo de gastar más dinero en maquillaje que en toda mi vida porque he decidido poner más atención en mi apariencia. Lo decidí porque pensé que me ayudaría a sentirme más atractiva, lo cual sería bueno para mi matrimonio. Nota que el fin último es mejorar mi relación, no sólo sentirme mejor por mi propio beneficio."

Las personas que están alrededor de los Complacientes pueden ayudar a repeler su agotamiento y rebeldía, alentándolos a darse gustos (de forma sana) y dándoles responsabilidad externa para asegurarse de que lo harán. "Dijiste que querías tomar una siesta y estarás irritable si no lo haces. Vete a dormir. No quiero verte en una hora."

Las cuatro Tendencias pueden tener diferentes apreciaciones sobre si agendar gustos con regularidad o permitirlos de forma espontánea. Como Defensora, los prefiero calendarizados, me gusta ser capaz de anticipar y confiar en que lo voy a tener. Un Rebelde los prefiere espontáneos. Un Interrogador seguirá lo que sea que destaque el placer del gusto. Un Complaciente necesitará responsabilidad externa para dárselo, lo cual por lo general requiere que esté en la agenda.

Los gustos saludables pueden jugar un rol clave en el fomento de los buenos hábitos porque ayudan a sentirnos energéticos y felices. Pero debemos protegernos contra las tentaciones de los que no son saludables. El placer dura un minuto, pero el sentimiento de culpa, arrepentimiento, falta de control y demás consecuencias negativas lastiman. Un lector posteó en mi página de Facebook: "Mis gustos nunca son buenos para mí. Si me siento bien, pienso que merezco algo que no es bueno para mí. Si me siento mal, pienso que merezco algo que no es bueno para mí." Otro lector agregó: "Volarme clases es un gusto que ha tenido un mal efecto en mí. Lo hago para sentirme mejor, pero me hace sentir mucho peor."

En particular, hay tres categorías de gustos que son peligrosas. Primero, la comida. Permitirse algunos alimentos se siente bien en el momento, pero puede dejarnos sintiéndonos peor a largo plazo. Un estudio descubrió que las mujeres son más propensas a comer chocolate[137] cuando se sienten ansiosas o deprimidas, pero este gusto sólo las hace sentir más culpables.

La gente que sufre por su relación con la comida, mejor debe encontrar un gusto no comestible. Punto.

Segundo, las compras. Para mucha gente, comprar es un gusto. Tal vez de manera sorprendente, las investigaciones sugieren que las personas son más propensas a comprar por impulso cuando están *felices,* que cuando están *tristes.* Ir de *shopping* es una oportunidad para tener una pequeña aventura; disfrutar el mundo al ver, tocar, sentir y oler; sentir la emoción de buscar, encontrar ofertas y tachar cosas de la lista. Sin embargo, gastar mucho tiempo o dinero en comprar puede hacer que la gente se sienta peor. Para disfrutar unas compras libres de ansiedad, algunos se limitan a pasear por los escaparates o buscar ofertas en los mercados de pulgas o ventas de garaje. Un lector escribió: "A veces hago 'compra-deporte' por entretenimiento, relajación o recuperación emocional. Tomo una cantidad limitada de dinero antes de irme a explorar una tienda." Otra lectora llenó su carrito en línea y luego lo abandonó sin hacer la compra. Alguien posteó: "Entro a las tiendas de antigüedades cuando estoy haciendo algún mandado. Casi nunca compro nada, pero el arreglo tan elegante de esos lugares y las cosas tan hermosas que hay me causan mucho placer, es como un pequeño museo de arte." Otro explicó: "Compro mucho en línea, a veces demasiado. Pero a últimas fechas, si veo algo que me gusta, lo pongo en Pinterest en vez de comprarlo en el momento. Esto a menudo satisface la 'necesidad' de comprar y me da la pequeña dosis de felicidad que viene con obtener algo nuevo. El hecho de saber que lo guardé en algún lado es satisfactorio." Pero al igual que con la comida, las personas que sufren para frenar sus gastos harían mejor en buscar actividades que no impliquen ventas.

¿Y la tercera categoría de los gustos peligrosos? El tiempo frente a la pantalla. En particular la televisión (no importa lo que se vea). Los estadounidenses pasan más o menos la mitad de sus horas libres[138] viéndola. Aunque yo no lo hago mucho, estoy determinada a dejarla como un gusto en vez de una actividad de única opción, en lo cual se puede convertir de forma muy fácil. Concluí que la televisión se queda como gusto si:

- Anticipo con placer ver un programa en particular (no estar sólo brincando por todos los canales).
- La veo con alguien más
- La apago cuando el episodio acabó.
- Cuando termino de ver algo me siento energizada en vez de apática.

Si se usan demasiado, las pantallas de todo tipo nos chupan la energía. Consumen tiempo que podríamos pasar en otras actividades, facilitan el estar despierto hasta tarde, hacen que comamos de manera mecánica. La tecnología es un buen sirviente pero un mal amo. Como el hábito mismo.

Aunque los gustos hacen más fácil el adherirse a los buenos hábitos, si creamos uno de otro, dejaría de sentirse como un gusto. Los "gustos rastreros" son aquellos en los que un gusto raro se vuelve ordinario de forma gradual o un pequeño vicio va creciendo con el tiempo. El filósofo Emanuel Kant se permitía sólo una pipa al día,[139] pero conforme pasaron los años, las cazoletas de sus pipas se hicieron cada vez más grandes. Bañarse en tina con sales y burbujas una vez a la semana es un gusto, pero tomar un baño así diario puede convertirse en una actividad común. Puedo hojear todas las revistas de mi revistero, una tras otra, o puedo distribuirlas como gustos. Las cosas pueden ser parte de un día ordinario o podemos considerarlas especiales.

Por supuesto, el que un hábito sea "bueno" o "malo" es cuestión de opinión.

Un amigo me dijo: "Si estás cultivando buenos hábitos, deberías dejar de tomar tanto refresco de dieta."

"¡No!" Contesté. "Además no lo considero un mal hábito, el refresco *normal* es terrible, pero nunca tomo uno de esos."

"No puede ser bueno para ti."

"Bueno", dije encogiéndome de hombros "no fumo, rara vez bebo, como pocos carbohidratos, no creo que el refresco de dieta sea dañino. ¿Estaría mejor si tomara agua natural? Tal vez. Pero es mi gusto".

Tal vez por mi naturaleza Defensora, avanzar en mi agenda diaria a veces se siente como un gusto que aumenta la energía.

De hecho, un día mi hermana me dijo: "Tuve una epifanía. Habrías sido una buena monja."

Elizabeth me conoce muy bien. "Es *tan extraño* que digas eso", repliqué. "Justo la semana pasada estaba leyendo *La regla de San Benito*." Esta guía con cientos de años de antigüedad y una influencia extraordinaria estableció las reglas para los monjes que viven en los monasterios. "Me encanta la visión monástica del día. Cada hora con su propio nombre y su propia actividad. Todo especificado."

No a todos les atrae la idea de tener cada día ordenado (por ejemplo a los Rebeldes), pero me encanta el *horarium* de los monjes o la "libro de horas". Esto es una rutina muy específica que abarca todo el ciclo del año, con variaciones, según el día, la semana y la época. Cada parte del día tiene su propio carácter y propósito, con tiempos establecidos para rezar, hacer trabajo manual, descansar, comer, dormir. Pocas decisiones, sin prisas y con tiempo para todo.

Estaba intrigada en particular por las horas que los monjes habían establecido para la *lectio divina* o lectura espiritual. Este es otro tipo de placer. Para ser feliz, todos, incluso los que no son monjes, necesitan hacerse un espacio para los asuntos trascendentes, como la belleza, la creatividad, el servicio y la fe. Sin embargo, es muy común que esto se haga a un lado por las demandas más urgentes, y la vida empieza a sentirse vacía y sin propósito. Agendar la *lectio divina* es una forma de asegurarse de que lo espiritual tenga atención. Ya sea que una persona decida leer un libro sagrado y atender servicios religiosos, como los monjes, o que adapte este hábito y se conceda tiempo para hojear libros de arte, leer biografías de grandes figuras, pasar tiempo en la naturaleza, ir a conciertos, hacer voluntariado o meditar. Para algunos la política es una preocupación espiritual, unida a valores trascendentes como la justicia, oportunidad y libertad. Y por lo que he observado, para otros los deportes parecen tener un valor espiritual, con sus aspectos de devoción, lealtad, esperanza y perseverancia.

Cuando en verdad hemos adoptado un hábito, se da de forma fácil, sin tomar decisiones. Pero hasta ese punto, regalarnos a nosotros mismos un poco de ánimo con pequeños gustos, nos ayuda a mantener nuestro autocontrol. Hay que recordar que muchos hábitos nunca se pueden dar por hecho. Goethe puntualizó: "Cualquier cosa que libere nuestro espíritu sin darnos control sobre nosotros mismos es destructivo." Y cualquier cosa que libere nuestro espíritu mientras nos da control sobre nosotros mismos es constructivo.

SENTARSE ES EL NUEVO FUMAR
Emparejar

> *Para lograr la adquisición de un nuevo hábito,*[140]
> *o el abandono de uno viejo, debemos lanzarnos*
> *con una iniciativa lo más fuerte y decidida posible...*
> *No te permitas ninguna excepción hasta que el nuevo*
> *hábito esté realmente implantado en tu vida.*
> *Cada recaída es como dejar caer un ovillo que estás*
> *tratando de enrollar; un simple descuido logra deshacer*
> *muchas de las vueltas que pasaste horas liando.*
>
> WILLIAM JAMES, *Breve curso de psicología*

Para mí, la estrategia de Emparejar era un sistema tan familiar para formar hábitos que tardé mucho en identificarla. La usaba mucho en mi propia vida, y se daba de forma tan natural, que no reflexionaba sobre ella. Sin embargo, cuando empecé a mencionarla, la gente respondió con tanto interés y entusiasmo que me di cuenta de que merecía ser estudiada como una estrategia. Al Emparejar, junto dos actividades, una que quiero o necesito hacer y otra que no, para llevarme a cumplir las dos. No es una recompensa, sólo es Emparejar.

Por ejemplo, le expliqué esta estrategia a una conocida, y pocos meses después me dijo que había transformado sus hábitos.

"Tengo que contarte", me dijo con entusiasmo, "gracias a lo que me explicaste he ido al gimnasio de forma regular. Es asombroso. Nunca había logrado ir y ahora lo hago todo el tiempo".

"¿De veras?" contesté, complacida de que me estuviera dando el crédito, aún sin merecerlo, por su "antes y después". "Oh, recuérdame... ¿Qué estás haciendo con exactitud?"

"Estoy usando la estrategia de Emparejar. Ahora veo algunos programas de televisión sólo cuando estoy haciendo ejercicio. Es por eso que quiero ir al gimnasio, porque veo todos los *shows* a los que soy adicta."

"¡Excelente!" Le dije. "¿Has tenido la tentación de ver un episodio en casa?"

"No porque sé que si lo hago una vez, lo haré todo el tiempo. Mi regla es: Sólo en el gimnasio. Estuve enferma unos días y pensé: 'No puedo ir al gimnasio y aquí sólo estoy acostada. ¿Estará bien si veo mi programa?' Pero no me dejé."

Hago parejas para ayudarme con el hábito del ejercicio. Aunque me he convertido en una persona que hace ejercicio de forma dedicada pero poco intensa, a veces todavía siento el jalón de mi naturaleza *couch-potato* y el Emparejar me ayuda a mantener fuerte mi hábito de ir al gimnasio. Me fascina leer revistas, y Jamie y yo todavía nos suscribimos a muchas revistas impresas, la última vez que las conté eran diecinueve. Sólo me permito leerlas en el gimnasio, cuando estoy en los aparatos de cardio. (El hecho de que pueda leer revistas con facilidad mientras hago ejercicio tal vez sugiera que no lo hago muy fuerte… Y no. Pero al menos voy.) Mi hermana hace lo mismo con su caminadora casera y los *shows* de Real Housewives. "En verdad me hace querer usar la caminadora", me explicó. Durante la universidad, usaba el Emparejar para ponerme a hacer ejercicio: no me bañaba hasta que lo hubiera hecho. Estuve un día o tal vez dos sin bañarme, pero pronto en verdad quería esa ducha.

El Emparejar puede funcionar en todo tipo de circunstancias. Cuando vivía en San Francisco, después de la universidad, todas las mañanas daba una buena caminata porque compraba mi *bagel* matutino en una tienda que estaba como a ochocientos metros de mi departamento. Si quería el *bagel,* tenía que ir por él caminando. Descubrí que era mucho más satisfactorio caminar con un propósito, por ejemplo ir a mi cafetería favorita o subir la cima de una montaña. Conozco a alguien que hace "coche-oración": dice que todos los días reza mientras conduce del trabajo a su casa. Alguien más ve las charlas TED (Tecnología, Entretenimiento y Diseño) mientras se rasura. Una amiga que viaja mucho por trabajo tiene la regla de nunca trabajar en el avión, sólo lee novelas. Esto hace que sus viajes de negocios sean más divertidos y conserva el hábito de leer. Una vez postearon en mi *blog:* "Hago 'limpieza comercial', cuando empiezan los comerciales, realizo algún quehacer como lavar seis platos, poner una carga en la secadora, limpiar el comedor. Cuando se terminan, me siento otra vez. Es sorprendente cuánto puedes hacer en pequeñas ráfagas de actividad. Además, así no me siento tan inútil al final del día." Un hombre me dijo que deja su pastillero junto a la cafetera y no se permite preparar el café hasta que haya tomado sus medicinas.

No es de sorprender que para los Defensores e Interrogadores esta estrategia sea más fácil de usar que para las otras Tendencias. Dependiendo de la situación, los Complacientes tal vez encuentren difícil usar el Emparejar porque no hay una responsabilidad externa. No hay alguien que les diga: "No, no puedes hacerte un café hasta que te tomes tus pastillas." Sin embargo otros parecen ser capaces de usarlo con éxito. Es poco probable que los Rebeldes intenten este sistema.

Siempre estoy atenta a las nuevas ideas para formar hábitos. Muchas veces mis amigos me pasan sus favoritas. Una amiga súper organizada me sugirió uno. "Intenta mi hábito", me dijo. "Cuando camino de una habitación a otra me llevo algo, no es forzoso que lo acomodes, sólo hay que moverlo más cerca de su lugar."

"¿Pero cómo es que esto hace una diferencia?" Le pregunté bastante escéptica.

"Ya verás."

Sonaba tan confiada que decidí probar. Y esta simple dupla de caminar y cargar es efectiva de forma sorprendente. Es mucho más fácil acomodar las cosas, sin esfuerzos o vueltas extra. Camino de la recámara a la cocina y me traigo mi taza gigante. Voy de la puerta principal a la recámara y me llevo el libro que necesito poner en el librero. Parece una cosa de nada, pero en definitiva redujo el desorden de mi departamento.

Emparejar provee la satisfacción de las multitareas, es decir, hacer dos cosas a la vez. Una amiga me envió un mail después de que empezó a usar la Nike FuelBand: "Si en la mañana paseo media hora con mi perro en el parque, quiero que sea útil, además de sólo ejercitarlo. Ahora soy más consciente de cuántos pasos estoy dando. También empecé a escuchar audiolibros mientras camino con el perro… Así que estoy haciendo que el tiempo cuente de tres formas."

También podemos usar la estrategia de Emparejar para alejarnos de tomar un hábito indeseable. Podemos emparejar el comer con el hábito civilizado de sentarse a la mesa, lo cual significa no ingerir de forma directa del sartén, frasco o lo que sea, y no hacerlo en el escritorio, en el coche, en la calle, o parado frente al *refri*. Si viera la televisión sola, podría hacerme un maratón para terminar mis series favoritas en unas cuantas noches, pero como sólo puedo verla con Jamie y a él le gusta ver un episodio a la vez, nunca abandonaré mis responsabilidades por ver televisión.

Busqué otras formas de aplicar esta estrategia. Primero, como parte de mi esfuerzo en desarrollo por moverme más, para reforzar mi Fundamento, he intentado dar una larga caminata cada fin de semana, pero se siente como una verdadera carga.

Uno de mis doce Mandamientos personales es "Identificar el problema". ¿Y cuál es? Me aburro en esas caminatas. Decidí emparejarlas con tiempo para los amigos, así que les escribí a dos para invitarlas a dar una caminata regular. Ambas se animaron. Una sólo puede de forma ocasional y la otra más regular, aunque esto por lo general toma varios *emails* para organizarlo. De hecho, no me molesta la ligera lata de la logística; como las caminatas no son muy predecibles, se sienten más como un gusto. Con el tiempo me he dado cuenta de que aunque había formado este hábito para hacer más ejercicio, terminó siendo más importante como un hábito emparejado al de fortalecer mis relaciones. El tiempo con una amiga es más valioso que los pasos registrados en mi pulsera UP.

Sin embargo, no siempre puedo caminar con compañía, así que me inspiré en el ejemplo de mi hija menor. Eleanor escucha audiolibros todo el tiempo, la mayoría son de *Harry Potter*, *La pequeña casa*, *Narnia*, y una colección de historia universal que se llama *La Historia del Mundo*. Compré los audiolibros de la trilogía *La materia oscura*, de Philip Pullman. Escucharlos me hacía *tan feliz*. Incluso un día caminé de más sólo para terminar de oírlos.

Quiero caminar más y estar menos tiempo sentada. Como escritora, paso la mayor parte de mi día en una silla. A veces me inquieto pensando que he estado parada mucho tiempo para tomar algo de beber o comer, para ir al baño, para revisar un libro. Sin embargo, mi pulsera UP vibra cuando llevo sentada más de cuarenta y cinco minutos. Descubrí que estaba *más* tiempo sentada del que yo creía.

Esto importa porque los estudios sugieren que estar nada más sentado es un mal hábito. *Sentarse es el nuevo fumar.* Las investigaciones muestran que el promedio de los norteamericanos se la pasan sentados al menos ocho horas diarias.[141] Cuando estamos en esa posición, nuestro metabolismo cambia para mal. Estar sentado muchas horas al día parece incrementar el riesgo a una muerte temprana, aún para la gente que hace ejercicio. Además descubrí que caminar aumenta mi nivel de concentración y energía.

Para combatir el estar sentada demasiado tiempo, decidí emparejar el hablar por teléfono con pararme, si quiero usar el celular, debo levantarme. Por años he querido un escritorio con caminadora, así podría caminar mientras uso el teléfono o la computadora, pero mi oficina es muy pequeña, así que ponerme de pie es la mejor opción que tengo. No hablo mucho por celular, pero lo suficiente para que este emparejamiento signifique agregar una buena cantidad de movimiento a mis días.

El Emparejar es efectivo, a veces *demasiado*. Es fácil permitir que se forme un mal hábito creando una pareja. Algunos ejemplos de esto son: "Siempre me emborracho los sábados en la noche." "Siempre leo un *email* en cuanto llega." "Siempre voy de compras cuando viajo." Una vez que la dupla está formada, romperla se siente como privación.

A una amiga le gustaba tanto comer dulces cuando veía una película, que al momento de cambiar sus hábitos alimenticios, tuvo que dejar de ir al cine. Otra había emparejado su café matutino con un cigarro, así que cuando dejó de fumar, empezó a tomar té.

Pero así como el Emparejar puede crear malos hábitos, también se puede usar para controlarlos. Un reportero me dijo: "Tenía un mal hábito en la universidad. Cada vez que terminaba un examen, me comía un cuernito. Me *encantan* los *croissants*."

"Pero eso suena bien", le dije. "Es una buena pareja porque puedes tener cuernitos a veces, pero como no tienes muchos exámenes, no puedes comerlos mucho. Es autolimitación. No es probable que vayas a hacer un examen extra sólo para tener otro *croissant*. Descubriste una forma de controlar tu hábito de comer cuernitos."

"Cierto."

"Además, presentar un examen no es divertido, pero con esta pareja lo hacías más placentero."

Estaba pensado sobre el poder que tiene esta estrategia y de repente tuve una inspiración. Pocas cosas me generan tanta felicidad como ayudar a alguien para que forme un nuevo hábito (y a veces puedo ser un poco exigente). Así que estaba segura de que mi sufrida hermana no estaría sorprendida al ver el siguiente *email* en su bandeja de entrada:

De: Gretchen

Como sabes, estoy obsesionada con un escritorio caminadora. Quiero uno con todo mi corazón pero si lo meto a mi oficina ya no podría abrir la puerta, pequeño detalle. Sin embargo, estuve pensando y ¡TÚ deberías tener uno!

Visité a mi amigo A.J.[142] para ver su escritorio caminadora. Me dijo que trabaja ahí todo el tiempo. De inmediato se acostumbró a usarlo, dice que se siente con más energía. Los días que no lo puede usar anda con pereza. Casi diario camina ONCE

KILÓMETROS muy despacio. Es muy silencioso, más que una maquinita.

El hecho es que en estos días es muy complicado para ti hacer ejercicio. Tienes mucho trabajo y vas a tener MÁS. Esta puede ser una forma para tachar el ejercicio de tu lista-de-cosas-por-hacer sin siquiera notarlo. Caminas mientras trabajas.

Me ENCANTARÍA comprártela. Te debo tu regalo de cumpleaños. ¡Por favor piénsalo! Me gustaría tener las agallas para sólo adquirirla y pedirle a tu asistente que me ayude a ponerla en tu oficina, pero tengo miedo a tu reacción. El que de repente aparezca un escritorio caminadora es como darle un gatito a alguien que no lo pidió.

Considéralo…

De: Liz

¡Qué maravillosa oferta! ¡Déjame reflexionarlo!

Unas horas más tarde, me mando otro *email*, no sólo con su decisión, sino también con la de Sarah, su compañera de todo:

De: Liz

Entonces… (redoble de tambores)… ¡Acepto tu increíble y generoso regalo con mucha emoción y gratitud! En verdad pienso que un escritorio caminadora será algo que cambiará muchas cosas. Es justo lo que necesitaba. Ya les dije a todos en el trabajo que planeo convertirme en una experta en el tema.

Otro redoble de tambores… ¡Sarah decidió comprarse uno! Dijo que no podría estar sentada mientras me veía caminar todo el día. Nuestro plan es poner los dos escritorios caminadora en mi oficina, frente al pizarrón blanco. Dejaremos los otros dos en la oficina de Sarah. Estamos convencidas de que estaremos a la vanguardia en la moda de los escritores de televisión.

¡GRACIAS! ¡Ya lo amo!

Los escritorios caminadoras llegaron en menos de una semana. Llamé a Elizabeth para que me contara cómo le estaba yendo.

"¿Entonces?" Le pregunté. "¿Cómo es? ¿Qué se siente?"

"¡Es grandioso!" Exclamó. "Lo usamos todo el día."

"¿Es difícil acostumbrarse?"

"Para nada. Estuvimos mucho tiempo en la oficina, reescribiendo un guión, así que caminamos como tres horas y media. Caminé despacio, a veces como a un kilómetro por hora, pero aun así completé como siete en total. Seré capaz de ir más rápido conforme me acostumbre y dependiendo de lo que esté haciendo."

"¿Siete kilómetros? Es genial."

"Yo me fijo más en la *distancia,* y Sarah en el *número de pasos.* Cuando vio cuantos llevaba los anotó. Vamos a registrarlos y ver qué tan lejos llegamos."

"¡Podrían hacerlo con un mapa! Por ejemplo: 'Hemos caminado hasta San Francisco.' Bastante bien."

"Sí. Me siento muy honesta viendo cómo aumentan los números. Además me hace trabajar mucho mejor. Nuestras llamadas con el estudio sobre el guión tardaron cuarenta minutos, y caminamos todo ese tiempo. Y le dije a Sarah que creo que comeremos menos si estamos en la caminadora."

"Es lógico", le dije. "La gente es sensible a la inconveniencia. Tener que bajarte de la caminadora y apagarla hace que sea más difícil ir a la cocina. ¿Y cómo te sientes?"

"Pues mis piernas sí están muy cansadas, pero creo que se acostumbrarán. Lo más importante es saber si ayudará a mi nivel de A1c. Ya sabes, para mí todo se trata de la glucosa en la sangre."

Tiempo después, volví a llamar a Elizabeth. De forma instantánea había adoptado el hábito del escritorio caminadora, y hacía alrededor de ocho kilómetros diarios. Todavía no sabía con exactitud de qué forma afectaría su nivel de A1c, porque el examen se hace en un consultorio o laboratorio.

"La última vez mis resultados fueron terribles", me dijo "y bajar ese número es lo más importante para mí. Si el escritorio caminadora arregla eso, cambiará todo. En especial para las personas con diabetes tipo II. Me sorprende que la gente no *promueva* los escritorios así. Digo, comparado con los precios de las medicinas y consultas, es una ganga. Pienso que compañías como Google deberían ofrecerlos a sus empleados. Además ayuda con el estrés. Cuando las cosas se ponen feas en el trabajo, reacciono mejor que otras veces, y cuando me voy, sé que no importa lo que pasó o no pasó, yo caminé ocho kilómetros."

Elizabeth no fue capaz de adoptar el hábito del ejercicio, hasta que tuvo la caminadora. Ahora que puede usar la estrategia de Emparejar, apoyada por las estrategias de Conveniencia, Monitoreo y Fundamento, el hábito se ha hecho fuerte.

También, mi hermana es una Complaciente. Me dijo: "Descubrí que para mí es más fácil hacer ejercicio cuando lo siento como obligado por la diabetes."

Una vez más, cuando las personas ajustan sus hábitos de manera que tengan más sentido para ellas, tienen mayor éxito. Jamás se me habría ocurrido caracterizar el ejercicio como "una obligación por la diabetes", pero de inmediato pude ver por qué esa forma resonaba en ella.

Por su problema de salud, para Elizabeth el hacer más ejercicio fue un hábito en verdad muy significativo. Estaba muy emocionada por haberla ayudado a formar dicho hábito, pero a veces me cae el veinte que mi preocupación con el tema de los hábitos es... trivial. ¿No es ridículo dedicarle tanto tiempo a pensar cómo comer mejor, dormir más o acelerar mi lista-de-cosas-por-hacer?

La vida es demasiado solemne, demasiado espléndida para desperdiciarla en estos pensamientos. Pero aunque concentrarme en mis hábitos parece egoísta, al final, dominarlos me permitiría plantear estas preguntas en mi mente, para trascenderlas. Podría regresar toda mi atención a los asuntos que más la merecen y aun así estar segura de la sólida arquitectura de mi vida cotidiana.

Estas acciones pequeñas y diarias tienen su propio valor; la presión de mis hábitos moldea mi futuro. Estos hábitos son pequeñas cosas por sí mismas, pero combinados generan un peso enorme. Recuerdo una de mis citas favoritas de Samuel Johnson: "Es al estudiar pequeñas cosas, que alcanzamos el gran arte de tener poca miseria y mucha felicidad."

ÚNICA,
COMO TODOS LOS DEMÁS

Como dice el dicho, soy única, como todos los demás. Así como podemos aprender de nosotros mismos al mirar en un espejo (como en la sección de Autoconocimiento), también podemos hacerlo al considerarnos en comparación a los otros. Esta sección abarca las estrategias de Claridad, Identidad y Otras personas, las cuales, al colocarnos en el contexto de los demás, iluminan nuestros valores, intereses y temperamentos individuales. Y entre más nos entendemos, mejor será el trabajo que hagamos al formar nuestros hábitos.

Claridad

La gente paga por lo que hace, y más,
por lo que tienen permitido llegar a ser.
Y pagan por eso de forma muy simple:
con las vidas que guían.

JAMES BALDWIN, *Sin nombre en la calle*

Uno de los grandes rompecabezas de los hábitos es el hecho de que algunos se forman muy fácil, mientras que otros no. ¿Por qué? Hay muchas respuestas, pero me he dado cuenta de que, a veces, el problema es la falta de claridad. Me siento ambivalente: quiero hacer algo, pero al mismo tiempo no lo quiero hacer. Deseo una cosa, pero también deseo algo que choca con ella. Todo el mundo parece estar de acuerdo en que tal hábito es importante, pero no es importante para mí.

Me tomó mucho tiempo entender la importancia de la estrategia de la Claridad; siempre quiero concentrarme en lo concreto y la "claridad" parece algo abstracto. Pero resulta que ésta es un elemento súper importante de los hábitos y también práctica en extremo.

Dos tipos de Claridad apoyan la formación de hábitos: *de valores* y *de acción*. Entre más claro soy sobre qué valoro, y qué acción espero de mí (no lo que otros valoran o esperan de mí) es más factible que me apegue a mis hábitos.

Las investigaciones sugieren que cuando tenemos conflictos de objetivos, no nos dirigimos bien. Nos volvemos ansiosos y paralizados, y a menudo terminamos haciendo nada. Cuando reflexiono en los hábitos con los que he peleado durante años, me doy cuenta de qué tan seguido mis dudas y recaídas se debieron a la falta de *claridad*. En una mañana, ¿debería usar mi tiempo libre para trabajar en los *emails* o para leer en voz alta a Eleanor? ¿Debería trabajar las tardes de los sábados o dedicar ese tiempo a distraerme? ¿Debería decirle a Eliza que haga su tarea en la cocina, en compañía de la familia, o en su cuarto, lejos del ruido y la distracción? Me siento ambivalente, y mi inseguridad sobre estos temas agota mi energía. Como el asno de Buridán, un burro que muere de hambre por no poder decidir entre dos montones de heno, me quedo paralizada por la indecisión.

Como cuando hablé sobre hábitos y felicidad, algunos pares de valores conflictivos siguen saliendo de la nada:

Quiero dedicarle el 110 por ciento a mi trabajo.	Quiero dedicarle el 110 por ciento a mi familia.
Quiero trabajar en mi novela.	Quiero hacer ejercicio.
Quiero dormir más.	Quiero un poco de tiempo cada día para platicar con mi amorcito, ver televisión y divertirme.
Quiero pasar menos tiempo en el coche.	Quiero que mis hijas participen en muchas actividades extraescolares.
Quiero ser muy accesible a las otras personas.	Quiero tiempo solo para pensar y trabajar.
Quiero ser templada.	Quiero ir al gimnasio.
Quiero tiempo para relajarme cuando llego a casa del trabajo.	Quiero vivir en una casa limpia y ordenada.
Quiero conocer a nuevas personas y frecuentar a mis amigos.	Quiero más soledad.
Quiero planear bien mi fondo de ahorro para el retiro.	Quiero viajar y disfrutar el presente.
Quiero beber menos.	Quiero echar fiesta.

Como ilustran estos pares, muchas veces, cuando experimentamos una falta de claridad es porque dos valores importantes se contraponen. Ambos son importantes, así que agonizamos sobre cuál valor honrar en el hábito que perseguimos.

Cuando enfrento valores que parecen en conflicto, primero recuerdo considerar si este conflicto no será una falsa elección. ¿Puedo escoger ambos?

Una mamá de la clase de Eleanor me dijo: "No puedo ir a mi clase de ejercicio porque mi hijo quiere que le lea." Parecía satisfecha consigo misma e imaginé su pensamiento: "Estoy dispuesta a sacrificar mis propios deseos para estar atenta a mi hijo." (Sospecho que es una Complaciente.)

Aunque le di una respuesta evasiva, para mí eso parecía una falsa elección. Quería decirle: "Ser un buen padre es un valor muy alto pero, ¿cuál valor debería servir en *esta situación en particular*? Tal vez puedes hacer ejercicio y leerle a tu hijo en otro momento."

Cuando nos presionamos para tener claridad, cuando identificamos el problema, a veces descubrimos nuevas soluciones. Escuché sobre una pareja que iba a terapia porque todo el tiempo estaban peleando por los quehaceres, y por si era más importante limpiar la casa o tener mucho tiempo libre. Seguían peleando hasta que decidieron dejar las terapias y gastar ese dinero en una señora que les hiciera la limpieza cada semana. Tengo un amigo al que le encanta hacer largos trayectos en bicicleta los fines de semana, pero también le gusta pasar tiempo con su familia. Por mucho tiempo, lo que hiciera con su día le dejaba la sensación de haber querido hacer otra cosa. Cuando se obligó a aclarar la naturaleza de su conflicto, descubrió la solución. Sábados y domingos se levantaba a las 5:00 a.m., andaba en *bici* seis horas y pasaba el resto del día en casa.

Es más fácil apegarse a un hábito cuando vemos con claridad la conexión entre el hábito y el valor al que sirve. Tiendo mi cama, porque sé que el hábito me hace sentir más tranquila. Les doy besos de hola y adiós a mis hijas porque este hábito me hace sentir más amorosa.

Tal vez es cierto que los valores mundanos del placer, la vanidad y el comportamiento quisquilloso son tan convincentes como los más altos. Apuesto a que mucha gente se cepilla los dientes para prevenir el mal aliento en vez de para prevenir la caries. Un entrenador me dijo: "Los hombres vienen porque quieren mejorar alguna habilidad, como jugar tenis, o recuperar algo perdido, como la capacidad de subir escaleras sin sofocarse. Las mujeres lo hacen porque quieren verse mejor. Después de eso, cada quien agrega justificaciones saludables."

Cuando no se nota que un hábito tiene un valor, hay menos probabilidades de seguirlo. La gente deja a menudo sus medicamentos cuando no ve una conexión entre la medicina y su condición, como a veces pasa con las personas que toman pastillas para la hipertensión. Aunque siempre había intentado que toda la familia nos pusiéramos la vacuna contra la influenza, nunca pude, hasta que Elizabeth aprendió que su diabetes podía haber sido desatada por un fuerte caso de gripa. ¿Unos cuantos días enfermo? Las vacunas no parecen merecer la molestia. ¿Riesgo de diabetes? Nos vacunamos cada año.

La Claridad es una de las razones por las que la estrategia de Agendar es tan útil. Es importante tener tiempo para escribir, para estar con la familia, para leer. Puedo pasar mi día en un caos de prioridades en guerra, y sentir que, no importa lo que haga, siempre dejo cosas importantes sin hacer. Pero también puedo usar la claridad de Agendar para garantizar que tengo tiempo y energía para dedicarla a cada actividad que me interesa.

Esta estrategia también sirve para guiar la luz hacia un aspecto que tal vez deseamos ocultar. Debemos poner una atención especial a cualquier hábito que queramos *esconder*. El anhelo de prevenir a la familia o a los compañeros de ser testigos de algo es clave de que nuestras acciones no reflejan nuestros valores. Por ejemplo, que no vean la pantalla de la computadora o que no sepan cuánto tiempo o dinero gastamos en un hábito. Un lector escribió: "Me voy de compras en secreto y guardo las bolsas en la alacena. No quiero que nadie sepa lo que gasté."

Una forma de atacar un mal hábito escondido (fumar en secreto, checar el Facebook de tu ex a escondidas, escaparte para comprar) es forzarte a hacerlo en público. Es probable decidir abandonar un hábito si ya no lo podemos mantener en secreto. O tal vez nos calmaremos al darnos cuenta de que mucha gente lo comparte. Un lector escribió: "Mi hábito secreto era ver Hallmark Channel. Un día, riéndome pero muy apenado, se lo confesé a un amigo y me dijo: '¡Yo también!'"

Es cierto, a veces escondemos un hábito por otras razones. Un lector posteó: "Soy un escritor de clóset. Cuando alguien me pregunta cómo he estado, nunca le digo que la mitad de mi tiempo la ocupo en escribir una novela. Me siento un poco deshonesto, pero hay algo en decirle a la gente que me hace sentir demasiado expuesto." Mucha gente mantiene un *blog* en secreto.

También hay que poner mucha atención cuando nos sentimos obligados a *explicar* cualquier cosa. De forma paradójica, las justificaciones que no son necesarias pueden ser una característica de la negación. Una vez me descubrí diciéndole a Jamie un montón de razones por las que no había trabajado ese día, aunque no le interesa cuanto trabajo haya terminado. Cuando dejé de hablar, me di cuenta de que mi deseo de explicarle detenía la necesidad de esconderme algo. No quería admitir que había roto mi hábito de trabajo.

Un amigo me contó una historia conmovedora: "Estaba en la fila de la tienda y me di cuenta de que conocía a la señora delante de mí. No me vio, pero antes de que pudiera decirle algo, empezó a platicar con la cajera. Señaló la comida que estaba comprando (pura chatarra como papas, galletas, crepas congeladas) y dijo: 'Mis hijos me hacen comprar todas estas cosas, les encantan.' ¡Pero ella no tiene hijos! Ni siquiera un *gato*. Me sentí tan mal por escucharla sin querer, que me cambié de fila."

En el libro *The Shift* Tory, Johnson escribe: "Desde el día que me dieron mi licencia para manejar,[143] desarrollé el hábito de tragar como cerdo en los lugares para comer en el coche. Cuando llegaba sola a la ventanilla, hacía como que estaba ordenando para varias personas diciendo '¿Qué van a querer?' Como si al vendedor le importara."

La Claridad requiere el conocimiento de lo que estamos haciendo.

La Claridad en los valores también nos hace posible identificar los hábitos mentira. Éstos son los hábitos que decimos en voz alta que queremos adoptar, cuando en realidad no tenemos ninguna intención de hacerlo. Muchas veces los hábitos mentira reflejan los valores o prioridades de las otras personas. "Voy a cocinar cada noche." "Dejaré de comprar boletos de lotería." Como la lógica del mañana, los hábitos mentira son peligrosos porque nos hacemos tontos sobre nuestras verdaderas intenciones.

Como una Defensora que se toma muy en serio (tal vez demasiado) los propósitos anunciados, me choca cuando sospecho que estoy escuchando a alguien declarar un hábito mentira.

Me volví consciente de este tipo de hábitos en una cena. Estaba sentada junto a un hombre que me dijo: "Empezaré a hacer ejercicio. En verdad lo necesito."

"¿Por qué no lo has hecho?" Le pregunté con cuidado.

"No tengo tiempo, viajo mucho. Además me duele la rodilla."

"Suena como que en realidad no quieres hacerlo."

"Oh, pero tengo que", me contestó. "Con regularidad mi esposa y mis hijos intentan que haga ejercicio. Voy a empezar pronto."

Entendí. No quería, pero estaba usando un hábito mentira para pretender que iba a empezar a hacer ejercicio. Uno de estos días. De forma irónica, si mi compañero de cena hubiera dicho: "Mi familia me está presionando, pero no tengo intensiones de ejercitarme", el hecho de reconocer su decisión y sus consecuencias, tal vez lo llevarían a decidir que *en verdad* quiere hacer ejercicio. Repitiendo la mentira evitó decir su verdadera intención, lo cual le permitió negar lo que está haciendo.

Una amiga usó la estrategia de Claridad para evitar esta trampa. "Sé que sería bueno hacer ejercicio", me dijo, "pero tengo dos hijos, trabajo de tiempo completo, y si intento hacerlo, sería una cosa más por la cual preocuparme. Cuando mis niños crezcan, lidiaré con eso."

"¡Genial!" Le dije.

Parecía aliviada pero también sospechosa: "Pensé que tratarías de convencerme."

"Para mí, es mejor decir: 'En este momento no voy a preocuparme por el ejercicio', en vez de: 'Debería hacer ejercicio' pero nunca hacerlo. De cualquier forma no lo estás haciendo, pero porque tienes claridad sobre tus acciones, tienes el control. Y así no te desgastas sintiéndote mal por eso." Además, intuyo que sus sentimientos de autocontrol le ayudarán a hacerlo bien si decide empezar a ejercitarse porque no se está diciendo: "Por años he intentado y fallado al hacer esto."

¿Cuáles son mis hábitos mentira? Debería entretener más. Mi madre adora hacerlo, y le sale de maravilla. Me sigo diciendo "¡Voy a ser entretenida!" Pero no. Me sigo diciendo: "Debería poner los platos en la lavavajillas en vez del fregadero." Pero siempre los vuelvo a dejar en el fregadero.

Algunos hábitos mentira que ya abandoné son: "Voy a hacer que mis hijas escriban notas de agradecimiento." "Voy a leer un poema cada noche." "Voy a hacer un registro de todo lo que lea en Goodreads." "Voy a usar mi vajilla de porcelana." Algún día, lo prometo, la usaré, pero por lo mientras *es un alivio* abandonar este y otros hábitos mentira.

Las personas en las cuatro Tendencias muestran diferentes patrones ante los hábitos mentira. Los Defensores crean pocos hábitos de éstos porque tienden a tomar las expectativas muy en serio, y reaccionan ante ellos, a menos de que en verdad sean una opción (como leer un poema cada noche). Los Interrogadores apoyan a veces los hábitos mentira cuando no están convencidos de que el hábito propuesto está bien justificado como para merecer seguirlo. Los Complacientes dicen hábitos mentira cuando sienten la presión de las expectativas ajenas, pero sin una estructura o responsabilidad que los impulse a la acción.

Los Rebeldes no tienen problema en decir: "No, no voy a hacer eso." Así que éstos no les causan mucho conflicto.

Al proveer (o no) claridad, nuestras palabras pueden hacer más fácil o más difícil el mantener un hábito. Las personas que mejor se apegan a sus hábitos son las que usan el lenguaje para enfatizar[144] lo que están haciendo por su propia decisión y ejerciendo control ("No", "decido que", "voy a" o "no quiero"). En cambio, la gente que usa un lenguaje que debilita su autoeficacia ("No puedo", "no debo" o "se supone que") no se apega bien a sus hábitos. Hay una verdadera diferencia entre "no" y "no puedo".

Las mismas palabras que escogemos para caracterizar nuestros hábitos pueden hacerlos parecen más, o menos, atractivos. "Hora de las citas" suena más interesante que "hora del *email*". "Tocar el piano" suena más interesante que "practicar piano". ¿Y qué suena más atractivo: un "día de retiro personal", "día para ponerse al corriente", "día de abandono" o "día de vacación obligatoria"? (Las personas de diferentes Tendencias escogerán distintos términos.) ¿Una persona preferiría "tomar clases de baile" o "hacer ejercicio"? A algunos les gusta la palabra "dejar", como en "ya dejé el azúcar", a otros les causa rechazo por su matiz de adicción. Una mujer me dijo: "Trato de no usar las palabras 'siempre' y 'nunca', pero 'permanente' sí me gusta."

Mucha gente menciona que quieren "sentirse menos estresados". "Estrés" es una palabra imprecisa, y como no detalla ningún problema concreto, no sugiere ninguna solución. Cuando digo "estoy estresada", hago borrosa la conexión entre cómo *actúo* y cómo *me siento*. Así que, en lugar de decir: "Estoy estresada", me presiono para identificar de forma exacta qué es lo que me molesta. "Trabajo en casa, por eso siento como si estuviera trabajando todo el tiempo." "Trabajo con alguien que consume mi energía." "Quiero que tengamos aventuras divertidas en familia, pero todos necesitamos un descanso." "No puedo decidir cuál oportunidad seguir." "Mi *laptop* no está bien sincronizada con la computadora de escritorio." "Me aturdo cuando mis dos hijas hablan al mismo tiempo." "Me siento incómoda en esta situación social." Cuando he explicado el problema con palabras, por lo general la grandiosa claridad me ayuda a localizar la solución.

Además de la claridad en los valores, hay otro tipo de transparencia que apoya la formación de hábitos: la claridad de acción. Entre más específica soy sobre qué acciones tomar, más propensa estoy a formar mi hábito. Por ejemplo, "ser más consciente" es demasiado impreciso como para ser un hábito, pero "tener momentos de gratitud cada vez que entro a mi edificio" o "tomar una foto de algo interesante cada día" son acciones concretas que se pueden volver hábitos.

Es frecuente que la claridad de acción tenga problemas con la medicina. Los estudios sugieren que más del 55 por ciento de los adultos no toman los medicamentos prescritos. Muchas de las razones para fracasar más comunes[145] reflejan una falta de claridad. Si la gente se pregunta: "¿Por qué me molesto en tomarme las pastillas?" o "¿Cuándo se supone que me tocan las pastillas?" o "¿Ya me tomé las pastillas hoy?" Es menos probable que se las tome. Es por eso que algunos de los antiguos frascos han sido remplazados por blísteres con los días de la semana.

Para lograr mayor claridad en mis acciones, muchas veces invoco una regla *bright-line*,* un útil concepto de la ley en Estados Unidos. Una regla *bright-line* es una norma claramente definida o estándar que elimina cualquier necesidad de interpretación o toma de decisión. Por ejemplo: observar el *sabbath*, usar el *New York Times Manual of Style and Usage* (Manual de estilo y uso) para resolver cuestiones gramaticales, nunca comprar agua embotellada, contestar cualquier *email* antes de veinticuatro horas o llamar a casa cada sábado en la noche, son reglas *bright-line*.

Una típica es hacer una lista de lo que necesitamos del súper, de esta forma eliminamos el impulso de comprar. Una lectora explicó: "Compro con mi lista, no sólo las provisiones, también la ropa y los cosméticos. No es tanto por ahorrar dinero, sino para evitar el desorden."

Ya tengo muchas *bright-line rules:* Nunca uso ese instrumento de tortura (la alarma repetitiva). Cada mañana Eleanor y yo nos vamos a la escuela a las 7:50 exactas. Jamie y yo no estamos de acuerdo en las reglas de este tipo: yo digo que cuando alguien decide ir a un evento, va; Jamie tiene una visión más relajada (soy una Defensora y él un Interrogador).

Las personas tienen sus propios y característicos hábitos *bright-line*. Conocí a un chico que decía ser "vegetariano antes de cenar". Una amiga me contó: "Cuando me casé, decidí decir sí al sexo cada vez que fuera posible para que nuestra relación fuera mejor."

Otra amiga me comentó: "Mi hábito es nunca tener más de *tres*… de lo que sea: tres cervezas, tres programas."

---

* La mejor traducción sería "regla clara," pero como el capítulo es Claridad, esta palabra se repetiría demasiado. Por lo anterior lo dejaremos en inglés. (Nota de la traductora).

"¿De dónde sacaste eso?" Le pregunté. "¿Por qué tres?"

"No lo recuerdo", dijo. "He seguido esta regla desde hace tanto que no me puedo acordar. Qué miedo pensar que la he seguido fielmente desde niña." Poco convencional, pero efectiva.

Como Hipocompradora, me molesta mucho comprar ropa, y cuando tengo cosas nuevas, debo pelear contra mi impulso de "guardarlas", almacenarlas sin usar para seguirme poniendo mi ropa gastada. Decidí hacer el hábito *bright-line* de deshacerme de cualquier cosa que tenga un hoyo.

Para mi sorpresa, este hábito se transformó en un fracaso total. Simplemente *no puedo* deshacerme de algo sólo porque tiene un hoyo. Me echaba porras: "¡Éste es mi nuevo hábito! ¡Ándale, a la basura, pon el calcetín de patitas en la calle!" Pero no podía hacerlo. Las reglas *bright-line* sólo trabajan si las seguimos.

Una mañana, cuando caminaba a casa después de dejar a Eleanor en la escuela, tuve uno de esos raros momentos de reflexión cuando uno se aleja de las preocupaciones diarias para tomar una visión más generalizada de sus acciones. Estaba gastando energía en cambiar mis hábitos, y aun así cuando me preguntaba "¿Qué cambio agregaría más felicidad a mi vida?" Ningunos de mis hábitos me dirigían al asunto que estaba hasta arriba de la lista: Quería ver más seguido a mi hermana.

Descubrí que el problema era que no tenía un tiempo dedicado a Elizabeth. Veo a mis padres con frecuencia porque he apartado tiempos específicos para visitarlos, en Navidad y en agosto. Si decisiones, sin planear, sólo escojo las fechas y compro los boletos de avión. También los veo en otras épocas, pero *siempre* los visito en esos momentos.

Elizabeth y yo no teníamos ese tipo de plan fijo. Cada dos años, en Navidad, coincidimos en Kansas City. En ocasiones voy a trabajar a Los Ángeles, pero no era suficiente. Nuestros planes nunca cuajaban. ¿Cuándo lo haríamos? ¿A dónde iríamos? ¿Cuál familia tendría que viajar? Muchas decisiones. Sin claridad no hay acción.

Habiendo identificado el problema, consideré posibles soluciones. Las agendas de trabajo de Elizabeth y Adam como escritores de televisión, son súper impredecibles. El verano es una estación muy ocupada para ellos. Tienen un niño pequeño. Mi familia tenía una agenda mucho más regular. Armé una propuesta y llamé a Elizabeth para discutirla.

"Escucha", le dije. "En verdad deseo juntar a nuestras familias más seguido, pienso que podríamos tener un plan fijo, donde nos reunamos una vez al año."

"¿Sería maravilloso, pero cuándo?"

"Eso es lo que quiero saber. Tú y Adam no tienen mucho control sobre su agenda, así que lo podríamos planear para el puente del Día del Presidente porque es un fin de semana de tres días y de hecho a Eliza y Eleanor les dan cuatro. Puede ser que tengas que trabajar, pero la oportunidad sería tan buena entonces como en cualquier otro puente. Escogeremos un hotel lindo al que puedan llegar manejando de Los Ángeles, así no tienen que comprar boletos de avión. De esta forma, si deben cancelar de último minuto, no perderían toneladas de dinero, y no pasarían mucho tiempo haciendo arreglos. Incluso si ustedes tres no pueden salir, de todos modos nosotros cuatro iríamos y en cualquier caso nos divertiremos. Así que es simple, sin estrés por si tienes que cancelar."

"Pero eso significa que ustedes tienen que volar todo el camino de vuelta."

"Ahora que Eliza y Eleanor son más grandes, ya no es problema. Es mucho más fácil viajar para nosotros que para ustedes. Y disfrutaremos California."

"¿Y haremos esto cada año?"

"Si funciona, podemos seguirlo haciendo. Sin decisiones. Cómodo es más importante que fabuloso."

Elizabeth y Adam pensaron que era una gran idea, así que compre una guía del sur de California. Escogimos el área de Santa Bárbara como destino e hicimos las reservaciones. *Flash-forward:** Elizabeth tuvo que cancelar por trabajo, pero luego, de último minuto, su agenda volvió a cambiar, y ella, Adam y Jack pudieron venir. Funcionó perfecto.

Después de eso me di cuenta de que podía ligar otros hábitos anuales a fechas especiales como el Día del Presidente. Por ejemplo, el Día del trabajo ahora me motiva a agendar la vacuna familiar contra la influenza. El Día de San Patricio me genera una revisión de nuestras finanzas (verde). Una amiga y yo cumplimos años el mismo día, y cada año, almorzamos juntas para celebrar. De otra forma, casi nunca la veo, pero sabiendo que la veré una vez al año ayuda a mantener nuestra amistad.

Las fechas detonantes también me salvan de sentirme culpable. Como no me preocuparé por las compras decembrinas hasta después del Día de acción de gracias, no me siento culpable por no comprar desde antes. Claridad.

Por esas fechas llamé a Elizabeth para que me diera noticias del escritorio caminadora. Había hecho su vida mejor que antes de manera increíble.

---

* Salto en el tiempo hacia el futuro (Nota de la traductora).

"¡Lo amo!" me dijo. "He caminado casi trescientos kilómetros."
"Es asombroso."

"Descubrí que en verdad es una clave para controlar mi glucosa en sangre. Cuando estuve de jurado y en vacaciones, mi azúcar se elevó, incluso aunque estaba comiendo de la misma forma. Ahora sé que tengo que hacer ejercicio."

"¿Cuánto caminas al día?"

"Depende de lo que esté pasando en el trabajo. Si tenemos que anotar llamados tengo mucho tiempo para la caminadora. Hay días que camino más de once kilómetros. Además el trabajo es más satisfactorio cuando estoy obteniendo ejercicio y logros al mismo tiempo. Hay algo en la caminadora que te hace sentir: '¡Estoy lista para este reto! ¡Estoy avanzando hacia el éxito!' En vez de sentir que estoy en una avalancha. Me siento en control."

"¿Y es sencillo ponerte a hacerlo?"

"Cuando es tu escritorio, es tu escritorio. Es un hábito fácil de mantener."

SOY LA QUISQUILLOSA
Identidad

> *La verdad es que lamentamos[146] la pérdida incluso de nuestras*
> *peores costumbres. Quizá sean las que más lamentamos.*
> *Son una parte demasiado esencial de nuestra personalidad.*
> OSCAR WILDE, *El retrato de Dorian Gray*

Así como me tardé para captar la importancia de la estrategia de la Claridad, estuve estudiando hábitos mucho tiempo antes de que valorara la magnitud de la identidad. Mi idea de "este es el tipo de persona que soy" estaba tan atada a mis hábitos y acciones que me era difícil identificarla. Pero con el tiempo, me di cuenta de que mi sentido de identidad hacía más fácil o difícil cambiar un hábito.

Mi amiga María me ayudó a entender el poder de la identidad.

La conozco porque su hijo estaba en el mismo salón de Eliza en el kínder. Tiene una energía muy alegre y una apariencia traviesa que me hace querer conocerla mejor. De hecho, años después empezamos a trabajar juntas para hacer los videos de mi *blog*. Un día, cuando acabamos de hacer el último set de videos, empezamos a platicar de nuestros hábitos. Pura coincidencia, por supuesto.

"¿Hay algún hábito que te gustaría cambiar?" Le pregunté. "¿Te gustaría ser mi conejillo de indias?"

Me contestó: "De hecho me gustaría dejar de tomar. Lo disfruto mucho, en especial el vino, pero lo pago al día siguiente. Aun si sólo me tomo una o dos copas, me siento mal. Además, por lo general tengo un recuerdo súper claro de las conversaciones, pero cuando bebo se hacen borrosas. La semana pasada mi hermano y yo tuvimos una charla genial en la cena. En verdad estábamos conectados, pero cuando intento acordarme de forma exacta qué era lo que estábamos diciendo, no puedo. También tengo la sensación de que si logro esto, otras cosas como el ejercicio, la comida y demás… Serían más fáciles."

"Cierto." Contesté.

Como Abstemia, me sentí obligada a señalarle las opciones de la abstención, pero María no estaba interesada.

"No." Movió la cabeza. "No quiero dejar el alcohol. La cosa es que, soy italiana, me encanta la buena comida y el vino, quiero disfrutar mi vida. Y pienso que la gente espera eso de mí. Tengo amigas que dicen: '¿Estás tomando una copa de vino? Va, yo también.' Las personas quieren que siempre sea divertida."

"¡Pero tú *siempre* eres súper divertida!" Le dije "¡Y lo *sabes*!"

"Sí", admitió con una risa. "Soy súper divertida."

"Además, tal vez a los demás les cuesta trabajo notar cuánto estás tomando, a menos de que te estén usando para marcar su ritmo, como 'Oh, María se va a tomar otra copa, así que yo también puedo.' Las investigaciones muestran que las personas comen y beben más o menos[147] dependiendo de lo que hace la gente a su alrededor. Y tú quieres hacer lo que es bueno para *ti*."

"Me encanta pasar un buen rato", dijo, "pero toda esa bebida no me hace sentir bien."

"Entonces necesitas descubrir cuánto y cuándo quieres beber."

Después de considerar diferentes escenarios, María decidió el hábito que quería adoptar. No tomaría vino cuando cenara en casa; en una cena normal con las amigas en un restaurante, se limitaría a una copa; para ocasiones especiales, varias. Nos estuvimos escribiendo sobre su intento de bajarle al alcohol, y lo primero que hice fueron sus reglas de *cuándo* y *cuánto* beber. (Nosotros los Defensores siempre queremos saber las reglas.) También discutimos si podría hacer una bebida sustituta, algo festivo pero sin alcohol. Inventó su "bebida familiar" (agua mineral con jugo de granada y limón) para tomar con su esposo, Tom, quien también está tratando de bajar su consumo. Me encantó la idea de una familia bebiendo como su ritual para el final-del-día.

Sin embargo, con el tiempo, se volvía más claro que para María, su *sentido de identidad* era un obstáculo mucho más significativo que su apego a las reglas. Aun si había recalcado este asunto durante nuestra primera conversación, no me di cuenta de su significado. Su identidad como italiana, como alguien que ama la buena comida, como "la divertida", era su verdadero reto.

De: María

Me siento como si estuviera negando mi personalidad... una italiana disfrutando el cocinar y el vino. No extraño el sabor, lo que extraño es la sensación festiva, la relajación que acompaña a una copa de vino.

Pero, bueno, me siento mejor sin tomar dos copas o las que salgan, sobre todo en las noches de entre semana en casa. Anoche tuve que convencer a Tom de que no abriera una botella de vino porque sabía que no podría resistirme. Estuvo de acuerdo. Tengo la satisfacción de estarme controlando.

La identidad ejerce una fuerza poderosa sobre nuestros hábitos. Cuando le dije a una amiga sobre mi alimentación baja en carbohidratos, movió la cabeza y dijo: "Eso jamás funcionaría para mí. No quiero ser la quisquillosa, la que dice: 'no como esto' o 'no como aquello'."

"Podrías hacer una excepción, por ejemplo si eres el invitado en la casa de alguien más."

"¿Es lo que tú haces?"

"No", reconocí, "yo me apego a mi hábito. No me importa si la gente piensa que *yo soy la quisquillosa*, lo soy. Además, llevo tantos años angustiándome por mi peso, que bien vale la pena ser así con tal de ya no tener que preocuparme por él."

"Pues yo no, yo soy 'la chica que come de todo'."

"Sólo es un problema cuando esta identidad no-quisqui-llosa entra en conflicto con algo más (como comer diferente). Para mí no es difícil porque me encanta decirle a la gente 'soy una de esas fanáticas bajo en carbohidratos de las que lees'."

Ahora que he reconocido a la identidad, empiezo a ver el papel que desempeña en muchas situaciones relacionadas con los hábitos. Una amiga me dijo: "Mi esposo y yo necesitamos con desesperación irnos a la cama temprano. Nos quedamos despiertos hasta muy tarde y tenemos que levantarnos por el bebé. Estamos exhaustos. Siempre decimos que nos vamos a dormir antes, pero nunca lo hacemos."

"¿Cuál es su rutina?"

"Como a las once, vamos a la cocina, botaneamos nueces, queso o algo y platicamos."

"Suena lindo."

"Sí." Dijo. Luego agregó algo que sonó como la clave al asunto: "Sabemos que debemos ser unos padres responsables e irnos a dormir. Pero estamos aferrándonos a esta última pieza de nuestras vidas adultas antes del bebé. Es que se siente tan… *domesticado* irse a la cama antes de medianoche. Incluso aunque en verdad necesitemos dormir."

El hecho es que cambiar un hábito es mucho más retador si el nuevo significa alterar o perder un aspecto de nosotros mismos. Me duele la pérdida de un hábito que defina mi iden-tidad, incluso del más trivial. Por ejemplo, por años no tuve bolsa. Me gustaba ser "el tipo de mujer que no usa bolsa", y posponía el comprarme una, aun cuando en muchas situaciones usarla hubiera sido mucho más conveniente que cargar con mi mochila para todos lados. Renunciar a esa parte de mi me daba nauseas, incluso si era una parte tan pequeña de mi identidad.

Las investigaciones muestran que tendemos a creer lo que escuchamos decir a nosotros mismos. La forma en que nos describimos influye en la visión de nuestra identidad, y de ahí, en nuestros hábitos. Si yo digo: "Soy floja", "no resisto una oferta", "intento una vez", "nunca empiezo a trabajar hasta la mera hora" o "tengo buena suerte", estas ideas se vuelven parte de mi identidad, lo cual a su vez, interviene en mis acciones.

Muchas veces también podemos describir el mismo atributo en términos positivos y negativos. Esto puede ayudarnos a formar los hábitos que queremos: ¿Soy concienzuda o rígida? ¿Espontánea o impulsiva? ¿*Gourmet* o tragona? ¿Fiestera u holgazana? ¿Artística o desorganizada? ¿Energética o inquieta?

Por años me creí alguien que "odia el ejercicio", pero en algún punto me di cuenta de que odiaba los *deportes* (soy súper descoordinada, no me gustan los juegos, y no le encuentro lo divertido a las competencias). Pero no significaba *ejercicio*: correr, aparatos de cardio, entrenamiento con peso corporal, etcétera. Descubrirme como alguien que "disfruta el ejercicio" me permitió cambiar la forma en que veía mi naturaleza, y esto me ayudó a convertirme en una persona que lo hace de forma regular. En un estudio, a un grupo de votantes registrados les preguntaron:[148] "Para ti, ¿qué tan importante es votar?" y a otro grupo: "Para ti, ¿qué tan importante es ser un votante?" El segundo grupo estuvo más propenso a votar en las siguientes elecciones porque se les había dado esta acción como una expresión de identidad ("éste es el tipo de persona que soy"), y no sólo como una tarea que realizar.

Me emociona agregar un nuevo elemento a mi identidad. Me encantó convertirme en "neoyorquina", "madre", "bloguera", "conductora" y "experta en felicidad." El novelista Haruki

Murakami, un corredor de grandes distancias,[149] escribió sobre su proceso: "[Correr un ultramaratón] agregaría nuevos elementos al inventario de entender quién eres. Como resultado la visión de tu vida, sus colores y su forma, cambiarían. Más o menos, para bien o para mal, esto me pasó, y me transformé." La identidad puede ayudarnos a vivir a la altura de nuestros propios valores: "No soy alguien que desperdicie el tiempo en el trabajo", "no soy floja", "si digo que voy a hacer algo, lo hago."

Por supuesto, es importante seguir los hábitos que se relacionan con nuestro sentido de identidad, pero oponerse a que la misma identidad los sustituya. Ver CNBC no significa que voy a tomar una decisión inteligente con mi fondo de ahorro para el retiro. Usar tenis de atletismo no es lo mismo que correr. Comprar frutas y verduras no es lo mismo que comerlas. Leer la revista *Outside* no es lo mismo que ir a acampar. Escribir sobre felicidad no me hace más feliz (a menos que me apegue a mis propósitos). El otro día cené con un amigo que me comentó: "He dejado de comer azúcar, pero este mousse de chocolate se ve tan delicioso que voy a romper mis reglas."

"¿Cuándo la dejaste?" Le pregunté.

"La semana pasada." Me dijo. Sólo había estado sin azúcar unos cuantos días, pero en su mente, ya era una persona que "nunca come azúcar."

A veces, decirles a los demás una decisión que altera un aspecto de nuestra identidad puede ayudarnos a seguir con los buenos hábitos. María usó la estrategia de Distinción para darse cuenta de que funcionaba mejor cuando hacía públicos sus propósitos.

De: María

Fui a una reunión donde dos personas tomaron vino tinto y dos no. Yo fui una de las que no. Claro que cuando dije "no", hubo un gran "¿Por qué no?"

De hecho, quería explicarles lo que estaba haciendo y sentí que debía decirlo para prevenirme de cambiar de opinión y tomar una copa después de todo. Cuando lo expresé, ya no podía echarme para atrás. Explicar refuerza la decisión de decir "no".

A veces adoptamos un hábito para señalar la identidad que queremos que otros vean. El artista David Salle le dijo a la reportera Janet Malcom: "Tuve que entrenar[150] para no llegar exacto a la hora. Era absurdo e indecoroso ser puntual. En particular era impropio de un artista ser así." (Quisiera preguntar: ¿No es absurdo que, para un artista, ser impuntual de forma deliberada cumpla las nociones de otras personas de cómo se debe comportar?) Otras veces podemos adoptar un hábito para señalar una identidad que nos gustaría tener. Una amiga me dijo: "Bebí y fumé un poco de mota en la preparatoria, no porque me gustara sino porque era la vía más rápida para indicar: '¡Soy divertida! ¡No soy una santita!' Aunque en realidad sí lo era."

Las compañías e instituciones pueden cambiar nuestros hábitos (para bien o para mal) al convencernos de unirnos a ciertos hábitos o identidades a las cuales aspiramos. En su invaluable libro *Made to Stick*,[151] Chip and Dan Heat describen cómo una campaña antibasura exitosa cambió los hábitos de desechos de los tejanos. Los mensajes como "No basura por favor" y "Coopera" habían fracasado con el objetivo demográfico (el tirador de basura era un hombre entre 18 y 35, manejando una *pick up* y escuchando música *country*). Para esta campaña, tejanos famosos, como George Foreman, Stevie Ray Vaughan, Willie Nelson y varias figuras del deporte hicieron comerciales de televisión con el mensaje "No te metas con Texas." La campaña convenció a los espectadores que un verdadero tejano (orgulloso, viril, rudo, leal) no tiraba basura. Durante los primeros cinco años, la basura visible al costado de las carreteras disminuyó 72 por ciento. Nuestros hábitos reflejan nuestra identidad.

Según mis observaciones, esta estrategia es muy útil, en particular para los Rebeldes. Por lo general, les cuesta mucho aceptar las restricciones impuestas por los hábitos, pero como le dan un gran valor a ser ellos mismos, acogen un hábito si lo ven como un aspecto de su identidad.

Por ejemplo, imaginemos que un Rebelde quiere ser un líder respetado. La identidad de "líder" le puede ayudar a mantener los hábitos que de otra manera no haría (como llegar a tiempo e ir a las juntas innecesarias). Él *decide* comportarse de esta forma.

Una Rebelde escribió en mi *blog*: "Para mí, la característica más importante de un Rebelde es la libertad de ser auténtico con la persona que soy en este momento. Mis deseos y necesidades cambian, así que quiero la autonomía para perseguirlos. Por ejemplo, siempre me he definido como una buena madre. No sería como la que yo tuve. Iba a ser una mamá dedicada que demostrara su amor. Y lo soy." Otro notó: "Si un hábito es parte de lo que soy, entonces no es una cadena que me ate al piso, sino algo que me permite ser auténtico."

Podemos encerrarnos en identidades que no son buenas para nosotros: *"workaholic"*, "perfeccionista", "sureña",* "la responsa-

---

* En Estados Unidos ser sureño tiene muchas connotaciones negativas: reacio al cambio, rural, lento, despreocupado, etc. (Nota de la traductora.)

ble", etcétera. Como parte de la estrategia de Las cuatro tendencias y Distinciones, trabajé para identificar diferentes categorías de personalidad a las que pertenecía, pero estos tipos de etiquetas me ayudaron a entenderme de forma más profunda, sin limitar mi sentido de identidad. Alguien escribió en mi sitio: "La comida y el comer solían ser una gran parte de mi identidad, hasta que me di cuenta de que hornear y ser 'panadero' daban como resultado mi sobrepeso. Tuve que dejar ir esa personalidad." Una amiga Rebelde amaba su imagen de ser una fiestera. Una vez escuché a alguien bromearla diciendo: "Tú no eres un adulto", y ella lo repitió con placer: "¡No, no lo soy!" Le encanta la identidad de ser una no-adulto, pero eso se puede convertir en un problema. Cualquiera que sea identificado con la idea de joven (como un niño genio, un prodigio, un joven turco, un ingenuo) con el tiempo será forzado a expulsarlo.

Cuando empecé a pensar sobre esta estrategia y mis hábitos, vi muchas situaciones en las que mi identidad se estaba saliendo con la suya.

Me identifiqué como lectora. Parte de esa identidad era terminar cada libro que leía porque un "verdadero" lector termina los libros ¿No? Y no estoy sola, según el sitio de recomendaciones de libros Goodreads, 38 por ciento de los lectores *siempre* terminan un libro.[152] Prometí adoptar el hábito de dejar un libro tan pronto como perdiera interés. ¡Qué alivio! Cuando me permito abandonar algo aburrido, tengo más tiempo para leer sobre lo que me gusta, y me siento más energizada y feliz porque me disfruto más a mí misma.

Pero tenía otro hábito relacionado con la identidad que necesitaba un debate más interno.

Durante meses he tratado de meditar, cosa que requirió un cambio de personalidad porque muchos años me identifiqué como "una persona que no medita". Luego decidí intentarlo.

Estuve atascada con esto hasta ahora, era el momento de reconsiderar. Mi tendencia Defensora y mi inercia a los hábitos me habían empujado a continuar con la meditación. El problema era que salvo unos pocos minutos cuando me sentí más capaz de calmarme, no la veía hacer ninguna diferencia. Para mí, la meditación era difícil y aburrida y parecía que no daba frutos. Una mala combinación.

Decidí dejar la meditación.

Pero una vez tomada la decisión, descubrí que estaba dudosa a renunciar a la nueva parte de mi identidad. Tenía la tentación de seguir con la meditación sólo porque quería ser una "persona que medita". Lo cual no es lo mismo que querer meditar.

No. La dejaría. No encajaba bien conmigo. Estaba triste por no haberla podido adoptar, pero como siempre, recordé hacer lo que es mejor para *mí*.

Una vez más, era "una persona que *no* medita". Soy Gretchen.

NO TODO EL MUNDO ES COMO YO
Otras personas

Relaciónate con personas que te ayuden a mejorar.[153]

SÉNECA, *Cartas a Lucilio*

Soy una fanática de la estrellita dorada. Me encanta el premio, la apreciación, el reconocimiento, y saber que ayudé a alguien. Por esta razón me encanta escuchar a Elizabeth hablando de su escritorio caminadora. Pensar que la he ayudado a formar un buen hábito, me da más placer que pensar en los míos nuevos-y-mejorados, en especial cuando me dijo que el escritorio le había permitido tener un mejor control de su glucosa en sangre. Y ahora no era sólo la caminadora. Llamó con una noticia.

"Escucha, ¡fui a InForm Fitness!" Mi amado gimnasio de entrenamiento de fuerza había abierto una sucursal en Los Ángeles. Le había reenviado el anuncio por *email*, pero como no contestó, pensé que no estaba interesada.

"¡Excelente! ¿Y qué te pareció?"

"Está *fuerte*. Pero ya entiendo lo que decías. Veinte minutos, una vez a la semana, ¿cómo puedo justificar el no hacerlo?"

Elizabeth me dio todo el crédito, cosa que me encantó, pero Jamie no es tan generoso para repartir estrellitas doradas. Una mañana, mientras nos estábamos vistiendo, lo vi contemplándose en el espejo.

"Ya perdí varios kilos", dijo. No necesitaba perder peso, pero también noté que se veía más delgado.

"¿Comes diferente ahora que le bajé a los carbohidratos?" Me había contenido de imponer mi filosofía "baja en carbohidratos" sobre Jamie o las niñas (seguían comiendo dulces, pan, papas y cosas por el estilo dentro de lo razonable) y, la verdad, casi no hablaba sobre eso.

"Seguro", dijo encogiéndose de hombros.

"Ya en serio, ¿lo haces?" Estaba feliz de pensar que había estado poniendo atención. "¿Cómo?"

"Bueno, en realidad ya no como tanto pan", dijo mientras sacaba un suéter gris del gancho. "Los fines de semana, casi siempre compraba un cuarto de panqué de pasas y me lo comía.

Ahora no. No paso por *bagels* camino al trabajo. No como tanta granola."

"¿Es por la forma en que yo como, por el pensamiento de comer bajo en carbohidratos o sólo porque ya no quieres comer pan?"

"Un poco de todo eso", dijo de forma evasiva. Como siempre, no estaba muy interesado en explorar las profundidades de sus hábitos.

Entonces, poco después de esta conversación, mi suegra mencionó que ella y mi suegro también habían empezado a comer menos carbohidratos. Dijo que era en parte por mí, en parte por el libro de *Taubes* y en parte porque le parecía una buena idea.

Un Secreto de adultos es: "No puedo cambiar a la gente, pero cuando yo cambio, otros pueden hacerlo. Cuando los demás cambian, yo puedo hacerlo."

Hasta este momento, en mi proyecto de hábitos, sólo me había enfocado en estrategias que usaba de forma individual. Pero ahora quiero explorar cómo interactúan los hábitos de la gente en dos direcciones. Las acciones y hábitos de los demás ejercen una tremenda influencia sobre mí… Y viceversa.

Primero consideré cómo las otras personas afectan mis hábitos. Tiendo a pensar en mi misma como un actor aparte, trabajando en mis hábitos a solas, pero lo que otros hacen, dicen y piensan me contagia. Por ejemplo, en un fenómeno conocido como "concordancia sana",[154] las condiciones y hábitos saludables de las parejas tienden a fundirse con el tiempo. Actividades como dormir, comer, hacer ejercicio, visitar al doctor, consumir alcohol, cigarro o marihuana, sean de forma positiva o negativa,

Unica, como todos los demás

influyen en los hábitos del otro. Si una persona tiene diabetes tipo II,[155] el compañero enfrenta un incremento significativo de desarrollarla también. Si alguno de los dos deja el cigarro o el alcohol, es más probable que el otro igual. Como escribió una lectora: "Dejé de tomar, y mi esposo también le bajó mucho. En parte por flojera y en parte porque la bebida 'social' ya no era social."

El firme compromiso que tiene Jamie con el ejercicio me ayudó a ser constante. También adopté su hábito de leer varios libros al mismo tiempo, y comprar otros aun cuando tenga un montón que no he leído. Antes de casarme, sólo leía uno a la vez y no me permitía adquirir más de cinco sin leer. Además, algunos de mis hábitos molestaban tanto a Jamie que los tuve que dejar. Por alguna razón se oponía a que comiera en la cama.

Como somos muy susceptibles al "contagio de objetivos",[156] rápido tomamos los hábitos de los demás, así que es útil estar rodeado de gente que sea buen ejemplo para nosotros. Las otras personas pueden influirnos de forma tremenda. De hecho, descubrí que me convence más el que alguien tenga éxito en una actividad que la investigación más impresionante. Es una referencia individual, pero para mí es una *referencia muy persuasiva*. Cuando pensé en eso, empecé a darme cuenta de lo seguido que adoptaba fuertes hábitos basada en comentarios pasajeros. Vi uno en Twitter sobre Scrivener, el programa de *software* para escritores, y ahora los uso todos los días. Leí un pequeño artículo que premiaba la pulsera Jawbone UP, y ahora me la pongo diario. Cambié el comer almendras tostadas y saladas, a crudas, después de que una amiga me dijo: "La sal te produce hambre" (ni siquiera sé si es cierto, pero cambié el hábito). En *Los primeros 20 minutos*, Gretchen Reynolds escribió: "En las noches, me paro en un solo pie[157] al cepillarme los dientes… [lo cual] tal vez sea una de las acciones más transformativas que he recogido de las investigaciones para este libro. Mi equilibrio y confianza física han mejorado de forma notable." Pensé, bueno, puedo hacer *eso*. Decidí practicar mi balance cuando tomaba el elevador de nuestro edificio. Pie izquierdo para bajar y derecho para subir.

Por desgracia, aunque la gente puede ser una buena influencia, también puede ser mala. Cuando los individuos se comportan de alguna forma que estamos tratando de evitar, pueden tentarnos a seguirla. "¡Mira lo que está haciendo! Yo también quiero." O tal vez queremos evitar el sentirnos fuera de lugar: "Todo el mundo lo hace, no quiero ser aguafiestas." Alguien me dijo: "Trato de mantener un presupuesto estricto, el reto más grande es la forma en que gastan mis amigos. Compran muchas cosas innecesarias y luego sin darme cuenta empiezo a actuar igual."

De hecho, las personas pueden debilitar de manera activa nuestros esfuerzos por cambiar. Un nuevo hábito puede hacerlas sentir abandonadas, celosas del mismo hábito y sus consecuencias, culpables pese a los esfuerzos del otro o lastimados si sienten que el hábito las rechaza o las juzga.

A veces los que nos rodean sólo están molestos porque el hábito crea algún pequeño inconveniente. "Me gustaría hacer ejercicio los fines de semana en la mañana", me dijo una amiga. "Pero cada vez que lo intento, mi familia se queja porque no estoy ahí para hacer el desayuno, para organizarlos, y todo eso. ¿Qué hago?"

"He descubierto una cosa", le contesté. "Si hago algo de forma ocasional, los demás no se acoplan. Si formo un hábito de ese algo, se adaptan." Un lector tuvo la misma experiencia: "Cuando empecé a cerrar la puerta de mi oficina unas cuantas horas cada mañana, mis colaboradores aprendieron a lidiar con eso."

La presencia de otras personas puede influir nuestros hábitos de otra forma: cuando estamos en una situación social, por lo general queremos encajar. Este deseo básico puede convertirse en un obstáculo para los buenos hábitos. Como explicó una amiga: "Quiero mantener una atmósfera positiva, para que las cosas fluyan de manera suave. Si en una cena estoy sentada frente a alguien (en especial un cliente), no quiero ordenar una ensalada como entrada. Si pide un trago, siento que debo hacer lo mismo."

"¿Y crees que la gente lo note?" Le pregunté. "Y si lo notan, ¿crees que les importa? ¿A ti te importaría?"

Dudó. "No me importaría. Pero creo que cambia cosas. ¿No te molestaría?"

"No. En realidad no pienso en eso." Le dije.

Soy muy susceptible a adoptar hábitos de otras personas. Sin embargo, debo admitir que no me importa mucho lo que piensen sobre mis hábitos de comer o beber. Esto puede ser por dos razones: porque no me interesa romper las normas sociales particulares o porque en general no tengo muy buenos modales. Por mucho tiempo estuve desconcertada por la ansiedad de los demás en este tema, pero después me di cuenta de que mi actitud es mucho más inusual de lo que pensé.

Antes de empezar a investigar los hábitos, creía que era una mujer promedio. De hecho, descubrí que soy bastante rara. *No todo el mundo es como yo.* Claro, soy una Defensora y completa Abstemia. Una vez hice el *Newcastle Personality Asses-*

sor, el cual mide la personalidad de acuerdo a los Cinco grandes modelos: actitud receptiva a la experiencia, conciencia, extroversión, simpatía y neurosis (Ocean por sus siglas en inglés). Para ser mujer, califiqué "bajo" en simpatía, la cual mide la tendencia de una persona a ser compasiva, cooperativa y valorar el llevarse bien con los demás. Sospecho que mi baja simpatía en parte explica mi disposición a parecer quisquillosa o inadaptada en situaciones sociales. También, con toda humildad, mi falta de preocupación se origina en mi modestia: simplemente no puedo imaginar que otras personas me estén poniendo mucha atención.

De manera sorprendente, o tal vez no tanto, he descubierto que entre más auténtica soy con mis hábitos, más fácilmente la gente los acepta, y a mí.

Esta observación me llevó a la siguiente pregunta: ¿Cómo afecto los hábitos de las otras personas? Soy una extraña mezcla. En ciertas situaciones, me contengo de alentar a la gente para que haga cosas que no quieren, a veces es un error. Uno de mis deberes como madre es impulsar a mis hijas para que desarrollen hábitos o intenten actividades aunque no quieran, pero me preocupa dejarlas librarse muy fácil. Tolero que Eliza tire la toalla mojada por ahí. Eleanor aprendió muy tarde a andar en bicicleta porque no la hice que practicara con regularidad. Mis hijas (y Jamie y yo) no tenemos muy buenos modales en la mesa, porque no los he hecho que los cumplan.

Por otra parte, muchas veces es difícil para mí aguantarme el actuar como experta o dar un sermón sobre el cambio de hábitos. Tengo que recordar que no puedo convencer a las personas, ellas se tienen que convencer solas y entre más presiono, más puedo aumentar la oposición. También debo recordarme que el sistema que funciona para mí, tal vez no funciona para alguien más. Por ejemplo, Elizabeth adora su escritorio caminadora, pero nunca regresó a la dieta baja en calorías. "A veces quiero carbohidratos", me dijo "aunque *siempre* como de forma sana en el trabajo. Y *nunca* papas a la francesa." Encontró el enfoque que trabaja para ella.

Dada mi naturaleza de sabelotodo y mi pasión por dar sugerencias, frenarme de andar aconsejando sobre hábitos requiere mucho esfuerzo. Está comprobado que me es más fácil dejar el azúcar que resistirme a darle consejos a la gente sobre cómo dejarla. Pero no ayudaré a nadie a cambiar un hábito si provoco un contragolpe.

Cuando estoy tratando de sugerir un hábito, es muy útil saber a cuál de las cuatro Tendencias pertenece una persona. La mayoría son Interrogadores o Complacientes. Para los primeros, la clave para persuadirlos es enfatizar los razonamientos, los resultados y la lógica. Los segundos responden bien a la responsabilidad externa en todas sus formas. Con los Rebeldes es más útil explicar por qué cierto hábito puede ser deseable, pero no tratar de animarlo a intentarlo. Deben decidir por sí mismos.

También puedo ayudar a proveer energía mental para apoyar los esfuerzos de alguien más. La gente cae en estos tres mecanismos cuando algo apoya (o se opone) a los hábitos saludables de una persona.

Drive: La gente en este modo agrega energía y fuerza propulsiva a nuestros hábitos. Puede ser muy útil cuando apoya, recuerda y se une. Sin embargo, si ejerce demasiada presión, puede ser un fastidio, y su entusiasmo puede provocar un espíritu de oposición. Seguro alejará a un Rebelde de su buen hábito.

Reversa: Algunas personas presionan a otras al revés de sus buenos hábitos. Pueden hacerlo por un sentido de amor, como esos "traficantes" de comida que dicen "¡Deberías disfrutar tu vida!" o "¡Cociné esto justo para ti!" O su comportamiento puede ser más malvado como cuando intentan tentarnos, ridiculizarnos o desalentarnos de seguir un hábito saludable.

Neutral: Estos individuos aceptan nuestros hábitos. Nos alientan no importando lo que hagamos. A veces esto es útil, pero otras veces, este apoyo puede facilitar el cometer algo que sabemos que no debemos.

Me pregunté si María pensaba que mi forma de sugerir la habría ayudado con el hábito de beber menos. Era definitivo que con ella había estado en modo drive.

"Sí, sí ayudó", me dijo. "Me hablaste de forma inofensiva, me diste ideas para que yo las ajustara, me diste seguimiento y eso fue muy bueno. Pensaba: 'Tengo que contarle esto a Gretchen.'"

"¿Crees que tu hábito ha mejorado?"

"Seguro. Nuestra conversación me hizo darme cuenta de lo que hacía. Antes, bebía demasiado porque no pensaba o registraba lo que estaba haciendo. Sólo decía: '¡A quién le importa, quiero divertirme!' Ahora tomo de forma más lenta, y en verdad lo saboreo."

En algunos casos, como el de María, ayudé a la gente con sus hábitos. En otros, no mucho. Por ejemplo, di algunas vueltas al departamento de Marshall para ayudarle a terminar de limpiar su desorden, pero nuestros esfuerzos no parecieron hacer mucha diferencia en él, salvo el de hacer su hogar más placentero.

En mi última visita le dije: *"Wow,* este lugar se ve muy bien." Me hubiera gustado tomarle una foto *antes* para que pudiéramos compararla con el *después.*

"Sí. Ya no hay mucho que hacer."

"Déjame preguntarte", le dije. "¿Esto hace alguna diferencia en tu habilidad para trabajar en los proyectos de escritura?" De forma vaga hice un ademán señalando todo el departamento. "¿Haría una diferencia en *mí,* pero la hace en *ti?"*

Se quedó pensando y contestó: "Bueno, no lo creo. Pero es porque lo que necesito descubrir es mucho más grande: qué hacer con mi vida. Me gusta más estar en casa ahora que antes porque ya no hay mucho desastre. También sé que adopté el hábito de deshacerme de mi desorden y de las cosas que no necesito, lo cual me parece que es muy sano en general."

Así que estuvo bien.

Puede decirse que con algunas personas, en especial niños, soy capaz de ejecutar un comportamiento con la consistencia necesaria para que lo conviertan en un hábito.

Eliza y Eleanor son las dos personas a quienes más quiero influir (también a Jamie, pero no tengo el mismo influjo sobre él). Innumerables hábitos forman la vida familiar: ¿Reciclamos? ¿Siempre llegamos a tiempo? ¿Decimos groserías? ¿Usamos el cinturón de seguridad? ¿Vamos al doctor con regularidad? ¿Nos damos beso de hola y adiós? Estos tipos de hábitos tienen gran influencia sobre los niños y sus ideas de cómo funciona el mundo.

Además, como la gente "atrapa" los hábitos de los demás, una buena forma de influir en mis hijas es que yo los siga primero. Si quiero que sean ordenadas, yo tengo que serlo. Si no quiero que se la pasen mucho tiempo viendo una pantalla, debo apagar la mía.

Cuando considero los hábitos que quiero para mis niñas, recuerdo que no debo presionar muy fuerte. Cuando los adultos obligamos a los pequeños a adoptar ciertos hábitos, algunas veces se quedan, pero otras hay un contragolpe, una respuesta negativa. Un amigo me dijo: "Cuando era chico, mi mamá insistía en que colgara mi ropa. Ahora *nunca* la cuelgo." Tanto a niños como a adultos, si alguien les pide con insistencia, no hacer una cosa en particular, muchas veces más lo quieren hacer. Es la atracción de lo prohibido. En cambio, cuando se hacen suaves sugerencias reaccionan con menos resistencia a lo largo del camino.

Una noche, Eliza y yo tuvimos una larga conversación sobre la tarea. Estaba acostada en su cama mientras yo merodeaba en su cuarto buscando algún desorden que recoger. Acomodé frasquitos de esmalte azul de uñas, tiré envolturas de chicle, puse libros en los estantes y saqué la ropa mientras platicábamos. Para mí, acomodar un poco de desorden es muy relajante y ella tolera esta actividad.

"Odio sentir que todo mi fin de semana está arruinado por la tarea", se quejó. "Quiero tener tiempo para no hacer nada."

"Pero, ¿por qué es peor el fin de semana que entre semana?" Le pregunté mientras ponía unos lápices perdidos en un bote.

"La tarea en sí no es tanto problema", me explicó. "Sino que parece como si el hacerla me quitara todo el día."

Pensé en esto. Conocía ese sentimiento de tener un día entero consumido por dos horas de trabajo.

"Escucha", le dije, "Tengo una idea." Me senté junto a ella para enfatizar la seriedad de mi sugerencia. "Qué tal esto:

Todos los días me despierto a las seis de la mañana. A esa hora no hay distracciones, trabajo muy bien y me encanta. Las seis es muy temprano para ti, pero ¿qué tal si te despierto a las siete el sábado o el domingo? De todos modos es cuando te levantas entre semana, así que no sería tan difícil. Puedes trabajar conmigo en la oficina. Te apuesto a que acabarás todo. Luego tendrás el resto del día libre."

"¡Pero me gusta levantarme tarde los fines de semana!"

"Sé que te encanta, y que será una pena despertarte... Pero así tendrías un día muy despejado. Y todavía te quedará una mañana para despertarte tarde."

"Bueno... Tal vez", dijo, para mi sorpresa.

"¿De veras?" Estaba emocionada de pensar que lo iba a intentar. "¡Grandioso!"

"Lo *intentaré*. No estoy diciendo que lo voy a hacer para siempre."

En teoría estuvo de acuerdo, pero cuando llegó la mañana del domingo, no estaba segura de qué pasaría cuando tocara la puerta de su cuarto a las 7:00. Después de algunos murmullos, se levantó. Y funcionó. Ahora, los domingos en la mañana Eliza y yo trabajamos juntas en mi pequeña oficina.

Hago muchas cosas para ayudarla a mantener este hábito. Me aseguro de que esté despierta a las siete. Una vez se me olvidó levantarla y se quedó dormida hasta las 7:45. Se quejó: "¡Siento que se me fue toda la mañana!" Antes de tocar su puerta, organizo mi oficina para que tenga mucho espacio, prendo el aire acondicionado, traigo el desayuno en una charola. Aunque lo más importante es sentarme junto a ella y trabajar en lo mío. Estoy en el rol de ejemplo y sospecho que es menos probable que ande saltando de Youtube a Instagram si estoy sentada ahí. Este hábito exitoso representa la fuerza combinada de varias estrategias: Agendar, Responsabililad, Conveniencia y Otras personas.

Pero soy sólo una influencia entre muchas. ¿Eliza se levanta temprano a trabajar sólo porque yo se lo sugerí? Lo dudo. ¿Eleanor es limpia porque me ve a mí serlo o porque yo intento hacerla así (o será de nacimiento)? No me otorgo mucho crédito o culpa por los hábitos de mis hijas. Tal vez los buenos hábitos (como escribir, ser líder y tener sentido del humor) son algo que se debe aprender, pero no se puede enseñar.

La estrategia de Otras personas abarca cuánto influyen los demás en mis hábitos y cuánta influencia tengo sobre los suyos. También se me ocurrió una extravagante forma de aplicarlo a mí misma: Me veo desde afuera (es un truco raro pero efectivo). Cuando pienso en mí, pero en tercera persona, se aclaran muchas cosas.

Esta técnica surgió después de estar sufriendo para identificar la metáfora correcta que describiera la tensión entre mis dos yo: ¿La Gretchen actual y la del futuro? ¿Yo quiero y yo debo? ¿Jekyll y Hyde? ¿El ángel y el diablo en mis hombros? ¿La carreta tirada por dos caballos? ¿El elefante y el jinete? ¿El yo, el ego y el superyó? ¿El espectador y el agente?

De repente descubrí que estoy yo, Gretchen (la de ahora, la que quiere) y mi *manager*. Creo que me inspiré en la forma hollywoodense de hablar del trabajo de Elizabeth.

Me imagino como un cliente, una artista famosa, y como todas las celebridades contraté un manager. Tengo suerte porque mi agente me entiende por completo y siempre piensa en mi bienestar a largo plazo.

En esos días estaba sufriendo para decidir si agendar o no una hora diaria para trabajar en un *e-book*. Entonces me pregunté: "¿Qué diría mi mánager?" Ella respondió, un poco exasperada: "Gretchen, por ahora no tienes tiempo para eso." Puede ser un alivio que te digan qué hacer. Estoy de acuerdo con este comentario de Andy Warhol:[158] "Cuando pienso qué tipo de persona me gustaría tener como sirviente, creo que sería un jefe. Un jefe que pudiera decirme qué hacer, porque eso facilita todo cuando estás trabajando."

Soy la cliente, y mi mánager es la ejecutiva que trabaja para mí, muy apropiado porque ella es mi *función ejecutiva*. No hay necesidad de rebelarse en su contra porque al final yo soy la jefa. (No creo que deba mencionarlo, pero *yo soy* la mánager.)

Ella me recuerda seguir mis buenos hábitos: "Gretchen te sientes agobiada. Vete a dormir." "Estás cansada, pero te sentirás mejor si sales a caminar." Me defiende cuando otras personas son demasiado demandantes. Así como la famosa banda de rock Van Halen pidió bowls de M&M's[159] con todos los dulces cafés removidos, mi mánager dice: "A Gretchen le afecta el frío, así que no puede estar mucho tiempo afuera." "Ahora está escribiendo su nuevo libro, no puede darle una respuesta extensa a este correo." Por otra parte, no acepta excusas como: "esto no cuenta" o "todo el mundo lo hace."

Sin embargo, como Defensora he aprendido a ser un poco precavida con mi mánager. Sé cómo piensa. Se impresiona mucho con las acreditaciones y la legitimidad. A veces está tan concentrada en mi futuro que se le olvida que necesito tener algo de diversión. Mi mánager es útil pero al final, yo soy la que debe "Ser Gretchen."

Trataba de ayudar a Jamie con sus hábitos de sueño porque todas las mañanas se quejaba de lo mal que había dormido. Un día, él solo propuso un nuevo hábito.

"Me das todas esas reglas sobre el sueño", me dijo una noche. "Pero deberíamos tener un hábito que nos ayude con algo más importante. Digo, dormir es importante, pero algo con más significado."

"¡Estoy de acuerdo! ¿Qué hacemos?" Pregunte, encantada por esta muestra de iniciativa de hábito de Jamie. No espero que se una a mis preocupaciones porque sé lo agobiante que puedo llegar a ser.

"Hay que reservar un poco de tiempo para platicar cada noche, contarnos sobre nuestro día, compartir de verdad y ponernos al corriente."

"Me encantaría hacer eso." Estaba conmovida. Para él, proponer que agendáramos una sesión de compartir nocturno era un verdadero despegue de su sistema vamos-a-hacerlo-menos-complicado. "¿Cuándo? Hay que ser específicos."

"¿Qué tal después de que Eleanor se vaya a dormir?" sugirió.

Ahora, la mayoría de las noches, (no puedo decir que *todas*) tenemos una conversación sobre nuestro día. Este pequeño hábito nos hace sentir más conectados uno al otro. En el caos de la cotidianidad, es fácil perder de vista lo que de verdad importa. Puedo usar mis hábitos para asegurar que mi vida refleje mis valores.

Conclusión
LA VIDA COTIDIANA EN UTOPÍA

No hay ser humano más miserable,[160] *que aquel para*
el cual nada es habitual sino indecisión, y para el cual
el encendido de todo cigarro, la bebida de toda copa,
la hora de levantarse de la cama y acostarse cada día,
y el comienzo de toda parte de trabajo,
están sujetos a la deliberación volitiva expresa.

WILLIAM JAMES, *Breve curso de psicología*

En el vuelo a casa, después de un viaje familiar, no quise tomar
nada de la canasta de *snacks*, entonces la platicadora sobrecar-
go remarcó: "Después de la época decembrina mucha gente
rechaza las galletas y los *pretzels.*"

"¿Y cuánto dura eso?" Pregunté.

Sonrió. "Más o menos lo que dura la mayoría de los propósitos de año nuevo."

Estaba intrigada por esta evidencia de la vida real: el fracaso de un masivo intento anual por cambiar. Muchas personas con propósitos de año nuevo estarán de acuerdo que, pocas experiencias son tan desalentadoras como fallar de forma constante en mantener el compromiso a un hábito importante.

¿Qué es lo más trascendente que he aprendido durante mi estudio de cómo cambiar nuestros hábitos? Que *podemos construir nuestros hábitos*, sólo *si nos fundamentamos en nuestra propia naturaleza*.

Cuando empecé esta investigación, entendía muy poco sobre mí y mi aptitud a los hábitos. Aprendí que soy una Defensora, Abstemia, Maratonista, Cerradora y Alondra. He pasado mucho tiempo pensando qué es y qué no es importante para mí. Con todo esto, ahora soy mucho más capaz de formar mis hábitos.

Al entenderme mejor, también he entendido mejor a los demás. Al iniciar este trabajo, me sentía muy confiada repartiendo consejos después de cinco minutos de conversación con un extraño (y no me había dado cuenta cuánto de mis sugerencias reflejaban mi propio temperamento). Ahora soy mucho menos dictatorial. Lo contrario a una profunda verdad también es cierto, y muchas veces, las estrategias opuestas funcionan. Debemos intentar hacer un hábito más (o menos) social, competitivo o retador. Tenemos que decidir si lo haremos público o privado. Necesitamos abstenernos por completo o permitirnos con moderación. No existe una solución simple y universal.

Además, si no consideramos estas diferencias entre los individuos, es fácil malinterpretar si y por qué una estrategia de formación de hábito es efectiva.

Un amigo me dijo: "Para hábitos buenos y saludables, la clave es tener confianza en tu doctor. Mi madre se hizo las diálisis en casa durante años, y la gente estaba asombrada de que pudiera hacerlo. Pero ella tenía mucha confianza en su doctor."

Mmm. Tenía una teoría diferente. "¿Te puedo preguntar algo?", me aventuré. "¿Describirías a tu mamá como una persona disciplinada?"

Mi amigo sonrió al reconocerlo. "Sí."

"Por ejemplo, ¿si le hubieras dicho que necesitabas llevar una nota firmada a la escuela el siguiente viernes, lo recordaría?"

"Todo el tiempo."

"¿También se tomaba tiempo para las cosas que eran importantes para ella? ¿O sólo para las de otras personas?"

Mi amigo asintió con la cabeza.

"Tal vez tu madre era el *tipo de persona* que podría seguir hasta el final con algo tan difícil como la diálisis en casa. Tal vez esa era la clave, no la confianza en el doctor."

"Bueno", admitió, "tal vez".

Cuando entendemos de forma clara las diferentes palancas (internas y externas) que mueven nuestros hábitos, podemos hacer cambios de maneras mucho más efectivas.

En mi investigación, me concentré en el individuo. La única persona a la que podemos cambiar es a *nosotros mismos*. Siempre, la cuestión que más me ha interesado es cómo nos autocontrolamos. Sin embargo, conforme cerraba mi catálogo de estrategias para la formación de hábitos, me empezó a interesar la posibilidad de cambiar a gran escala, es decir cómo las compañías, organizaciones, instituciones y diseñadores de aparatos y otros productos pueden usar el conocimiento de los hábitos para formarlos en la gente.

Por ejemplo, di una plática en una prominente compañía tecnológica y después dimos un recorrido. La moda corporativa actual dicta que se debe poner un *bowl* grande lleno de dulces en la recepción, una máquina de barras de energía y jugos cerca de las puertas, cocinas llenas y equipadas en todo el edificio y una cafetería gigante. Y todo gratis.

"Disculpe", le dije a mi guía, "¿la gente sube de peso cuando empiezan a trabajar aquí?"

"¡Ay sí! Todos hablamos de eso."

En la escuela de leyes nos hacían unos exámenes *issue-poster* que de hecho eran un poco divertidos. Éstos presentan una larga serie de imágenes y los estudiantes deben localizar cada problema que se presenta, es la versión universitaria del "encuentra el dibujo perdido" para niños. Cuando me estaban mostrando todo el corporativo, me sorprendí tratando de ubicar cada cambio que haría para ayudar a la gente a fomentar hábitos más saludables. ¿Qué pasos facilitarían el comer de forma más sana sin siquiera tener que pensarlo? Primero, en el escritorio de la recepción pondría todos los dulces en un contenedor opaco con tapa y una señalización pequeña que dijera "Dulces." Les pondría puertas a las cocinas de las oficinas. Cambiaría los contenedores para que, en vez de que vertieran su contenido, como un chorro, dieran pequeñas porciones cada vez (o mejor, empaquetaría estas golosinas y frutos secos en unas bolsitas). Para el final del recorrido, había registrado como diez puntos en mi cabeza.

Si esta compañía transformara ese ambiente comestible en el trabajo, podría hacer una gran diferencia en los hábitos de sus empleados. Pero el hecho es que para todos es más fácil, barato y divertido ofrecer *pretzels* cubiertos de chocolate que rebanadas de pepino. Y eso es un reto.

Adoro mis nuevos hábitos. Para celebrar mi nueva manera de comer, Jamie me dio un adorno navideño que representa una tira de tocino. Pero los hábitos que me causan más satisfacción son los que he ayudado a formar en otras personas. Mi padre adora su sistema alimenticio, ahora pesa lo que pesaba cuando estaba en el equipo de futbol de la preparatoria, sus estatinas y medicamentos para la presión arterial fueron eliminados a la mitad, y además empezó a comer bajo en carbohidratos. Eliza ama (bueno tal vez "ama" es la palabra equivocada) terminar con su montón de tarea los domingos en la mañana. Elizabeth adora su hábito del escritorio caminadora. Cuando hablé con ella me dijo: "Mi nivel de A1c está muy bien. Estoy en lo más alto del rango 'normal'."

"¿Eso es bueno?"

"Sí, hay veces que ni siquiera he estado *cerca* del rango normal. Así que es un alivio."

"¿Qué es lo que funciona?"

"Creo que son muchas cosas. Obvio el escritorio caminadora. Perder peso y eliminar mucha de la basura que estaba comiendo. El entrenamiento de fuerza semanal. Todos se complementan entre sí." Y agregó: "Además, Adam también empezó a hacer más ejercicio."

Los hábitos se multiplican dentro de cada persona, para bien o para mal. También se contagian. Como dijo María sobre eliminar el alcohol: "El hábito empieza a fortalecerse solo. Cuando bebo más de lo normal, siento '*ugh*, es suficiente'." El hábito de Elizabeth de hacer ejercicio, la hizo hacer más ejercicio, y ayudó a que su esposo también lo hiciera. Por otra parte, entre menos hacemos, menos ganas sentimos de hacer. Si mi oficina es un desastre, no me dan ganas de limpiarla.

Conforme reflexioné en los cambios que había visto en los hábitos míos y en los de los demás, me asombró que sólo raras veces logramos una fotografía dramática y perfecta de un *antes* y *después*. A veces hacemos una transformación completa, no es una total fantasía. Pero por lo general, terminamos en un lugar que es mejor que antes. Y con eso es suficiente.

Algunos hábitos se vuelven automáticos por completo y otros siempre van a requerir de un esfuerzo. Lo que importa es movernos en la dirección correcta. Hay una gran satisfacción en saber que hemos usado bien nuestros días, que vivimos a la altura de nuestras expectativas. El objetivo no es *destruir* nuestros malos hábitos sino *superarlos*. Con la clara luz de la atención podemos reconocerlos, aprenderlos y dejarlos atrás.

Muchas veces, cuando intentamos en repetidas ocasiones formar el hábito que deseamos, fallamos porque queremos obtener los beneficios sin pagar el precio que demanda. Con frecuencia pienso en el sencillo enunciado de John Gardner, con tanto significado para los hábitos: "Cada vez que rompes una ley, tienes que pagar y cada vez que la obedeces, también." Mantener un buen hábito nos cuesta: podemos gastar tiempo, dinero, energía y tal vez significa abstenernos de placeres y oportunidades, pero no mantenerlo también tiene un costo. Entonces: ¿Cuál costo quieres pagar? ¿Cuál hará nuestras vidas más felices a largo plazo?

Más o menos por las fechas en que terminé el esquema de la formación de hábitos, tuve una pequeña conversación con Eleanor que me recordó una de las principales razones por la que me había tomado la molestia de hacer toda esta investigación.

Cada domingo tenemos una noche familiar de película. Una vez escogí *Horizontes perdidos*, aunque me preocupaba que Eleanor pudiera aburrirse o confundirse un poco con esta película de 1937. La historia es sobre un hombre que es llevado a Shangri-La, una población misteriosa e idílica escondida en lo más profundo del Himalaya. Para mi sorpresa le encantó, de hecho le gustó tanto, que después de ver el ejemplar que tenía de la novela, se inspiró a escribir una secuela.

Trabajó en un cuaderno y luego vino a leerme lo que había escrito. Disfruté su recuento sobre el romántico compromiso y la boda de Robert y Sondra, pero atrapó toda mi atención cuando terminó.

"Ay", dijo, "se me olvidó decirte el título de mi libro".

"¿Qué?"

Se detuvo para hacer un efecto y entonces dijo: *"La vida cotidiana en Utopía."*

¡Qué frase! ¡Qué idea! *La vida cotidiana en Utopía.* "Eleanor", le dije con toda sinceridad *"Me encanta* tu título. Eres un *genio."*

No podía sacarme esas palabras de la cabeza. Quería comprarme una playera con este enunciado impreso en ella como un eslogan. Podría tatuármela rodeando mi tobillo. Quería pintarla en la pared de mi oficina.

De hecho, me cayó el veinte de que todo mi trabajo en hábitos y felicidad quería ayudar a construir, en la medida de lo posible, justo eso: la vida cotidiana en Utopía. Una vida diaria con relaciones profundas y amorosas, con trabajo productivo y satisfactorio; una cotidianidad con energía, salud y creación; un día a día lleno de diversión, entusiasmo y compromiso, con tan poco arrepentimiento, culpa o enojo como fuera posible.

Mi estudio sobre hábitos me ha hecho menos crítica, pero también más obstinada, más convencida que nunca del enorme valor que éstos tienen. Antes de que empezara, no había estado usando la mayoría de mis oportunidades para crear la vida que quería. Ahora, todo lo que he aprendido sobre hábitos me estaba ayudando a hacerla mejor que antes, y paso a paso, más cercana a mi Utopía.

Mañana, sin tomar ninguna decisión, sin ejercer ninguna fuerza de voluntad, me levantaré a las 6:00 a.m., le daré un beso a Jamie mientras duerme, trabajaré una hora en mi computadora, despertaré a Eliza y a Eleanor, prepararé el desayuno familiar (me cocinaré tres huevos revueltos, no avena), haré equilibrio sobre un pie en el elevador, llevaré a Eleanor a la escuela, me sentaré en mi ordenado escritorio otra vez… y demás. Estos hábitos no hacen a todos felices, pero a mí me hacen muy feliz.

La vida cotidiana en Utopía.

Agradecimientos

Muchas gracias a todos los que compartieron sus experiencias conmigo. No habría podido imaginar tantos ejemplos fascinantes y reflexivos de cómo la gente lidia con sus hábitos. La mayoría de mis ideas provienen de hablar con los que me rodean. Por tanto, aprecio de manera profunda las contribuciones de mi familia, amigos colegas y lectores que me contaron sus historias sobre la formación de hábitos, y que me escucharon con paciencia hablar de mis teorías. Un agradecimiento especial a mis "reclutas." Espero que hayan obtenido tanto de las experiencias como yo.

Mis más sincero reconocimiento a Christy Fletcher, mi brillante agente, cuyos consejos y críticas juegan un rol esencial en todo lo que hago. Gracias también a todos los de Fletcher & Company.

Me siento muy afortunada de trabajar con personas extraordinarias en Crown: Tina Constable, Mary Choteborsky, Molly

Stern y todo el equipo. Gracias también a Lisa Highton, de Two Roads Books (UK) y a Nita Provonost y Kristin Cochrane, de Doubleday (Canadá) y a toda su maravillosa gente.

Toda mi gratitud para Beth Rashbaum, quien me dio una guía editorial invaluable. También para mis amigos A.J. Jacobs, Michael Melcher, Oliver Burkeman, Rosemary Ellis, Kamy Wicoff y Warren St. John, quienes generosamente me brindaron su tiempo y energía para darme valiosos comentarios.

Como siempre, un agradecimiento especial a Jamie, Eliza y Eleanor, y a toda mi familia, que me da una vida cotidiana en Utopía.

Test:
Las cuatro Tendencias

¿Eres un Defensor, Interrogador, Rebelde o Complaciente? Para resolver este test, marca cada uno de los enunciados que te describa mejor.

Es normal que las cuatro Tendencias se traslapen, así que tendrás marcas en más de una categoría. Si eres como la mayoría de la gente, encontrarás que sólo una describirá con más exactitud tus actitudes.

Este test no es un instrumento o dispositivo, es sólo para ayudarte a tener un poco de claridad. El mismo número de marcas en dos categorías no significa que estés dividido entre estos dos. Reflexiona en las Tendencias y descubre la que te queda mejor.

Tendencia Defensora

- Me siento incómodo si estoy con alguien que está rompiendo una regla (usar el celular cuando hay un letrero que dice: "Prohibido el uso de celular"), aun si esa persona no se va a meter en problemas, ni molesta a otro.
- Puedo cumplir una fecha límite impuesta por mí, incluso si establece algo de forma arbitraria.
- He hecho propósitos de año nuevo y por lo general tengo éxito en mantenerlos. (Nota: esta pregunta es específica sobre los propósitos de año nuevo.)
- Es tan importante cumplir las promesas que me hago a *mí* como las que les hago a las *otras personas*.
- Los demás se sienten asombrados por mi nivel de disciplina. Algunas veces me han dicho que soy rígida.

Tendencia Interrogadora

- Si quiero hacer un cambio en mi vida, lo haré ahora. No necesito hacer propósitos de año nuevo porque el primero de enero es una fecha como las demás.
- Para mí es súper importante tomar decisiones bien razonadas. De hecho, las otras personas llegan a sentirse frustrados por mis demandas de información y razones sensatas.
- Me molesta mucho cuando me piden hacer algo por una razón que parece arbitraria.
- Me gusta escuchar a los expertos, pero decido por mí mismo qué camino tomar. Aun si me están dando una

instrucción específica (por ejemplo con una rutina de ejercicio), cambiaré de acuerdo con mi propio juicio.

- Puedo empezar un hábito sin mucho esfuerzo, si es algo que tenga sentido con mis propósitos. De otra manera, no lo haré.
- Cuestiono la validez del esquema de Las cuatro tendencias.

Tendencia Complaciente

- Muchas veces la gente me pide ayuda (editar un reporte, encargarme de la organización del coche compartido, hablar en una conferencia de último minuto) porque saben que ayudaré aun cuando esté agobiado.
- Me he rendido de hacer propósitos de año nuevo porque nunca los cumplo.
- Puedo hacer cosas con tal de ser un buen ejemplo para los demás, aunque sea algo que no haría para mí: practicar piano, comer frutas y verduras, dejar de fumar.
- Me frustra el hecho de que tenga tiempo para las prioridades de los demás, pero no para mí.
- En mi vida he adoptado algunos buenos hábitos, pero muchas veces sufro sin éxito al formar otros.

Tendencia Rebelde

- No hago propósitos de año nuevo o intento formar hábitos. No voy a enjaularme así.

- Hago lo que quiero. Soy honesto conmigo, no con las expectativas ajenas.
- Si alguien me pide o me dice que haga algo, casi siempre tengo el impulso de negarme.
- Las otras personas a veces se sienten frustradas porque no haré lo que quieren.
- Disfruto un reto cuando yo escojo aceptarlo y puedo enfrentarlo a mi manera.
- Si se espera que haga algo (incluso algo divertido, como unas clases de carpintería), tengo el deseo de resistirme. Las expectativas hacen que se vaya lo divertido de una actividad que disfruto.

Para mayor información

Espero que *Mejor que nunca* te haya dado muchas ideas sobre tus propios hábitos. Si quieres más, puedes investigar mi website www.gretchenrubin.com. Allí siempre encontrarás notas sobre mis aventuras en la formación de hábitos, así como todas las sugerencias e investigaciones más profundas en hábitos y felicidad.

He creado muchas fuentes adicionales en el tema de los hábitos. Puedes solicitarlas escribiendo un *email* a gretchenrubin1 @gretchenrubin.com o descargándolos desde mi *blog*. Están disponibles:

- Una copia de mi tabla de tiempo diario (*log*) como mencioné en el capítulo de la estrategia del Monitoreo.
- Una copia de mis Secretos de adultos para los hábitos.
- Una copia de mi kit para empezar un grupo de hábitos *Mejor que antes,* como discutimos en el capítulo de Responsabilidad. Estos grupos ayudan a la gente a intercambiar ideas, levantar el entusiasmo y lo más importante, apoyarse unos a otros para ser responsables.
- Distintas Guías de discusión para grupos, ya sean de lectura, de trabajo o de espiritualidad.

También puedes mandar un *email* a la dirección mencionada o registrarte en mi *blog* para obtener las siguientes publicaciones diarias o mensuales gratis:

- Mi boletín mensual, el cual incluye lo más importante del *blog* diario y de la página de Facebook.
- El "momento de felicidad" diario, el cual provee una cita para la alegría o los hábitos.
- Mi boletín mensual *Book club,* donde recomiendo tres libros (uno sobre hábitos y felicidad, una obra de literatura infantil y alguna selección excéntrica).

Si quieres hacer voluntariado como Super-Fan escríbeme a gretchenrubin1@gretchenrubin.com. De vez en cuando, te pediré ayuda, nada complicado, lo prometo.

He escrito mucho sobre felicidad, así que puedes pedir información relacionada con este tema. Por ejemplo: mi *Resolutions Chart,* un kit para empezar el grupo de Objetivo: Felicidad, guías de discusiones para grupos de *Objetivo: Felicidad, Happier at Home* y los basados en espiritualidad y fe, Paradojas de felicidad, algunas listas de "Top Tips", mi cómic llamado "Gretchen Rubin and the Quest for a Passion", entre otros. Escríbeme o descarga estas fuentes de mi *blog.*

Para más discusiones sobre hábitos y felicidad puedes unirte a las conversaciones en:

Twitter:	@gretchenrubin	LinkedIn:	GretchenRubin
Facebook:	GretchenRubin	Youtube:	GretchenRubinNY
Instagram:	GretchenRubin	Pinterest:	GretchenRubin

Si quieres escribirme sobre tus experiencias, búscame a través de mi *blog* en www.gretchenrubin.com. Todos los correos llegan directo a mí. Espero escucharte sobre este tema infinito y fascinante: la práctica de la vida cotidiana.

GRETCHEN RUBIN

Empieza un grupo de hábitos
Mejor que nunca

Una forma muy efectiva de cambiar tus hábitos es empezar o unirte a un grupo de hábitos Mejor que antes. Ser parte de un grupo es una forma increíble de crear responsabilidad, hacer nuevos amigos o profundizar las amistades existentes, y asegurar que tu vida refleje tus valores.

He escuchado a mucha gente que quiere empezar o unirse a un grupo de *Mejor que nunca,* por eso preparé un kit para ayudar a que el balón esté en la cancha. Si quieres una copia, escríbeme a través del *blog:* gretchenrubin.com o mándame un *email* a gretchenrubin1@gretchenrubin.com.

Algunos grupos se forman por conocidos (colegas en una firma, amigos de la universidad, un grupo de estudio de la iglesia, los miembros de una familia), y otros consisten en extraños que se juntan para trabajar en sus hábitos. Los miembros del grupo no tienen que ocuparse del mismo hábito, es suficiente con que compartan el objetivo de *cambiar de hábito.* Incluso dos personas pueden darse un apoyo invaluable en responsabilidad y soporte. Encontrar un "compañero de responsabilidad" puede hacer una verdadera diferencia. Como los Complacientes necesitan responsabilidad externa para apegarse a sus hábitos, pertenecer a un grupo de *Mejor que nunca* podría ser muy útil.

Ninguna tecnología puede remplazar los encuentros cara a cara con otras personas. Sin embargo, si no es posible estar en contacto físico, nos puede proveer muchas soluciones. Hay docenas de aplicaciones, aparatos y plataformas para ayudarte a conectar con los demás.

Recuerda obtener el beneficio de ser parte de un grupo, hay que participar. No es suficiente con espiar o escuchar. Debes hablar, mantener responsables a los demás, ayudar a conservar el grupo funcionando, hacer preguntas y asistir. Si alguien recomienda un libro, léelo, si sugieren una aplicación, pruébala.

En la locura de la vida cotidiana, puede ser muy fácil no ver las cosas que en verdad importan. Al apartar un momento para trabajar en tus hábitos positivos, puedes hacer tu vida más feliz, más saludable y más productiva. Juntos podemos ayudarnos unos a otros para hacerla mejor que nunca.

Bibliografía

Bibliografía sugerida en español

Blumenthal, Brett. *52 Pequeños cambios: Un programa para ganar y felicidad casi sin darte cuenta*. Editorial Urano.

Currey, Mason. *Rituales cotidianos. Cómo trabajan los artistas*. Turner, 2014.

Duhigg, Charles. *El poder de los hábitos*. Editorial Urano, 2012.

Elster, Jon. *Sobre las pasiones: emoción, adicción y conducta humana*. Paidós, 2001.

Elster, Jon. *Ulises desatado: Estudios sobre racionalidad, precompromiso y restricciones*, Gedisa, 2012.

Harris, Dan. *10% Más feliz*. Anaya Multimedia, 2014.

Iyengar, Sheena. *El arte de elegir: decisiones cotidianas: qué dicen de nosotros y cómo podemos mejorarlas*. Ediciones Gestión, 2000, 2011.

Kahneman, Daniel. *Pensar rápido, pensar despacio*. Debate, 2012.

Kohn, Alfie. *El mito de los deberes*. Kaleida, 2013.

Langer, Ellen. *Mindfulness: la atencion plena*. Paidós, 2007.

Marlatt, G. Alan, and Dennis M. Donovan, eds. *Prevención de recaídas en conductas adictivas basada en mindfulness*. Desclee de Brouwer, 2013.

Merton, Thomas. *La vida silenciosa*. Desclee de Brouwer, 2009.

Murakami, Haruki. *De qué hablo cuando hablo de correr*. Tusquets Editores, 2010.

Pink, Daniel H. *La sorprendente verdad sobre qué nos motiva*. Ediciones Gestión, 2000, 2010.

Reynolds, Gretchen. *Los primeros 20 minutos*. Grijalbo, 2014.

Russell, Bertrand. *La conquista de la felicidad*. Debolsillo, 2009.

Smith, Adam. *La teoría de los sentimientos morales*. Alianza Editorial, 2013.

Steel, Piers. *Procrastinación: Por qué dejamos para mañana lo que podemos hacer hoy*. Grijalbo, 2011.

Taubes, Gary. *Cómo engordamos y qué hacer al respecto*. RBA Libros, 2013.

Thaler, Richard H., and Cass R. Sunstein. *Un pequeño empujon (nudge): el impulso que necesitas para tomar las mejores decisiones en salud, dinero y felicidad*. Taurus, 2009.

Underhill, Paco. *Por qué compramos: La ciencia del shopping*. Ediciones Gestión, 2000.

VV. AA. *La Regla de San Benito*, Biblioteca de Autores Cristianos, 1993.

Bibliografía sugerida en inglés

Akst, Daniel. *Temptation: Finding Self-Control in an Age of Excess.* New York: Penguin, 2011.

Baty, Chris. *No Plot? No Problem! A Low-Stress, High-Velocity Guide to Writing a Novel in 30 Days.* New York: Chronicle Books, 2004.

Baumeister, Roy F., and John Tierney. *Willpower: Rediscovering the Greatest Human Strength.* New York: Penguin, 2011.

Baumeister, Roy F., Todd F. Heatherton, and Dianne M. Tice. *Losing Control: How and Why People Fail at Self-Regulation.* New York: Academic Press, 1994.

Beck, Martha. *The Four-Day Win.* New York: Rodale, 2007.

Benedict, Saint. *The Rule of St. Benedict.* New York: Penguin, 2008.

Blumenthal, Brett. *52 Small Changes: One Year to a Happier, Healthier You.* Amazon Encore, 2011.

Boice, Robert. *How Writers Journey to Comfort and Fluency.* Westport, CT: Praeger, 1994.

Currey, Mason. *Daily Rituals: How Artists Work.* New York: Knopf, 2013.

Deci, Edward L., with Richard Flaste. *Why We Do What We Do: Understanding Self-Motivation.* New York: Penguin, 1995.

Duhigg, Charles. *The Power of Habits: Why We Do What We Do in Life and Business.* New York: Random House, 2012.

Dunn, Elizabeth, and Michael Norton. *Happy Money: The Science of Smarter Spending.* New York: Simon & Schuster, 2013.

Elster, Jon. *Strong Feelings: Emotion, Addiction, and Human Behavior.* Cambridge: MIT Press, 1999.

———. *Ulysses Unbound: Studies in Rationality, Precommitment, and Constraints.* Cambridge: Cambridge University Press, 2000.

Eyal, Nir. *Hooked: How to Build Habit-Forming Products.* Self-published, 2014.

Fogg, B. J. *Persuasive Technology: Using Computers to Change What We Think and Do.* New York: Morgan Kaufman, 2003.

Halvorson, Heidi Grant. *Succeed: How We Can Reach Our Goals.* New York: Hudson Street Press, 2010.

———. and E. Tory Higgins. *Focus: Use Different Ways of Seeing the World for Success and Influence.* New York: Hudson Street Press, 2013.

Harris, Dan. *10% Happier: How I Tamed the Voice in My Head, Reduced Stress Without Losing My Edge, and Found Self-Help That Actually Works.* New York: It Books, 2014.

Heath, Chip, and Dan Heath. *Switch: How to Change When Change Is Hard.* New York: Broadway Books, 2010.

———. *Decisive: How to Make Better Choices in Life and Work*. New York: Crown Business, 2013.

Herbert, Wray. *On Second Thought: Outsmarting Your Mind's Hard-Wired Habits*. New York: Crown, 2010.

Higgins, E. Tory. *Beyond Pleasure and Pain: How Motivation Works*. New York: Oxford University Press, 2012.

Iyengar, Sheena. *The Art of Choosing*. New York: Twelve, 2010.

Jacobs, A. J. *Drop Dead Healthy: One Man's Humble Quest for Bodily Perfection*. New York: Simon & Schuster, 2012.

James, William. *Writings 1878-1899: Psychology: Briefer Course*. New York: Library of America, 1992.

———. *Writings 1902-1910: The Varieties of Religious Experience: A Study in Human Nature*. New York: Library of America, 1988.

Johnson, Samuel. *Selected Writings of Samuel Johnson*. London: Harvard University Press, 2009.

Johnson, Tory. *The Shift: How I Finally Lost Weight and Discovered a Happier Life*. New York: Hyperion, 2013.

Kahneman, Daniel. *Thinking, Fast and Slow*. New York: Farrar, Straus & Giroux, 2011.

Kohn, Alfie. *Punished by Rewards: The Trouble with Gold Stars, Incentive Plans, A's, Praise, and Other Bribes*. New York: Houghton Mifflin, 1993.

Langer, Ellen. *Mindfulness*. New York: Addison-Wesley, 1989.

Logue, A. W. *The Psychology of Eating and Drinking*. 3rd ed. New York: Brunner-Routledge, 2004.

Manejwala, Omar. *Craving: Why We Can't Seem to Get Enough*. Center City, MN: Hazelden, 2013.

Marlatt, G. Alan, and Dennis M. Donovan, eds. *Relapse Prevention: Maintenance Strategies in the Treatment of Addictive Behaviors*. 2nd ed. New York: Guilford Press, 2005.

McGonigal, Kelly. *The Willpower Instinct: How Self-Control Works, Why It Matters, and What You Can Do to Get More of It*. New York: Penguin, 2012.

Merton, Thomas. *The Silent Life*. New York: Farrar, Straus & Cudahy, 1957.

Miller, William, and Janet C'de Baca. *Quantum Change: When Epiphanies and Sudden Insights Transform Ordinary Lives*. New York: Guilford Press, 2001.

Murakami, Haruki. *What I Talk About When I Talk About Running*. New York: Knopf, 2007.

Pantalon, Michael V. *Instant Influence: How to Get Anyone to Do Anything-Fast*. New York: Little, Brown, 2011.

Patterson, Kerry, Joseph Grenny, David Maxfield, Ron McMillan, and Al Switzler. *Change Anything: The New Science of Personal Success*. New York: Business Plus, 2011.

Pink, Daniel H. *Drive: The Surprising Truth About What Motivates Us*. New York: Riverhead, 2009.

Prochaska, James O., John C. Norcross, and Carlo C. DiClemente. *Changing for Good: A Revolutionary Six-Stage Program for Overcoming Bad Habits and Moving Your Life Positively Forward*. New York: Harper, 1994.

Rath, Tom. *Eat Move Sleep: How Small Choices Lead to Big Changes*. New York: Missionday, 2013.

Reynolds, Gretchen. *The First 20 Minutes: Surprising Science Reveals How We Can Exercise Better, Train Smarter, Live Longer*. New York: Hudson Street Press, 2012.

Roenneberg, Till. *Internal Time: Chronotypes, Social Jet Lag, and Why You're So Tired*. Cambridge: Harvard University Press, 2012.

Russell, Bertrand. *The Conquest of Happiness*. New York: Norton, 1930.

Smith, Adam. *The Theory of Moral Sentiments*. New York: Prometheus, 2000.

Steel, Piers. *The Procrastination Equation: How to Stop Putting Things Off and Start Getting Stuff Done*. New York: Harper, 2011.

Taubes, Gary. *Why We Get Fat: And What to Do About It*. New York: Anchor Books, 2010.

———. *Good Calories, Bad Calories: Fats, Carbs, and the Controversial Science of Diet and Health*. New York: Anchor, 2008.

Teicholz, Nina. *The Big Fat Surprise: Why Butter, Meat and Cheese Belong in a Healthy Diet*. New York: Simon & Schuster, 2014.

Thaler, Richard H., and Cass R. Sunstein. *Nudge: Improving Decisions About Health, Wealth, and Happiness*. New York: Penguin, 2008.

Underhill, Paco. *Why We Buy: The Science of Shopping*. New York: Simon & Schuster, 1999.

Vanderkam, Laura. *168 Hours: You Have More Time Than You Think*. New York: Portfolio, 2011.

Vohs, Kathleen D., and Roy F. Baumeister, eds. *Handbook of Self-Regulation: Research, Theory, and Applications*, 2nd ed. New York: Guilford Press, 2011.

Wansink, Brian. *Mindless Eating: Why We Eat More Than We Think*. New York: Bantam, 2006.

Young, Lisa. *The Portion-Teller: Smartsize Your Way to Permanent Weight Loss*. New York: Crown Archetype, 2005.

Notas

Nota sobre las fuentes anecdóticas: Cambié algunos detalles de las personas, edité *emails* y posts de lectores por claridad y extensión, y reorganicé la cronología de algunos eventos. Los números de página en los libros en español son aproximados.

DECIDO NO DECIDIR: *Introducción*

[1] **Los investigadores quedaron sorprendidos al descubrir** Baumeister, Roy F., y John Tierney. *Willpower: Rediscovering the Greatest Human Strength*. New York: Penguin, 2011.

[2] **La gente con mejor autocontrol** Para una discusión útil sobre los beneficios de un autocontrol fuerte, consulta Baumeister, Roy F., y John Tierney. *Willpower: Rediscovering the Greatest Human Strength*. New York: Penguin, 2011; Kelly McGonigal, *The Willpower Instinct: How Self-Control Works, Why It Matters, and What You Can Do to Get More of It* (New York: Avery, 2012), 12; Terrie Moffitt *et al.*, "A Gradient of Childhood Self-Control Predicts Health, Wealth, and Public Safety," *Proceedings of the National Academy of Sciences* 108, no. 7 (2011): 2693–98.

[3] **Un estudio sugiere** Wilhelm Hoffman *et al.*, "Everyday Temptations: An Experience Sampling Study of Desire, Conflict, and Self-Control," *Journal of Personality and Social Psychology* 102, no. 6 (Junio del 2012): 1318–35; Baumeister, Roy F., y John Tierney. *Willpower: Rediscovering the Greatest Human Strength*. New York: Penguin, 2011.

[4] **cuando le pidieron a la gente que identificara sus errores** Baumeister, Roy F., y John Tierney. *Willpower: Rediscovering the Greatest Human Strength*. New York: Penguin, 2011.; también consulta el Values in Action Project, Christopher Peterson and Martin Seligman, eds., *Character Strength and Virtues* (Washington, DC: American Psychological Association, 2004).

[5] **Esta libertad de tomar decisiones es crucial** Kathleen Vohs *et al.*, "Making Choices Impairs Subsequent Self-Control: A Limited-Resource Account of Decision Making, Self-Regulation, and Active Initiative," *Journal of Personality and Social Psychology* 94, no. 5 (Mayo del 2008): 883-98.

[6] **gente se siente más controlada** Wendy Wood, Jeffrey Quinn y Deborah Kashy, "Habits in Everyday Life: Thought, Emotion, and Action," *Journal of Personality and Social Psychology* 83, no. 6 (2002): 1281-97.

[7] **El estrés no necesariamente nos hace propensos** Wendy Wood, David Neal y Aimee Drolet, "How Do People Adhere to Goals When Will-power Is Low? The Profits (and Pitfalls) of Strong Habits," *Journal of Personality and Social Psychology* 104, no. 6 (2013): 959-75.

[8] **así como un hábito acelera el tiempo, también lo mitiga** Wood, Quinn y Kashy, "Habits in Everyday Life."

[9] **El 40 por ciento.** Ibid.

[10] **Si considero mi vida honestamente** Christopher Alexander, *The Timeless Way of Building* (New York: Oxford University Press, 1979), 67-68.

[11] **Una mala dieta, inactividad, fumar** Centers for Disease Control and Prevention, National Center for Chronic Disease Prevention and Health Promotion (Agosto, 2012), http://www.cdc.gov/chronicdisease/overview/index.htm.

LAS TENDENCIAS CATASTRÓFICAS
QUE TRAEMOS AL MUNDO: *Las cuatro tendencias*

[12] **De forma sorpresiva algunas pistas** John Updike, *Self-Consciousness: Memoirs* (New York: Knopf, 1989).

[13] **"Correr me parece la manera más eficiente** Leslie Fandrich, "May Exercise Plans," 2 de mayo de 2013, http://bit.ly/1lzbCWa.

DIFERENTES SOLUCIONES PARA PERSONAS DISTINTAS:
Distinciones

[14] **Las investigaciones muestran que la gente matutina.** Para una investigación fascinante sobre temas relacionados a los cronotipos consulta Till Roenneberg, *Internal Time: Chronotypes, Social Jet Lag, and Why You're So Tired* (Cambridge: Harvard University Press, 2012).

[15] **Alondras tienen más probabilidades de ser más felices,** Renee Biss y Lynn Hasher, "Happy as a Lark: Morning-Type Younger and Older Adults Are Higher in Positive Affect," *Emotion* 12, no. 3 (Junio de 2012): 437-41.

[16] **La gente tiende a estar enfocado en la "promoción"** Para una discusión extensa sobre esta diferencia revisa Heidi Grant Halvorson and E. Tory Higgins. *Focus: Use Different Ways of Seeing the World for Success and Influence.* New York: Hudson Street Press, 2013.

[17] **Empiezan de forma lenta, con modestos pasos.** Duhigg, Charles. *El poder de los hábitos.* Editorial Urano, 2012

[18] **"Pequeños hábitos,"** Para ver la discusión visita el sitio de B. J. Fogg www.tinyhabits.com; también puedes leer Teresa Amabile y Steven Kramer, *The Progress Principle: Using Small Wins to Ignite Joy, Engagement, and Creativity at Work* (Cambridge: Harvard Business Review Press, 2011).

[19] **Algunas personas hacen mejor las cosas cuando son muy ambiciosas.** James Claiborn y Cherry Pedrick, *The Habit Change Workbook: How to Break Bad Habits and Form Good Ones* (Oakland, CA: New Harbinger, 2001), 160.

[20] **Tengo un gran respeto** Jeff Goodell, "Steve Jobs in 1994: The Rolling Stone Interview," *Rolling Stone*, 16 de junio de 1994, republicada el 17 de enero de 2011.

[21] **Qué hábitos trabajaban para ellos,** Currey, Mason. *Rituales cotidianos. Cómo trabajan los artistas.* Turner, 2014.

DIRIGIMOS LO QUE SUPERVISAMOS: *Monitoreo*

[22] **Radares que te indican la velocidad en las autopistas,** "The Problem of Speeding in Residential Areas," en Michael S. Scott, *Speeding in Residential Areas*, 2nd ed., Center for Problem-Oriented Policing, Departamento de Justicia de Estados Unidos de América, 2010. http://www.popcenter.org/problems/pdfs/Speeding_Residential_Areas.pdf.

[23] **La gente estimó que en el curso** Reynolds, Gretchen. *Los primeros 20 minutos.* Grijalbo, 2014; también consulta David R. Bassett, Jr. *et al.,* "Pedometer-Measured Physical Activity and Health Behaviors in U.S. Adults," *Medicine & Science in Sports & Exercise* 42, no. 10 (Octubre de 2010): 1819-25.

[24] **El 70 por ciento de los estadounidenses** Centers for Disease Control and Prevention, FastStats, "Obesity and Overweight," http://www.cdc.gov/nchs/fastats/overwt.htm.

[25] **Mantener un diario de comida** Jack F. Hollis *et al.,* "Weight Loss During the Intensive Intervention Phase of the Weight-Loss Maintenance Trial," *American Journal of Preventive Medicine* 35, no. 2 (Agosto de 2008): 118-26.

[26] **Los estadounidenses caminan 5117 pasos en promedio cada día** Bassett *et al.,* "Pedometer-Measured Physical Activity."

[27] **El usar un podómetro e intentar conseguir una meta** "Counting Every Step You Take," *Harvard Health Letter,* Septiembre de 2009.

[28] **Artículo del *New York Times* sobre la pulsera Jawbone** UP David Pogue, "2 Wristbands Keep Tabs on Fitness," *New York Times*, 14 de noviembre de 2012.

²⁹ **Pobres jueces de cuánto comemos** Brian Wansink, *Mindless Eating: Why We Eat More Than We Think* (New York: Bantam, 2006), 60.

³⁰ **Unit bias** Andrew Geier, Paul Rozin y Gheorghe Doros, "Unit Bias: A New Heuristic That Helps Explain the Effect of Portion Size on Food Intake," *Psychological Science* 17, no. 6 (2006): 521-25.

³¹ **El paquete más grande** Wansink, *Mindless Eating*, 59-60.

³² **La gente evita los tamaños más grandes** Kathryn Sharpe, Richard Staelin y Joel Huber, "Using Extremeness Aversion to Fight Obesity: Policy Implications of Context Dependent Demand," *Journal of Consumer Research* 35 (Octubre de 2008): 406-22; también consulta Pierre Chandon, "How Package Design and Packaged-Based Marketing Claims Lead to Overeating," *Applied Economics Perspectives and Policy* 35, no. 1 (2013): 7-31.

³³ **Cuando la gente se sirve** Wansink, *Mindless Eating*, 56.

³⁴ **las investigaciones actuales sugieren que pesarse cada día** John Tierney, "Be It Resolved," *New York Times,* 6 de enero de 2012.

³⁵ **Pesamos más el domingo** Anna-Leena Orsama *et al.,* "Weight Rhythms: Weight Increases During Weekends and Decreases During Weekdays," *Obesity Facts* 7, no. 1 (2014): 36-47.

³⁶ **"Demasiado cansado."** Steel, Piers. *Procrastinación: Por qué dejamos para mañana lo que podemos hacer hoy.* Grijalbo, 2011.

³⁷ **Cada hora de sueño interrumpido** Lauren Weber, "Weary Workers Learn to Count Sheep Using Special Lighting, Office Nap Pods," *Wall Street Journal,* 23 de enero de 2013.

³⁸ **Mi amiga Laura Vanderkam,** Laura Vanderkam, *168 Hours: You Have More Time Than You Think* (New York: Portfolio, 2011).

³⁹ **Pidió a treinta personas que estimaran** Dilip Soman, "Effects of Payment Mechanism on Spending Behavior: The Role of Rehearsal and Immediacy of Payments," *Journal of Consumer Research* 27, no. 4 (Marzo de 2001): 460-74.

⁴⁰ **Los estadounidenses comían menos de la quinta parte** Taubes, Gary. *Cómo engordamos y qué hacer al respecto.* RBA Libros, 2013.

PRIMERO LO PRIMERO: *Fundamento*

⁴¹ **Algunos expertos aconsejan concentrarse** Baumeister, Roy F., y John Tierney. *Willpower: Rediscovering the Greatest Human Strength.* New York: Penguin, 2011.

⁴² **La gente que trabaja en un hábito positivo** Consulta Megan Oaten y Ken Cheng, "Longitudinal Gains in Self-Regulation from Regular Physical Exercise," *British Journal of Health Psychology* 11 (2006): 717-33;

Duhigg, Charles. *El poder de los hábitos*. Editorial Urano, 2012. James O. Prochaska, John C. Norcross, y Carlo C. DiClemente, *Changing for Good: A Revolutionary Six-Stage Program for Overcoming Bad Habits and Moving Your Life Positively Forward* (New York: Harper, 1994), 57.

[43] **Apacibles pero carentes de sueño** Eve Van Cauter *et al.*, "The Impact of Sleep Deprivation on Hormone and Metabolism," *Medscape Neurology* 7, no. 1 (2005), http://www.medscape.org/viewarticle/502825.

[44] **Entre sus beneficios más saludables** Oaten y Cheng, "Longitudinal Gains in Self-Regulation."

[45] **Aquellos que obtienen las mejoras** Reynolds, Gretchen. *Los primeros 20 minutos*. Grijalbo, 2014.

[46] Más o menos la mitad lo abandona Shirley Wang, "Hard-Wired to Hate Exercise?" *Wall Street Journal*, 19 de febrero de 2013.

[47] *El ejercicio no promueve la pérdida de peso.* Para una útil discusión sobre este tema consulta Reynolds, Gretchen. *Los primeros 20 minutos.* Grijalbo, 2014. 80-95; Taubes, Gary. *Cómo engordamos y qué hacer al respecto*. RBA Libros, 2013.

[48] **el cuerpo necesita veinte minutos** David Lewis, *Impulse: Why We Do What We Do Without Knowing Why We Do It* (Cambridge: Harvard University Press, 2013), 146.

[49] **Mucha gente señala que los estudios** See, e.g., "NWCR Facts," National Weight Control Registry, http://www.nwcr.ws/Research/.

[50] **Un estudio de investigación actual** Andrew W. Brown, Michelle M. Bohan Brown, y David B. Allison, "Belief Beyond the Evidence: Using the Proposed Effect of Breakfast on Obesity to Show 2 Practices That Distort Scientific Evidence," *American Journal of Clinical Nutrition* 98, no. 5 (2013): 1298-308; Anahad O'Connor, "Myths Surround Breakfast and Weight," *Well* blog, *New York Times*, 10 de septiembre de 2013.

[51] **En un estudio de mujeres a dieta**, Angela Kong *et al.*, "Self-Monitoring and Eating-Related Behaviors Are Associated with 12-Month Weight Loss in Postmenopausal Overweight-to-Obese Women," *Journal of the Academy of Nutrition and Dietetics* 112, no. 9 (Septiembre de 2012): 1428-35.

[52] **Tenemos que tomar ocho vasos de agua** Reynolds, Gretchen. *Los primeros 20 minutos*. Grijalbo, 2014.

[53] **Tender la cama es un hábito** Duhigg, Charles. *El poder de los hábitos*. Editorial Urano, 2012.

SI ESTÁ EN EL CALENDARIO, PASA: *Agendar*

[54] **Casi uno de cada diez norteamericanos había meditado** Patricia M. Barnes, Barbara Bloom y Richard L. Nahin, "Complementary and Alternative Medicine Use Among Adults and Children: United States, 2007," *CDC National Health Statistics Report #12*, 10 de diciembre de 2008.

[55] **El experto en felicidad Daniel Gilbert** Daniel Gilbert, *Stumbling on Happiness* (New York: Knopf, 2006), 223-33.

[56] *El milagro de Mindfulness*. Thich Nhat Hanh, *El milagro de Mindfulness*. Oniro, 2007.

[57] *La felicidad auténtica* Sharon Salzberg, *La felicidad auténtica: el poder de la meditación. Aprende a ser feliz en 28 días.* Oniro, 2011.

[58] **Salzberg sugiere empezar con veinte minutos** Ibid., 35.

[59] **Pensar en el ensayo de Isaiah Berlin** Isaiah Berlin, *The Hedgehog and the Fox,* 2nd ed. (Princeton, NJ: Princeton University Press, 2013).

[60] **Ten cuidado de todas las empresas** Henry David Thoreau, *Walden* (New Haven, CT: Yale University Press, 2004), 22.

[61] **Investigaciones de la Universidad de Londres** Phillippa Lally *et al.*, "How Are Habits Formed: Modeling Habit Formation in the Real World," *European Journal of Social Psychology* 40 (2010): 998-1009.

[62] **Cualquiera** *sólo una vez, o todos los días* Andy Warhol, *The Philosophy of Andy Warhol (From A to B and Back Again)* (New York: Harvest, 1977), 166.

[63] **Cualquier cosa que se hace diario** Gertrude Stein, *Paris France* (New York: Liveright, 2013), 19.

[64] **Lo cual ayuda a explicar por qué los deslices sexuales** Roy Baumeister, "Yielding to Temptation: Self-Control Failure, Impulsive Purchasing, and Consumer Behavior," *Journal of Consumer Research* 28 (Marzo 2002): 670-76.

[65] **"Cita con el artista"** Julia Cameron, *El camino del artista*. Penguin Random House, 2011.

[66] **Una tarea diaria pequeña,** Anthony Trollope, *Autobiography* (New York: Oxford University Press, 2009), 120.

[67] **Lista-de-cosas-por-hacer de Johnny Cash** Phil Patton, "Johnny Cash-Our Longing for Lists," *New York Times*, 1 de septiembre de 2012, SR4.

[68] **Personas hacen una lista de compras** Daniel Reed y Barbara van Leeuwen, "Predicting Hunger: The Effects of Appetite and Delay on Choice," *Organizational Behavior and Human Decision Processes* 76, no. 2 (Noviembre 1998): 189-205.

[69] **Señor, dame castidad y dominio de mí mismo,** Augustine, *The Confessions of Saint Augustine* (New York: E. P. Dutton & Co., 1900), 184

Notas

ALGUIEN NOS OBSERVA: *Responsabilidad*

[70] **Se le pidió a la gente que pagara de forma voluntaria** Adam Alter, *Drunk Tank Pink: And Other Unexpected Forces That Shape How We Think, Feel, and Behave* (New York: Penguin, 2013), 77-79.

[71] **Póster de policía tamaño natural** Andrew Rafferty, "Cardboard Cop Fighting Bike Theft in Boston," NBC News, 6 de agosto de 2010, http://usnews.nbcnews.com/_news/2013/ 08/06/19897675-cardboard-cop-fighting-bike-theft-in-boston.

[72] **La simple presencia de un espejo** Baumeister, Roy F., y John Tierney. *Willpower: Rediscovering the Greatest Human Strength*. New York: Penguin, 2011.

[73] **"Cuando eres un escritor libre e independiente,** Irving Wallace, *The Writing of One Novel* (New York: Simon & Schuster, 1968), 37.

[74] **Los dueños de perros hacen más ejercicio** Bob Martin, *Humane Research Council*, "Average Dog Owner Gets More Exercise Than Gym-Goers," 15 de febrero de 2011, http://bit.ly/1sfRSK3.

[75] **La gente mayor camina con más regularidad** Tara Parker-Pope, "The Best Walking Partner: Man vs. Dog," *New York Times*, 14 de diciembre de 2009.

[76] **compradores leales a los** *snacks* Brian Wansink, *Mindless Eating: Why We Eat More Than We Think* (New York: Bantam, 2006), 199.

ES SUFICIENTE CON EMPEZAR: *Primeros pasos*

[77] **El comediante Jerry Seinfeld aconsejó** Brad Isaac, "Jerry Seinfeld's Productivity Secret," Lifehacker, 24 de Julio de 2007, http://bit.ly/1rT93AB

LO TEMPORAL SE VUELVE PERMANENTE: *Borrón y cuenta nueva*

[78] **El 36 por ciento de los que lo lograron** Todd Heatherton y Patricia Nichols, "Personal Accounts of Successful Versus Failed Attempts at Life Change," *Personality and Social Psychology Bulletin* 20, no. 6 (Diciembre de 1994): 664-75; también consulta Chip Heath, Chip, y Dan Heath. *Switch: How to Change When Change Is Hard*. New York: Broadway Books, 2010.

[79] **Matrimonio y divorcio pueden afectar el peso de la gente,** Jeff Grabmeier, "Large Weight Gains Most Likely for Men After Divorce, Women After Marriage," *Research News*, Ohio State University, 17 de agosto de 2011, http://researchnews.osu.edu/archive/weightshock.htm.

REFERENCIA INDIVIDUAL: *El Rayo*

[80] **Algunas veces nos toca un rayo** Para una interesante revisión de un aspecto de la estrategia del Rayo consulta William Miller y Janet C'de Baca, *Quantum Change: When Epiphanies and Sudden Insights Transform Ordinary Lives* (New York: Guilford Press, 2001).

[81] **Libro de Gary Taubes.** Taubes, Gary. *Cómo engordamos y qué hacer al respecto.* RBA Libros, 2013. Para una discusión más amplia de los argumentos de Taubes, consulte *Good Calories, Bad Calories: Fats, Carbs, and the Controversial Science of Diet and Health.* (Nueva York: Anchor Books, 2008). Más o menos en la página 454 incluye un resumen útil de sus conclusiones:

1. La grasa de lo que comemos, sea saturada o no, no es una causa de la obesidad, enfermedades del corazón, o cualquier otra enfermedad crónica de la civilización.
2. El problema son los carbohidratos en la dieta, su efecto sobre la insulina y por tanto la regulación hormonal de la homeostasis (todo el conjunto armónico del cuerpo humano). Entre más fáciles de digerir y refinar sean los carbohidratos, más grande será el efecto sobre nuestra salud, peso y bienestar.
3. Los azúcares (como la sacarosa y jarabe de maíz de alta fructosa) son muy perjudiciales, tal vez porque la combinación de fructosa y glucosa eleva de forma simultánea los niveles de insulina, mientras sobrecargan al hígado con carbohidratos.
4. A través de su efecto directo sobre la insulina y glucosa en sangre, los carbohidratos refinados, almidones y azúcares son la causa dietética de la enfermedad coronaria y la diabetes, así como tal vez del cáncer, enfermedad de Alzheimer y otras enfermedades crónicas de la civilización.
5. La obesidad es un trastorno de la acumulación de exceso de grasa, no de comer en exceso ni de la conducta sedentaria.
6. El consumo de calorías en exceso no *causa* que crezcamos más gordos, no más de lo que hace a un niño crecer más alto. Gastar más energía de la que consumimos no conduce a la pérdida de peso a largo plazo, sino al hambre.
7. La gordura y la obesidad son causados por un desequilibrio en la regulación hormonal del tejido adiposo y el metabolismo de la grasa. La síntesis y almacenamiento de grasa exceden la movilización de ésta del tejido adiposo y su posterior oxidación. Llegamos a ser

más delgados cuando la regulación hormonal del tejido graso invierte este equilibrio.

8. La insulina es el principal regulador de almacenamiento de grasa. Cuando los niveles de insulina son elevados (ya sea crónica o después de una comida) acumulamos grasa en nuestro tejido graso. Cuando los niveles de insulina bajan, liberamos la grasa de nuestro tejido y la utilizamos como combustible.

9. Al estimular la secreción de insulina, los carbohidratos nos hacen gordos y en última instancia, causan obesidad. Entre menos carbohidratos consumamos, más delgados estaremos.

10. Al conducir la acumulación de grasa, los carbohidratos también aumentan el hambre y bajan la cantidad de energía que gastamos en el metabolismo y la actividad física.

Para una discusión fascinante del papel de la grasa en una dieta saludable, consulta Nina Teicholz, *The Big Fat Surprise: Why Butter, Meat and Cheese Belong in a Healthy Diet* (New York: Simon & Schuster, 2014).

[82] **Para bajar la insulina** Taubes, Gary. *Cómo engordamos y qué hacer al respecto.* RBA Libros, 2013.

[83] **Cantidad y calidad de carbohidratos**, Ibid., 128-39, 195-98.

[84] **La carne está bien.** Ibid., 163-200

LIBRE DE PAPAS FRITAS: *Abstinencia*

[85] **Tomar un poco de vino** Piozzi *et al., Johnsoniana; or, Supplement to Boswell: Being, Anecdotes and Sayings of Dr. Johnson* (London: John Murray, 1836), 96.

[86] **La única forma de librarme** Wilde, Oscar. *El Retrato de Dorian Grey*. Plutón ediciones, 2011. http://www.cva.itesm.mx/biblioteca/Files/Wilde_Oscar_El_retrato_de_Dorian_Gray1.pdf

[87] **Es mucho más fácil extinguir** François de la Rochefoucauld, *Collected Maxims and Other Reflections*, E. H. Blackmore and A. M. Blackmore, trans. (New York: Oxford World Classics, 2008), 187.

[88] **El sacrificio de los placeres** Muriel Spark, *Loitering with Intent* (New York: New Directions, 1981), 95.

[89] **Entre menos nos permitimos algo** Omar Manejwala, *Craving: Why We Can't Seem to Get Enough* (Center City, MN: Hazelden, 2013), 141.

[90] **Es sorprendente lo rápido** William James, *Writings 1878-1899: Psychology: Briefer Course* (New York: Library of America, 1992), 148.

[91] Un estudio de sobrecargos Reuven Dar *et al.*, "The Craving to Smoke in Flight Attendants: Relations with Smoking Deprivation, Anticipation of Smoking, and Actual Smoking," *Journal of Abnormal Psychology* 119, no. 1 (2010): 248-53.

ES DIFÍCIL HACER LAS COSAS MÁS FÁCILES: *Conveniencia*

[92] Cuando la tapa de la nevera del helado estaba semiabierta Brian Wansink, *Mindless Eating: Why We Eat More Than We Think* (New York: Bantam, 2006), 87-88.

[93] Según *Consumer Reports*, más del 30 por ciento *Consumer Reports*, Agosto 2011, http://bit.ly/1oiPAUB.

[94] Como el 70 por ciento de la gente que pertenece a un gimnasio Steel, Piers. *Procrastinación: Por qué dejamos para mañana lo que podemos hacer hoy.* Grijalbo, 2011.

[95] Los trabajadores de oficina gastan un asombroso 28 por ciento Michael Chui *et al.*, "The Social Economy: Unlocking Value and Productivity Through Social Technologies," McKinsey Global Institute, Julio 2012, http://bit.ly/1d4fPbE.

[96] En Suecia, cuando una estación de metro Claire Bates, "Scaling New Heights: Piano Stairway Encourages Commuters to Ditch the Escalators," *Daily Mail*, 11 de octubre de 2009.

[97] La imagen de una mosca Michael Pollak, "A Dutch Innovation," *New York Times*, 17 de junio de 2012, MB2.

CAMBIA MI ENTORNO, NO YO: *Inconveniencia*

[98] "Come toda la comida basura que quieras, Michael Pollan, *Food Rules: An Eater's Manual* (New York: Penguin, 2009), rule no. 39.

[99] ¿Una clave para entender muchos malos hábitos? Steel, Piers. *Procrastinación: Por qué dejamos para mañana lo que podemos hacer hoy.* Grijalbo, 2011. También consulta Terrie Moffitt *et al.*, "A Gradient of Childhood Self-Control Predicts Health, Wealth, and Public Safety," *Proceedings of the National Academy of Sciences* 108, no. 7 (2011): 2693-98.

[100] Gente con alto riesgo de fumar Iyengar, Sheena. *El arte de elegir: decisiones cotidianas: qué dicen de nosotros y cómo podemos mejorarlas.* Ediciones Gestión 2000, 2011.

[101] Hacerlo tan inconveniente como sea posible Para ésta y otras apreciaciones útiles de cómo influye la conveniencia en las compras revisa:

Underhill, Paco. *Por qué compramos: La ciencia del shopping*. Ediciones Gestión 2000.

[102] **Esta estrategia** Para revisar la discusión consulta Thaler, Richard H., and Cass R. Sunstein. *Un pequeño empujón (nudge): el impulso que necesitas para tomar las mejores decisiones en salud, dinero y felicidad*. Taurus, 2009.

[103] *Going trayless,* **detuvo el desperdicio de comida** Lisa Foderaro, "Without Cafeteria Trays, Colleges Cut Water Use, and Calories," *New York Times*, 28 de abril de 2009, A1.

[104] **Tres hombres armados aparecieron en la casa** Michael Shnayerson, "Something Happened at Anne's!" *Vanity Fair*, Agosto de 2007.

UN TROPEZÓN PUEDE PREVENIR UNA CAÍDA: *Protección*

[105] **Del astuto héroe griego Odiseo.** Homero, *La Odisea*. Gredos, 2014.

[106] **La gente pasa alrededor de un cuarto de su tiempo** Wilhelm Hoffman *et al.,* "Everyday Temptations: An Experience Sampling Study of Desire, Conflict, and Self-Control," *Journal of Personality and Social Psychology* 102, no. 6 (Junio 2012): 1318-35.

[107] **La gente a la que se los dieron en una bolsita opaca** Brian Wansink, "Environmental Factors That Increase the Food Intake and Consumption Volume of Unknowing Consumers," *Annual Review of Nutrition* 24 (2004): 455-70.

[108] **El experto en hotelería, Jacob Tomsky,** Jacob Tomsky, *Heads in Beds: A Reckless Memoir of Hotels, Hustles, and So-Called Hospitality* (New York: Doubleday, 2012), 58.

[109] **De todas las cosas los orígenes son débiles.** Michel de Montaigne, *Ensayos*. Debolsillo. http://www.cervantesvirtual.com/obra-visor/ensayos-de-montaigne--0/html/fefb17e2-82b1-11df-acc7-002185ce6064_165.html

[110] **"Implementación de intenciones",** Peter Gollwitzer, "Implementation Intentions: Strong Effects of Simple Plans," *American Psychologist* 54 (1999): 493-503; también ver Heath, Chip y Dan Heath. *Switch: How to Change When Change Is Hard*. New York: Broadway Books, 2010.

[111] **Las personas que usan el plan "si-entonces"** consulta Heath, Chip, y Dan Heath. *Switch: How to Change When Change Is Hard*. New York: Broadway Books, 2010; Halvorson, Heidi Grant. *Succeed: How We Can Reach Our Goals*. New York: Hudson Street Press, 2010; Peter Gollwitzer and Paschal Sheeran, "Implementation Intentions," http://bit.ly/1lKxCtU.

[112] **"Los planes son inútiles, pero planear es todo."** Dwight Eisenhower, lo remarcó en la National Defense Executive Reserve Conference, el 14 de noviembre de 1957.

[113] **La gente que se siente menos culpable** Para una revisión de estudios relevantes consultar Kelly McGonigal, *The Willpower Instinct: How Self-Control Works, Why It Matters, and What You Can Do to Get More of It* (New York: Avery, 2012), 147-48.

[114] **"Terapia de comprar" para sentirse mejor** Karen J. Pine, "Report on a Survey into Female Economic Behaviour and the Emotion Regulatory Role of Spending," University of Hertfordshire, Sheconomics Survey Report, 2009.

[115] **cuando la gente está tratando de formar hábitos,** Phillippa Lally *et al.,* "How Are Habits Formed: Modeling Habit Formation in the Real World," *European Journal of Social Psychology* 40 (2010): 998-1009.

[116] **Cuando estas personas se dan cuenta de que su dieta ya se arruinó,** Baumeister, Roy F., Todd F. Heatherton y Dianne M. Tice. *Losing Control: How and Why People Fail at Self-Regulation.* New York: Academic Press, 1994; Baumeister, Roy F. y John Tierney. *Willpower: Rediscovering the Greatest Human Strength.* New York: Penguin, 2011.

[117] **"La gente tiende a autoregularse día con día,"** C. Peter Herman y Janet Polivy, "The Self-Regulation of Eating: Theoretical and Practical Problems," en Kathleen Vohs y Roy Baumeister, eds., *Handbook of Self-Regulation: Research, Theory, and Applications*, 2nd ed. (New York: Guilford Press, 2011), 525.

NADA SE QUEDA EN LAS VEGAS: *Las lagunas*

[118] **La gente que planea empezar una dieta mañana** Dax Urbszat, Peter C. Herman y Janet Polivy, "Eat, Drink, and Be Merry, for Tomorrow We Diet: Effects of Anticipated Deprivation on Food Intake in Restrained and Unrestrained Eaters," *Journal of Abnormal Psychology* 111, no. 2 (Mayo 2002): 396-401.

[119] **"Decisiones aparentemente irrelevantes"** Warren K. Bickel y Rudy E. Vuchinich, eds., *Reframing Health Behavior Change with Behavioral Economics* (Mahwah, NJ: Lawrence Erlbaum, 2000), ix; también consulta Baumeister, Roy F., Todd F. Heatherton, y Dianne M. Tice. *Losing Control: How and Why People Fail at Self-Regulation.* New York: Academic Press, 1994.

[120] **Extraño y brillante estructura/esqueleto de un libro** J. M. Barrie, *The Boy Castaways of Black Lake Island*, General Collection, Beinecke Rare Book and Manuscript Library, Yale University.

[121] "Aquellas faltas las cuales no podemos esconder Samuel Johnson, *Selected Essays* (New York: Penguin Classics, 2003).

[122] Los restaurantes de comida rápida explotan esta laguna; Sarah Nassauer, "Restaurants Create New Seasons as Reasons to Indulge; Limited-Time Shakes," *Wall Street Journal*, 6 de marzo de 2013.

[123] "argumento del montón creciente," Erasmo de Rotterdam *Elogio de la estupidez*, Akal, 2011.

ESPERA QUINCE MINUTOS: *Distracción*

[124] las investigaciones muestran que con la distracción activa, Jeffrey Schwartz y Sharon Begley, *The Mind and the Brain: Neuroplasticity and the Power of Mental Force* (New York: ReganBooks, 2002), 84.

[125] La autora Jean Kerr pasó la mitad de su tiempo de escritura Jean Kerr, *Please Don't Eat the Daisies* (New York: Doubleday, 1957).

SIN LÍNEA FINAL: *Recompensas*

[126] Pero entre más pensaba en las recompensas Para una discusión más extensa y fascinante del uso de las recompensas consulta Deci, Edward L., con Richard Flaste. *Why We Do What We Do: Understanding Self-Motivation*. New York: Penguin, 1995; Kohn, Alfie. *El mito de los deberes*. Kaleida, 2013; Pink, Daniel H. *La sorprendente verdad sobre qué nos motiva*. Ediciones Gestión 2000, 2010.

[127] Los teóricos organizacionales Thomas Malone y Mark Lepper Thomas W. Malone y Mark R. Lepper, "Making Learning Fun: A Taxonomy of Intrinsic Motivations for Learning," en Richard Snow y Marshall J. Farr, eds., *Aptitude, Learning, and Instruction: Conative and Affective Process Analysis* (Hillsdale, NJ: Lawrence Erlbaum, 1987), 223.

[128] Niños que buscaban una recompensa por colorear Mark Lepper, David Greene y Richard Nisbett, "Undermining Children's Intrinsic Interest with Extrinsic Reward: A Test of the 'Overjustification' Hypothesis," *Journal of Personality and Social Psychology* 28, no. 1 (1973): 129-37.

[129] Tan pronto como la recompensa se detiene Deci, Edward L., with Richard Flaste. *Why We Do What We Do: Understanding Self-Motivation*. New York: Penguin, 1995; Pink, Daniel H. *La sorprendente verdad sobre qué nos motiva*. Ediciones Gestión 2000, 2010; Kohn, Alfie. *El mito de los deberes*. Kaleida, 2013.

[130] **En menos de seis meses después del parto** Michele Levine *et al.*, "Weight Concerns Affect Motivation to Remain Abstinent from Smoking Postpartum," *Annals of Behavioral Medicine* 32, no. 2 (Octubre 2006): 147-53.

[131] **Alrededor de un quinto de los norteamericanos** NPD Group, "Report on Eating Patterns in America," http://bit.ly/1zHGeu1.

[132] **Según una publicación de estudios** Traci Mann *et al.*, "Medicare's Search for Effective Obesity Treatments: Diets Are Not the Answer," *American Psychologist* 62, no. 3 (2007): 220-33.

SÓLO PORQUE SÍ: *Gustos*

[133] *Uno de los secretos de una vida feliz* Iris Murdoch, *El mar, el mar.* Debolsillo, 2009.

[134] **La gente que obtiene un pequeño gusto** Dianne Tice *et al.*, "Restoring the Self: Positive Affect Helps Improve Self-Regulation Following Ego Depletion," *Journal of Experimental Social Psychology* 43 (2007): 379-84.

[135] **Destrucción constructiva** Jan Struther, *Mrs. Miniver* (New York: Mariner, 1990), 213.

[136] **Toda la severidad que no tiende** James Boswell, *The Life of Samuel Johnson* (New York: Penguin Classics, 2008), 497.

[137] **Las mujeres son más propensas a comer chocolate** Sonia Rodriguez *et al.*, "Subjective and Physiological Reactivity to Chocolate Images in High and Low Chocolate Cravers," *Biological Psychology* 70, no. 1 (2005): 9-18.

[138] **Los estadounidenses pasan más o menos la mitad de sus horas libres** "American Time Use Survey: 2012 Results," Bureau of Labor Statistics, 20 de junio de 2013, http://www.bls.gov/news.release/atus.nr0.htm.

[139] **Emanuel Kant se permitía sólo una pipa** Manfred Kuehn, *Kant: A Biography* (Cambridge: Cambridge University Press, 2002), 222.

SENTARSE ES EL NUEVO FUMAR: *Emparejar*

[140] *Para lograr la adquisición de un nuevo hábito* William James, *Writings 1878-1899: Psychology: Briefer Course* (New York: Library of America, 1992), 147. Versión en español tomada de http://www.samastah.com/tag/21-dias/

[141] **El promedio de norteamericanos se la pasan sentados al menos ocho horas** James Vlahos, "Is Sitting a Lethal Activity?" *New York Times Magazine*, 14 de abril de 2011; Marc T. Hamilton *et al.*, "Too Little Exercise and Too Much Sitting: Inactivity Physiology and the Need for New

Recommendations on Sedentary Behavior," *Current Cardiovascular Risk Reports* 2, no. 4 (Julio 2008): 292-98.

[142] **Visité a mi amigo A.J.** A. J. Jacobs, *Drop Dead Healthy* (New York: Simon & Schuster, 2012), 63-74. Para otra historia de vida con el escritorio caminadora revisar Susan Orlean, "The Walking Alive: Don't Stop Moving," *The New Yorker*, May 20, 2013.

ESCOGER MI MONTÓN DE HENO: *Claridad*

[143] **Desde el día que me dieron mi licencia para manejar,** Tory Johnson, *The Shift: How I Finally Lost Weight and Discovered a Happier Life* (New York: Hyperion, 2013).

[144] **Usan el lenguaje para enfatizar** Vanessa M. Patrick y Henrik Hagtvedt, "How to say 'No': Conviction and Identity Attributions in Persuasive Refusal," *International Journal of Research in Marketing*, 29, no. 4 (2012): 390-94.

[145] **Muchas de las razones para fracasar más comunes** "Take Meds Faithfully," *Shopper's Guide to Prescription Drugs*, No. 7, Consumers Union, 2007, http://www.consumerreports.org/health/resources/pdf/best-buy-drugs/money-saving-guides/english/DrugComplianceFINAL.pdf.

YO SOY LA QUISQUILLOSA: *Identidad*

[146] *Lamentamos* Wilde, Oscar. *El Retrato de Dorian Grey*. Plutón ediciones, 2011. http://www.cva.itesm.mx/biblioteca/Files/Wilde_Oscar_El_retrato_de_Dorian_Gray1.pdf

[147] **Las personas comen y beben más o menos** Para una discusión útil de cómo regular nuestra comida de acuerdo a la presencia y consumo de los demás consulta Brian Wansink, *Mindless Eating: Why We Eat More Than We Think* (New York: Bantam, 2006), capítulos 5 y 8; C. Peter Herman y Janet Polivy, "The Self-Regulation of Eating: Theoretical and Practical Problems," en Kathleen Vohs y Roy Baumeister, eds., *Handbook of Self-Regulation: Research, Theory, and Applications*, 2a ed. (New York: Guilford Press, 2011), 522-36.

[148] **Grupo de votantes registrados les preguntaron** Christopher J. Bryan *et al.*, "Motivating Voter Turnout by Invoking the Self," *Proceedings of the National Academy of Sciences* 108, no. 31 (agosto de 2011): 12653-56.

[149] **Haruki Murakami, un corredor de grandes distancias,** Murakami, Haruki. *De qué hablo cuando hablo de correr*. Tusquets Editores, 2010.

[150] **Tuve que entrenar** Janet Malcolm, *Forty- one False Starts: Essays on Artists and Writers* (New York: Farrar, Straus & Giroux, 2013), 36.

[151] **En su invaluable libro *Made to Stick*** Chip Heath y Dan Heath, *Made to Stick: Why Some Ideas Survive and Others Die* (New York: Random House, 2007), 195- 99.

[152] **38 por ciento de los lectores *siempre* terminan un libro.** "The Psychology of Aban-donment," Goodreads, http://www.goodreads.com/blog/show/424- what- makes- you- put- down- a- book.

NO TODO EL MUNDO ES COMO YO: *Otras personas*

[153] *Relaciónate con personas que te ayuden a mejorar.* Séneca, *Cartas a Lucilio.* Juventud, 2012.

[154] **"Concordancia sana,"** Deanna Meyler, Jim Stimpson, y M. Kristen Peek, "Health Concordance Within Couples: A Systematic Review," *Social Science and Medicine* 64, no. 11 (Junio de 2007): 2297- 310.

[155] **Si una persona tiene diabetes tipo II,** Aaron Leong, Elham Rah-me, y Kaberi Dasgupta, "Spousal Diabetes as a Diabetes Risk Factor: A Sys-tematic Review and Meta- Analysis," *bmc Medicine* 12, no. 12 (2014), http://www.biomedcentral.com/1741- 7015/12/12.

[156] **Muy susceptibles al "contagio de objetivos,"** Kelly McGonigal, *The Willpower Instinct: How Self- Control Works, Why It Matters, and What You Can Do to Get More of It* (New York: Avery, 2012), chap. 8.

[157] **Me paro en un solo pie** Reynolds, Gretchen. *Los primeros 20 minutos.* Grijalbo, 2014.

[158] **Estoy de acuerdo con este comentario de Andy Warhol** Andy Warhol, *The Philosophy of Andy Warhol (From A to B and Back Again)* (New York: Harvest, 1977), 96.

[159] **Van Halen pidió bowls de M&M's** David Lee Roth, *Crazy from the Heat* (New York: Hyperion, 1997), 109-11.

LA VIDA COTIDIANA EN UTOPÍA: *Conclusión*

[160] *No hay ser humano más miserable,* William James, *Writings 1878-1899: Psychology: Briefer Course* (New York: Library of America, 1992), 147.

Mejor que nunca, de Gretchen Rubin
se terminó de imprimir en abril de 2015
en los talleres de Litográfica Ingramex, S.A. de C.V.
Centeno 162-1, Col. Granjas Esmeralda,
C.P. 09810, México, D.F.